项目名称：2024 年西北民族大学中央高校基本科研业务费项目"□□□□□□□□用语言教育规划与中华民族共同体建设研究"（项目编号：31920240017）

"推普"背景下
北方城市
家庭语言规划研究

汤琳琳　著

中国科学技术出版社

·北　京·

图书在版编目（CIP）数据

"推普"背景下北方城市家庭语言规划研究 / 汤琳
琳著． -- 北京 ：中国科学技术出版社，2024．12.
ISBN 978-7-5236-1094-7

Ⅰ．H1-01

中国国家版本馆 CIP 数据核字第 20248T7X27 号

策划编辑	王晓平
责任编辑	王晓平
封面设计	寒　露
正文设计	寒　露
责任校对	邓雪梅
责任印制	李晓霖

出　　版	中国科学技术出版社
发　　行	中国科学技术出版社有限公司
地　　址	北京市海淀区中关村南大街16号
邮　　编	100081
发行电话	010-62173865
传　　真	010-62173081
网　　址	http://www.cspbooks.com.cn

开　　本	710mm×1000mm　1/16
字　　数	237千字
印　　张	16.75
版　　次	2024 年 12 月第 1 版
印　　次	2024 年 12 月第 1 次印刷
印　　刷	河北鑫玉鸿程印刷有限公司
书　　号	ISBN 978-7-5236-1094-7 / H·99
定　　价	98.00元

前　言

　　全球化与本土化、流动性与稳定性之间的冲突与和谐，对我国语言价值判断、语言秩序平衡以及语言生活发展产生了影响，语言矛盾与语言竞争时有发生。与社会语言发展适配度较高的语言规划是解决社会语言矛盾和冲突的重要抓手，其理论与实践也面临着巨大挑战。随着社会语言生活不断发展，语言规划从"自上而下"国家和政府的宏观层面，转移到"自下而上"的微观层面。家庭作为语言习得的起点、语言使用的重要语域，成为微观语言规划的研究焦点。城镇家庭语言规划也开始进入学者的研究视野。家庭语言规划的恰当与否，不仅关系国家推广国家通用语言文章政策的实施，也关系到中华民族共同体意识的铸牢，乃至国家安全、历史文化传承、经济社会的发展以及下一代整体素质的提高。

　　国内家庭语言规划研究数量较少，且多集中在某一阶层的移民家庭，多关注于家庭域内影响因素，对家庭域外宏观影响因素的关注较少。该领域描述性研究较多，理论阐释和对未来发展趋势预测的研究较少，研究方法较为单一，缺乏长期细致的民族志研究。本书在推广和普及国家通用语言的宏观语言政策指导下，采用文献法、参与观察、问卷调查、访谈等研究方法，以内蒙古自治区鄂尔多斯市乌审旗不同阶层、不同类型的家庭作为研究对象，全面呈现"推普"背景下西北地区城镇家庭语言规划的图景，围绕家庭规划的形成与发展、家庭语言规划的影响因素和特征、如何科学建构家庭语言规划等三个问题开展多维度、多层面的分析。本书对于科学指导家庭语言教育、提高国家通用语言文字教育质量、铸牢中华民族共同体意识具有重要现实意义。

本书共分7部分。绪论部分交代本文的研究缘起和研究意义、阐明研究思路和研究内容，并简要介绍研究方法和田野调查过程，以及研究创新和不足之处。第一章为文献综述与理论框架，对语言规划和家庭语言规划国内外研究文献进行回顾和梳理，在前人的研究基础之上，厘清易混淆的术语，界定本文的关键概念并建构本文的理论模型。第二章为语言价值取向的建构：家庭语言意识的形成基础，深描西北地区城镇家庭语言意识的现状，总结其特征，并探析家长语言意识的形成基础。第三章为资本代际传递与再生产：家庭语言管理的中介效应，分别从家庭语言管理主体和管理行为两个方面描述家庭语言管理的特点，进而阐释家庭语言管理的中介效应。第四章为个体语库的建构：家庭语言实践的目标取向，通过分析和比较家庭内部和外部语言生活中存在的代际差异，继而阐明家庭语言实践的目标导向。第五章互动、调适与驱动：家庭语言规划的科学建构，剖析乌审旗城镇家庭语言规划现存的问题、家庭语言规划的影响因素和驱动机制，从而揭示家庭语言规划的特征，进而探讨家庭语言规划的建构路径。最后为本文的结论，提出家庭语言规划是提高西北地区国家通用语言教育质量的实践途径，并预测未来家庭语言规划研究的发展趋势。

本书有以下发现。第一，家庭语言规划者以语言价值取向建构为基础，形成继承语言为主语言意识、国家通用语为主语言意识、双向语言意识和模糊语言意识，并通过语言管理的中介效应，完成家庭资本代际传递和儿童文化资本再生产，最终以建构个体语言库为目的开展家庭语言实践。家庭语言规划内部以语言意识为驱动机制，家庭语言意识可以加速或减缓家庭语言管理中资本代际传递过程，以及家庭语言实践中个人语言库的形成过程。反过来，家庭语言管理和家庭语言实践也会对家庭语言意识产生影响。第二，家庭语言规划受到家庭域内微观因素和家庭域外宏观因素的影响，具体表现为家庭语言规划与家庭结构类型、家庭读写环境、家长教育经历等微观因素形成互动，与社会经济、社会文化、社会政治和社会语言环境等宏观因素发生调适。第三，乌审旗家庭语言规划存在家庭语言意识薄弱化（语言能力评价片面化、语言功能认知简单化、语言信念模糊化）、家庭语言管理策略单一化、家庭语言实践内容单调化、家庭语言规划"孤岛化"等问题。本文在"推普"国家语言政策的指导下，提出西北地区家庭语言规划的科学建构路径——建构积极的家庭语言意识，帮助儿童形成正确的语言观和文化观；优化家庭语言管理策略，发挥家长"身份叠加"的特点和资本优势；丰富家庭语言实践的内容，提升个体国家通用语言读写能力；协调家庭语言规划内外部影响因素，建立提高国家通用语言能力的综合工程。

　　基于以上发现，本书一方面修订和补充了家庭语言规划的理论框架，另一方面提出应在发挥学校主阵地作用的同时，充分发挥家庭语言教育的补充作用，从而促进国家通用语言教育的高质量发展。家庭语言规划是推广国家通用语言文字政策的实践路径，其科学建构有利于巩固和提高国家通用语言文字的教育质量。未来的家庭语言规划研究将朝着构建和谐家庭语言生活，提升个体语言能力、保护语言资源和建设语言无障碍社会的方向进一步发展。

目　录

绪　论

　　语言从我们生命伊始，意识初来，就围绕我们，它与我们智力发展的每一步紧依为伴，语言犹如我们思想和感情、知觉和概念得以生存的精神空气。在此之外我们就不能呼吸。

————恩特尔·卡西尔①

　　人通过教育才得以拥有语言，教育把个体带入语言中，让人类的语言逐渐成为个人的语言，语言离开教育，则无法传承和发展，教育离开语言，则是无源之水，无本之木。

————谢延龙②

　　中华人民共和国成立以来，制定了一系列推广和普及国家通用语言文字的政策和规划，旨在处理复杂的语言关系，构建和谐的语言秩序。党的十八大以来，习近平总书记多次强调推广普及国家通用语言文字的重要性，并在中央民族工作会议上明确指出："要推广普及国家通用语言文字，科学保护各民族语言文字，尊重和保障少数民族语言文字学习和使用。"国家通用语言文字教育是"提升科学文化素质、加快自身发展、更好地参与国家政治经济文化建设的必由之路"③，也是铸牢中华民族共同体意识的实践路径。2020 年 9 月国务院办公厅印发的《国务院办公厅

---

① 恩特尔·卡西尔.语言与神话[M].于晓，等译.上海：上海三联书店，1988：127.
② 谢延龙.在通往语言途中的教育：语言论教育论纲[M].北京：科学出版社，2012：60.
③ 罗妍，潘信林，仇森.发展与转变：我国少数民族双语教育政策的评估及展望[J].中小学管理，2020（11）：31-33.

关于全面加强新时代语言文字工作的意见》和 2022 年教育部、国家乡村振兴局和国家语言文字工作委员会（以下简称"国家语委"）联合印发的《国家通用语言文字普及提升工程和推普助力乡村振兴实施方案》提出了新时代国家通用语言文字推广和普及的总体要求、战略目标以及重点任务，设置了 2025 年全国普通话普及率达到 85% 的目标。我国在"十三五"期间取得了推广国家通用语言文字的重大成就，全国普通话普及率达到80.72%，但是仍存在普及不均衡不充分的问题，要想实现普通话普及率85% 的目标还面临巨大的挑战。21 世纪以来，我国经历了高速全球化与城镇化进程，流动性与稳定性之间的冲突与和谐影响着我国语言秩序的平衡、语言价值的判断和语言生活的发展。语言矛盾与语言竞争时有发生，语言教育规划也随之成为语言矛盾与竞争的"重灾区"。语言教育规划的恰当与否不仅关系到国家政治、经济、科技的发展，也关系到国家安全、民族文化传承以及下一代整体素质的提高。当语言规划研究者们认识到"微观的养育实践蕴含着复杂的社会事实"[①]时，他们开始从宏观层面转而研究微观层面的语言规划。家庭作为语言习得的起点、语言使用的重要语域，成为微观语言规划研究的焦点，家庭语言教育规划也开始进入学者们的研究视野。本文在推广和普及国家通用语的国家语言政策指导下，调查和研究西北地区家庭语言规划的现状和特征，分析其影响因素，对于科学指导家庭语言教育、推动西北地区国家通用语言教育的高质量发展，进一步铸牢中华民族共同体意识具有重要的现实意义。

一、研究缘起与研究意义

（一）研究缘起

笔者从事大学生外语教育已 20 年有余，但是始终忘不了一位来自内蒙古自治区的女大学生，她是本文选题的源动力。2009 年，笔者在英语

---

① 安超.拉扯大的孩子：民间养育学的文化家谱[M].北京：社会科学文献出版社，2021：1.

专业一年级开展了为期两年的英语项目式阅读教学实验，具体内容为：第一年，个人阅读项目＋撰写项目报告＋课堂汇报＋师生反馈；第二年，小组阅读项目＋小组讨论＋撰写小组项目报告＋课堂汇报＋师生反馈。在第一年课堂汇报环节中，安妮（Anni，文中出现的所有被访谈者的名字均为化名）令人印象深刻。她英语口语流利，逻辑清晰，积极与老师和同学互动，有良好的文学基础，并主动帮助班级里英语基础薄弱的同学，她也因为出色的课堂表现被推举为班长。第二年为方便学生讨论，笔者将全班 19 名学生以宿舍为单位，分为 3 个小组，每周每组需开展以英语为工作语言的小组讨论，并进行课堂汇报。这一年安妮慢慢变得沉默，不再与舍友一起上下课，课堂上也不再主动发言。笔者起初以为安妮的人际关系出了问题，直到中期项目报告环节，安妮和同宿舍 5 位同学分别交了两份报告，笔者才意识到问题的严重性。通过访谈，笔者发现在宿舍里是否应该使用英语交流是她们矛盾的导火索。

　　我希望我们能够多使用英语进行交流，我们是英语专业的学生，应该用各种方法提高自己的英语水平。多说、多听才能学好，不应该区分教室还是宿舍。老师也要求我们用英语进行小组讨论，所以我坚持在宿舍用英语讨论。我的舍友们觉得英语是在课堂说的。她们觉得我在宿舍讲英语，就是崇洋媚外（安妮的访谈）。

　　笔者当时很困惑，作为英语教师，笔者和安妮的看法一致：语言需要不断练习，才能达到熟练，小组活动的设计初衷也是为了增加语言实践的机会。外语教师多年来一直奉行"多听、多说、多读、多写"的金科玉律，为什么在这个宿舍就行不通呢？为什么在宿舍讲英语会引起学生的反感呢？这是个体问题，还是集体性的问题呢？接下来笔者调查了该班的其他两个宿舍，出乎意料，他们出现同样的分歧。

　　为什么要在宿舍里说英语呢？现在我们天天学英语，在宿舍还说英语，我觉得很烦。我们应该把英语学习和日常生活区分开，不能学了英语就不使用汉语（安妮舍友阿格的访谈）。

我的英语基础不好，初中才开始学英语。来了大学以后，我觉得压力特别大。我不想在宿舍讲英语，那样让我感觉特别压抑，感觉自己不如别人（安妮同学贝蒂的访谈）。

我们要学好多课，有好多作业，不用那么认真吧！能把报告写出来就行了。我无所谓，只要能考试及格，顺利毕业就行，宿舍里讲英语太麻烦了（安妮同学阿西的访谈）。

我觉得宿舍是休息的地方，不是学习的地方。回到宿舍就应该放松，在教室讨论可以用英语。宿舍还是用生活语言，课堂上才应该使用英语。英语专业课肯定要讲英语，回宿舍不需要（安妮舍友艾美的访谈）。

我喜欢学英语，觉得用英语讨论挺好的。但是她们都不喜欢用英语，我不想跟她们发生冲突，同一个宿舍的同学关系不好，会让人笑话。我怕她们不理我，我就不讲英语（安妮舍友凯西的访谈）。

无论是"不能学了英语就不使用汉语"的语言意识因素，"讲英语让我感觉不如别人"的心理因素，"及格就行"的学习动机因素，"宿舍是休息的地方，应该讲生活语言"的语言使用场域因素，还是"同一个宿舍的同学关系不好，会让人笑话"的身份认同因素，都使"在宿舍使用英语交流"不再是一种单纯的学习方法，而变成一个复杂的、有争议的问题。大学生的语言维持、使用与习得不再是单纯的教育问题。笔者进一步思考，如果在宿舍使用英语成为一个有争议的问题，那么在家庭中使用英语呢？父母是否支持孩子在家中使用普通话或方言以外的语言进行交流呢？家长是否支持子女的多语习得呢？通过深度访谈，笔者发现他们的家庭语言习得模式差异极大。

我爸爸觉得英语很有用，他鼓励我好好学习英语，还给我购买了好多英语小说、英语碟片。我听英文歌、看英语电影，我爸爸都会表扬我。他有时候还让我教他两句英语。我在家说啥语言都行，普通话也行，英语也行，方言也行。我想讲什么语言就讲什么语言，我用普通话，我爸爸妈妈就用普通话，我用方言，他们就用方言。我有时候跟同学讲英语，不想让我爸妈听懂，他们也不说我（安妮的访谈）。

安妮的父亲是大学教师，尽管他从未学过英语，但是十分支持女儿学习英语。他愿意为她购置大量英文读物以及学习资料，会为孩子的多语习得投入资金，鼓励孩子在家中使用多种语言，并给予积极反馈，为孩子在家庭中多语习得创造了良好条件。

我在家只能使用方言，不能用其他语言。我爸爸他们都会说普通话，但是他们觉得家里应该讲方言。我有时候回去讲普通话，他们会说我，亲戚也会说："怎么出去上大学连本地话都忘了？"我买过英语卷子，还有词典，我只买跟考试有关的英语资料。我爸妈也不会主动给我买英语资料（安妮舍友阿格的访谈）。

阿格的家长是公务员，不支持她在家中使用方言以外的语言，如果使用其他语言会被责备。她的家长认为在家庭中使用其他语言是对方言的不认同，父母不会主动为孩子购买英语学习资料，也未在家庭中为孩子创造多语习得的有利条件。

我爸妈的普通话不好，能听懂，但是说不好。他们小时候穷，没上过学，所以看不懂汉字。我们在家只能说方言，说普通话他们听不明白，更不可能说英语。他们不管我学什么语言。学校教什么就学什么，学校让买什么资料就买什么。我要是自己想买，他们也给我钱，但我觉得学校发的资料就够了。我家人都觉得学英语没用，应该取消英语学习。学校里学英语，回家又用不上（安妮同学阿西的访谈）。

阿西的父母是牧民，他们的国家通用语言文字能力有限，在家中主要使用方言。孩子的国家通用语言和外语习得主要依靠学校教育，父母并未在家庭中为孩子创造多语习得条件，他们甚至认为多语习得给孩子带来了额外的学习负担。

彼时笔者才意识到，家长在儿童早期语言习得过程中起着至关重要的作用。他们的语言态度以及对孩子语言学习的"投资"和"管理"，会或隐或显地影响子女终身的语言学习和语言认同。笔者陷入迷茫，家长的语言态度会在多大程度上影响孩子们的语言学习动机和语言能力的发展呢？如果家庭语言教育与学校语言教育的内容和模式相悖时，仅靠学校教育，真的能培养出语言能力优秀的人才吗？笔者认识到学生语言教育问题不仅是教学方法、教学大纲、教材、考核方式等教育领域的问题，还牵扯到复杂的社会因素、情感因素、心理因素、文化因素。学生使用和学习第二语言的动机强弱与其语言态度、身份认同、社会文化经历等有密切的关系。正如康明斯（Cummins，2000）所说，"语言学和心理学研究无法解释为什么有些文化群体一直在学习成绩方面不尽如人意，也无法告诉我们采取什么样的教育干涉方法能够扭转这种趋势。要想解答这些疑问，我们需要转向社会学和社会政治取向"[①]。

笔者开始在社会语言学、人类学、教育学等一系列学科中寻找答案，期待跨学科研究和更广阔的学术视野可以帮助笔者找到答案。社会语言学告诉我们，语言、政治、文化、社会与人口学因素都会影响语言的传承与转用[②]，也会影响语言习得。人类学告诉我们，语言教育应关注其客观背景和特殊情境，以及与历史、文化、权力和政治的关系。教育学告诉我们，语言教育问题决不能只靠学校和政府加以解决。学校不是学习的孤岛，家庭、社会、语言、媒体、网络等都构成了整体的教育文化生态系统。以上学科都明确指出，语言教育问题应兼容家庭、学校和社会教育，将语言教育与宏观的经济、政治、文化、社会与人口因素相结合。但是如何在教育领域中处理好国家通用语与国际通用语、国家通用语言与少数民族语言、普通话与各地方言等的关系，社会语言学、教育人类学和教育社会学却各有偏重，莫衷一是。

该问题一直延续到笔者接触到语言规划学。该学科试图将宏观的社

---

① Cummins J. Language, Power and Pedagogy[M]. Clevedon: Multilingual Matters, 2000.

② 李嵬，祝华. 想象：跨国移居家庭传承语维持与转用的关键因素[J].语言战略研究，2017（3）：20-37.

会文化情境与语言继承、语言转用、语言习得相结合，为解决复杂的语言教育提供全新的、更为广阔的理论视角。语言教育规划作为语言规划的子集，其研究内容包含如何处理好宏观、中观和微观不同层面，即国家宏观语言政策与规划、学校语言政策与规划和家庭语言规划之间的关系。笔者开始尝试从语言规划的视角来探讨西北地区的语言教育问题。2018 年 6 月，笔者有幸参加了武汉大学举办的"多语与家庭"学术研讨会，接触到家庭语言规划理论。该理论认为家庭作为社会生活的终端组织，是语言习得的起点与终点，应该被研究者们所重视。家庭语言规划是个人语言能力培养的基础，反映宏观语言规划和政策的贯彻和实施状况，也是国家语言政策和教育政策与学校语言教育实践以及家庭语言教育实践融会贯通，循环衔接的关键所在，并"最终决定着语言保持和语言消亡"①，具有重要的研究意义。

（二）研究意义

随着城镇化的推进、经济与社会发展的加速，各族人民交往交流交融的深入，传统的生计方式、居住格局和家庭结构逐渐解体，语言接触日益频繁和普遍，家庭的语言使用逐渐发生变迁，家庭语言的选择、使用和习得也面临新的挑战。西北地区家庭语言规划研究具有典型性和独特性，有着重要的研究意义。

1. 理论意义

本研究有助于丰富和拓展语言规划和语言教育的研究范围，推动语言规划理论和语言教育理论本土化的进程。传统语言规划研究多关注宏观层面的语言政策，而语言教学研究多关注儿童语言习得的过程、课堂语言教学的实施策略等微观层面，二者之间的鸿沟常被研究者所忽略。研究者常常忽视了语言教育政策与保障措施能否促进语言教育实践达成预期目标以及语言教育的功能是否得到充分发挥。家庭语言规划可以弥

---

① 许静荣 . 家庭语言政策与儿童语言发展 [J]. 语言战略研究，2017, 2（6）：15-24.

补这两个领域的不足，从家庭这一微观研究视角进一步揭示语言规划的复杂性和多样性，同时深入理解家庭语言教育在语言规划中的角色和作用，从而助推语言规划理论和语言教育理论的发展。

2. 现实意义

本研究有利于深入贯彻落实新时代语言政策和教育工作要求，有利于落实国家语言政策和教育政策，并评估这些政策的实施效果；有利于推动国家通用语言文字的普及和推广、提高国家通用语言教育质量；有利于增强语言教育政策的实践性和有效性，为我国的教育政策和语言政策的制定者积累个案、提供参考数据，促进和谐的社会语言环境和信息无障碍社会的建构。

二、研究思路与研究内容

（一）研究思路

本书以问题为导向，采取聚焦研究问题、文献回顾、理论建构、田野调查、理论模型修改与阐释、应用研究的思路。

绪论交代本文的研究缘起和研究意义、阐明研究思路和研究内容，并简要介绍研究方法和田野调查过程，以及研究创新和不足之处。

第一章为文献综述与理论框架，通过 CITESPACE 软件对语言规划和家庭语言规划的国内外研究文献进行回顾，梳理研究成果，并在前人的研究基础之上，厘清易混淆的术语，界定本文的关键概念并建构本文的理论模型。

第二章从家长的语言态度和语言教育态度两方面深描家庭语言意识的现状，总结其特征，并发现语言价值取向的建构是家长语言意识的形成基础。

第三章研究家庭语言规划中的语言管理，分别从家庭语言管理者和家庭语言教育管理策略两个方面，描述家庭语言管理的特点，并发现家长通过语言管理的中介效应，完成资本的代际传递，促进儿童文化资本的再生产。

第四章探讨家庭语言规划中的语言实践，通过分析和比较家庭语言生活以及家庭成员语言能力的代际差异，阐明家庭语言实践以个体语言库的形成为目标导向。

第五章剖析家庭语言规划现存的问题、影响因素和驱动机制，从而揭示家庭语言规划具有天然性、互动性和流变性的特征，进而探讨家庭语言规划的建构路径。

最后为本文的结论。该部分总结家庭语言规划的研究发现，提出家庭语言规划是提高西北地区国家通用语言教育质量的实践途径，并预测未来家庭语言规划研究的发展趋势。

（二）研究内容

本文在推广和普及国家通用语的宏观语言政策指导下，梳理语言规划和家庭语言规划的相关文献，厘清本研究的核心概念；在语言规划的相关理论维度下，以内蒙古自治区鄂尔多斯市乌审旗城镇家庭为例，调查和研究城镇居民家庭语言意识的形成过程、家庭语言管理者的管理策略以及家庭如何在国家通用语和国际通用语（英语）之间开展家庭语言实践，从而科学建构家庭语言规划，具体表现为以下三个研究问题：①家庭语言意识、语言管理和语言实践如何形成、发展以及构建语言规划？②家庭语言教育规划受到哪些因素的影响？呈现何种特征？③如何科学建构家庭语言教育规划？

基于对上述三个问题的研究发现，本文进一步探讨如何在铸牢中华民族共同体意识的行动纲领指导下，在多言多语的社会文化语境中，发挥家庭语域的重要作用，科学指导家庭语言教育规划，为提高国家通用语言文字教育质量，建构和谐的社会语言秩序以及建设信息无障碍社会作出贡献。

三、研究方法

目前国内外尚未形成完整的家庭语言规划理论体系，民族学、人类学、语言学、教育学、社会学等学科均对语言规划理论和实践有所涉猎，但是由于研究范畴和理论视角的差异，语言规划理论产生了多样且丰富研究成果的同时也呈现出零碎性、案例性的特征。作为语言规划的新兴领域，家庭语言规划研究更是处于起步阶段。家庭场域所特有的私密性和复杂性，需要研究者深入家庭内部进行长期细致的观察研究。单一的量化研究方法无法深入细致地了解研究对象，质化法可弥补量化法的缺陷，即量化分析作宏观考察、质化分析作微观探究。因此，本文以研究问题为导向，采取了定性与定量研究相结合的混合研究方法，对田野调查所获得的资料进行多维度、多方面的分析，从而最大限度地做到研究的科学性与可信性。本文主要研究方法有文献分析法、参与观察法、访谈法和问卷调查法。

（一）文献分析法

前人研究成果所形成的文献，可以为后来的研究者提供资料支持、增加学术敏锐度、奠定研究思路的基础以及做好田野调查准备。笔者运用文献分析法，通过查阅相关研究文献、地方志资料、官方统计资料等，了解乌审旗的物理环境和社会环境，并深入了解乌审旗的国家通用语言教育规划的历史沿革，以此总结出乌审旗的社会语言环境变迁和语言规划的发展脉络。

本文查阅的相关文献资料有：①地方志：《乌审旗志》《伊克昭盟志》《鄂尔多斯市教育志》；②统计年鉴：《内蒙古统计年鉴》（2001—2020年）、《鄂尔多斯统计年鉴》（2001—2020年）、《伊克昭盟统计年鉴》（2000年）；③官方统计资料：全国人口普查数据、内蒙古人口普查数据、乌审旗人口普查数据、鄂尔多斯市政府工作报告、乌审旗政府工作报告等官方统计数据、政府及各部门官方网站公布数据；④政策文件：

近年来国家语言文字政策与规划的相关文件、内蒙古自治区教育政策和语言政策文件、国内外语言规划理论研究的相关文献，以及近几年国内语言使用调查研究报告、乌审旗社区与学校汇报材料及工作总结资料等；⑤学术文献：具有代表性的语言教育、语言规划的著作、刊载于国内外权威期刊的相关论文和调查报告等。笔者对这些文献进行重点收集、梳理、归纳、厘清国家通用语言及其教育发展的历史脉络，以及当地语言教育规划的阶段特征，剖析乌审旗城镇家庭所处的社会经济、文化、语言、政治环境的现状，为本文提供了理论依据和分析框架，进一步挖掘宏观语言规划与微观语言规划的隐性关系。

（二）参与观察法

参与观察是观察者参与被观察者的日常生活，在密切的相互接触和直接体验中倾听和观看他们的言行①，尽量彻底了解被观察者所属群体的文化意义、社会结构以及他们如何相互管理和对自己行动意义的解释②。研究者凭借自身的努力，有目的、有计划地对被观察者进行全面细致的观察，并记录家庭言语行为发生的现实场景，从而更真实地记录现实的家庭语言生活，客观地反映家庭语言规划的现状。

笔者招募了三户自愿接受参与观察的乌审旗城镇家庭，他们均是笔者的学生，其中一名已经毕业多年，在当地工作，已婚且育有两个孩子；另外两名是大学三年级学生。笔者在这三位学生的帮助下，花费六个月在这三户家庭中开展参与观察。在这三户家庭参与观察的过程中，笔者观察到乌审旗城镇家庭的居住格局、经济收入、家庭结构、社交网络，搜集到他们及其家庭成员的家庭语言实践和语言管理的相关资料，了解家庭成员的语言意识，并比较和观察这三个家庭在语言实践、语言管理和语言意识的代际差异。同时，笔者还有幸受邀参加他们的家庭聚会、

---

① 孙振玉.民族学实用方法 [M].北京：民族出版社，2017：27.

② 陈向明.质的研究方法与社会科学研究 [M].北京：教育科学出版社，2000：228.

节日庆典和婚礼仪式。其中,"祭火"仪式和鄂尔多斯婚礼给笔者留下了深刻印象。这些活动增加了笔者对当地城镇家庭日常生活、社会行为、传统文化和继承语言使用的直观感受,从而加深了对当地语言和文化的了解。在参与观察的过程中,笔者认真撰写田野笔记,如实记录和描述所观察到的家庭语言生活图景,并不断反省自己的研究问题、思维方式,对研究方法和研究内容进行调整。

(三)访谈法

访谈法是研究者通过口头谈话的方式从被研究者那里收集第一手资料的一种研究方法,是"带有特定目的和一定规则的研究性交谈"[①],并对访谈对象"深入彻底地了解,尽量不留余地,刨根问底所有细节"[②]。本研究的访谈以家庭为单位,分别搜集第一代、第二代和第三代的相关信息,了解不同代际家庭成员对家庭语言的选择、使用和习得及其语言意识,以及不同语境下他们对不同交际对象使用语言的变化,调查他们的语言能力以及家庭语言实践的管理策略。笔者提前告知被访谈对象谈话将被录音,以便将访谈的录音资料转写成访谈记录,并采用内容分析法,进行主题编码和归类概括,同时撰写访谈笔记,与参与观察笔记结合,形成完整的田野调查资料笔记。需要声明的是,文中所使用的人名均为化名,被报道的人的年龄、文化程度及学历等情况均以类型说明,以保护报道人的隐私。为了修正"滚雪球"抽样可能导致样本单一化的缺点,笔者尽量要求报道人介绍不同背景的家庭,务求保证访谈对象具有一定的代表性。

访谈有结构、半结构和无结构三种类型。结构访谈是访谈者提出问题,同时给出可选择的答案,由被访谈者进行选择。笔者通过入户调查的方式,对不同年龄、家庭类型、教育程度、职业、通婚状况的 143 户

---

① 陈向明 . 质的研究方法与社会科学研究 [M]. 北京:教育科学出版社,2000:165.
② 孙振玉 . 民族学实用方法 [M]. 北京:民族出版社,2017:56.

家庭开展结构访谈，共访谈 162 人次。半结构访谈介乎结构访谈和无结构访谈之间，即访谈者有一个访谈提纲，但是访谈并不仅限于访谈提纲中的问题，可以根据谈话内容进行灵活调整①。笔者对 45 户家庭采取半结构访谈，采取叙事转向的访谈方法，即通过提示被访谈者回忆经历过的、与语言实践相关的经历和故事，通过被访谈者的叙述，笔者观察和捕捉有意义的细节和体验。笔者完成半结构访谈 66 人次，其中有 10 位 60 岁以上老人的访谈，以继承语言和国家通用语言完成；其余的被访谈者均具备良好的汉语沟通能力，可以与笔者进行有效交流。无结构访谈也称民族志访谈，访谈者只有访谈计划，但是并不预设问题，让被访谈者决定要表达什么。笔者对参与观察家庭的三代家庭成员开展多次无结构访谈，共访谈 15 人次。根据无结构访谈，笔者了解受访者过去的生活经历以及他们对过去经历的阐释，了解他们的语言教育经历以及所处的社会、文化、经济、教育环境，以及他们的语言意识和行为规范，从中寻找家庭语言规划背后的驱动机制和影响因素，并与受访者建立人际关系，为后续的问卷调查奠定基础。

（四）问卷调查法

笔者采用综合抽样的方式开展问卷调查。研究伊始，由于不熟悉当地环境且家庭语言规划涉及私人生活领域，笔者采取"滚雪球"的抽样方式，即通过被访谈对象推荐新的被访谈家庭开展问卷调查。当运用参与观察和访谈法与被访谈对象建立了一定的人际关系后，笔者借助当地的学校、社区、商铺等开展分层抽样的问卷调查。本文以定性分析为主要研究方法，问卷调查只作为辅助的功用，旨在获取群体的基本信息，用以验证观察所得之假设。问卷调查使笔者有机会公开介绍自己，有利于进行后续的单独访谈。

笔者运用了斯波斯基（Spolsky）的语言政策三要素的理论框架，以

---

① 孙振玉．民族学实用方法 [M]．北京：民族出版社，2017：56.

邬美丽（2007[①],2016[②]）、德红英（2013[③]）、瞿继勇（2014[④]）等研究中的语言调查问卷为基础，并根据调查目的，结合参与观察和访谈法所得到的资料确立，问卷的维度和题项；然后在参与观察的三户家庭 15 位家长中进行预测，根据内部一致性的检验结果，对于部分题目和选项进行修改和调整，形成了"家庭语言规划调查问卷"。

该问卷包括四个维度：第一，调查对象的基本情况调查，包括被调查者的性别、年龄、家庭代际、通婚状况、现居住格局以及职业。第二，家庭语言管理调查，包括家庭语言环境管理调查和家庭语言教育管理调查。家庭语言环境管理调查包括管理主体调查、管理行为、管理策略的调查；家庭语言教育管理调查包括家庭教育语言的选择、儿童家庭语言习得途径调查等。第三，家庭语言实践调查，包括被调查者的家庭语言使用、习得和个体语言能力调查，涵盖了普通话、本地汉语方言、继承语言、双语兼用、英语以及其他语言的使用。其中，个体语言能力调查采用了自陈问卷（self-report）的测量方法，让调查对象对相关问题发表意见，运用李克特五级计分制，即对"非常不好 / 很不好""比较不好""一般""比较好""非常好"五个级别分别赋值为 1、2、3、4、5 分，以此来测量调查对象语言能力。第四，家庭语言意识调查，包括家长的语言态度和语言教育态度。其中，家庭语言态度以邬美丽（1997）的语言态度量表为基础，从情感价值评价和理性价值评价两个维度来开展对国家通用语言文字和英语的态度调查，笔者运用 SPSS（17.0），Excel

---

① 邬美丽.在京少数民族大学生语言使用及语言态度调查 [D].北京：中央民族大学，2007.

② 邬美丽.语言保持及语言转用研究——基于鄂尔多斯市部分地区蒙古族语言状况进行的社会语言学调查 [M].北京：中央民族大学出版社，2016.

③ 德红英.城市达斡尔族语言生活调查研究——以 9 个城区的抽样调查样本为例 [D].北京：中央民族大学，2013.

④ 瞿继勇.湘西地区少数民族语言态度研究 [D].西安：陕西师范大学，2014.

（2016）进行问卷的数据分析、整理①，与访谈和参与观察的结果互相印证，以提高信度。

四、田野调查概况

（一）田野点介绍

乌审旗隶属于内蒙古自治区鄂尔多斯市。为了分析乌审旗城镇家庭语言规划所受到的社会经济、社会文化、社会政治和社会语言等影响，笔者分别从地理位置与地貌气候、自然资源与交通运输四个维度对乌审旗的物理环境，从历史沿革与行政区划、生计方式与民族人口四个维度对乌审旗的社会环境开展研究，以便进一步勾勒出乌审旗语境特征。

1. 乌审旗的物理环境概况

乌审旗是内蒙古自治区最南端的一个旗县。"乌审"一词来自继承语"乌拉西"，本义是"捕捉禽兽的网套"，后引申为"用网套捕捉禽兽的人"，也证明了这里曾是古人类渔猎生活的地方。该地得名于居住在该地最久、影响最大的蒙古族乌审部落②。该部落在此地定居时间较早、人数较多，所以旗名从部落名，俗称"乌审旗"。中华人民共和国成立之前，旧称为鄂尔多斯右翼前旗。中华人民共和国成立后，该旗正式改名为"乌审旗"。该旗地处内蒙古高原向黄土高原过渡的农牧交错带上，隶属于内蒙古自治区鄂尔多斯市，是内蒙古自治区重要的畜牧业产业基地③。

---

① 由于软件统计有四舍五入的情况，所有有时在"总计"中会出现100.1%或99.9%的情况，这对总体数值分析没有影响。如果表格中没有数字，说明没人选择该选项或没有该选项的数据。

② 伊克昭盟地方志编纂委员会.内蒙古自治区地名志（伊克昭盟分册）[M].北京：现代出版社，1986.

③ 乌审旗志编纂委员会.乌审旗志[M].呼和浩特：内蒙古人民出版社，2001.

（1）地理位置与地貌气候

乌审旗位于内蒙古自治区最南端的毛乌素沙地腹部，地处内蒙古自治区、陕西省和宁夏回族自治区交汇之处，下辖6个镇、27个嘎查（是一种乡村行政区划单位，相当于内地的行政府）、34个村、13个城镇社区，旗政府在嘎鲁图镇。据《乌审旗志》记载，历史上的乌审旗地区，水草丰茂、森林茂盛、气候温暖，是古人类文明发源地之一。但该旗"受自然灾害影响和滥伐、滥垦、过度放牧等主客观因素影响，生态环境极度恶化"①。近年来，"绿色乌审"等环保工作和生态恢复行为，使乌审旗的生态环境得以改善。

（2）自然资源与交通运输

乌审旗土地资源丰富，全旗天然草场面积较大，但是单位面积普遍产草量较低。林地比重过小，分布不均。耕地土地沙化程度高、盐渍化明显。乌审旗内矿产资源非常丰富，已开发利用的有稀土、煤、天然气等，被誉为"中国天然气之乡"。该旗地处三省、区交会之处，有一定的区位优势，但是交通运输并不便利。该旗目前没有机场，只开通一趟客运列车且仅拥有一条南北向纵贯、服务于煤炭和煤化工外运任务的新陶铁路。所以，乌审旗客运主要依赖公路，与周边城市交通不够畅连，市区与周边城镇之间缺乏便捷的互联互通。

2. 乌审旗的社会环境概况

（1）历史沿革与行政区划

据《乌审旗志》记载，三万五千年前，乌审旗地区已经有了"河套人"的生活轨迹。根据大量挖掘出来的古人类和动物化石，考古学家推断出该地在三万五千年前气候温暖、水草丰茂、植被丰富，"河套人"在此地以渔猎为生，繁衍生息。清顺治六年（1649）在此地设鄂尔多斯右

---

① 谢治瑞，查干其劳，曹巨祥.五化协同推进毛乌素沙地治理探索黄河流域生态保护和高质量发展新路子[N].鄂尔多斯日报，2020-10-12（3）.

旗前旗，此制一直沿袭到中华民国时期；中华人民共和国成立后，正式改名为"乌审旗"。该旗行政区划具体情况见表0-1-1。

表0-1-1　乌审旗辖嘎查、村、社区情况表

（苏木）镇		嘎查、村、社区名称	数量
嘎鲁图镇	嘎查	萨如努图嘎查、布寨嘎查、巴音温都嘎查、呼和淖嘎查、呼和陶勒盖嘎查、斯布扣嘎查	6
	村	神水台村、沙沙滩村、巴音柴达木村、木都柴达木村、达布察克村、后寨则村	6
	社区	呼热胡社区、独贵龙社区、萨拉乌素社区、朝阳社区、苏里格社区、南丁社区	6
无定河镇	嘎查	无	0
	村	排子湾村、毛布拉格村、堵嘎尔湾村、萨拉乌苏村、红进滩村、王腰湾村、河南村、小石砭村、无定河村、包日陶勒盖村、巴图湾村、大石砭村、庙滩村、水清湾	14
	社区	河园社区	1
苏力德苏木	嘎查	沙尔利格嘎查、昌煌嘎查、宝日呼岱嘎查、朝岱嘎查、陶利嘎查、通史嘎查、呼和芒哈嘎查、陶尔庙嘎查、塔来乌素嘎查	9
	村	蘑菇滩村、纳林河村	2
	社区	沙尔利格社区	1
乌兰陶勒盖镇	嘎查	巴音敖包嘎查、巴音希利嘎查、巴音高勒嘎查	3
	村	红旗村、前进村、跃进村、胜利村	4
	社区	查干塔拉社区	1
图克镇	嘎查	梅林庙嘎查、陶报、图呼勒岱嘎查、达汉庙嘎查、黄陶勒盖嘎查	4
	村	大牛地村、呼吉尔特村、葫芦素村、沙日嘎毛日村、乌兰什巴台村	5
	社区	梅林庙社区	1

（苏木）镇		嘎查、村、社区名称	数量
乌审召镇	嘎查	乌审召嘎查、布日都嘎查、查汗庙嘎查、巴音陶勒盖嘎查	4
	村	浩勒报吉村、中乃村、巴嘎淖尔村	3
	社区	惠泽社区、查汗淖社区、绿洲社区	3

（2）生计方式与民族人口

乌审旗曾被称为"八大牧场"之一，畜牧业是乌审旗传统的基础产业。但是，随着土地沙化、草场退化、气候干燥、过度放牧等，传统农牧业发展严重受限。当地农牧户的生计方式可以分为纯农户家庭、半农半牧家庭和兼业型家庭。纯农户家庭只从事农业活动，销售粮食和牲畜是其主要收入来源；半农半牧家庭以农业活动为主，但是他们拥有草场，种植农作物的主要目的是为牧业提供物质资料，他们发展牧业的同时，还享有国家对牧区家庭的禁牧补贴、退耕补贴等优惠政策；兼业型家庭既从事各种农牧业活动，又拥有非农活动的收入作为支撑。当地汉族家庭主要以纯农户类型为主，蒙古族家庭则以半农半牧和兼业型为主[1]。根据第七次全国人口普查数据，2021年乌审旗常住人口为158566人，比第六次人口普查增加34039人，增长率为27.33%，年平均增长率为2.45%。全旗共有58520户家庭，平均每个家庭户人口为2.31人。全旗常住人口中汉族人口为127101人，占80.16%；蒙古族人口30358人，占19.14%；其他民族人口1107人，占0.70%。

3.乌审旗的语境特征

因生活在不同地区的群众，生产方式、语言文化、风俗习惯等不同，家庭结构、教育形式等也各具特点。以内蒙古自治区为例，多年的历史变迁形成了牧业、半农半牧、农业3种经济类型。内蒙古自治区东西部

---

① 朱利凯，蒙吉军，刘洋，等.农牧交错区农牧户生计与土地利用——以内蒙古鄂尔多斯市乌审旗为例[J].北京大学学报（自然科学版），2011，47（1）：133-140.

人民群众的生产方式、生活习惯、语言文化都有较大的差异，形成了亚文化结构的多元状态①。

（1）转型升级的社会经济

乌审旗独特的地貌类型曾为牧业发展提供了丰富的资源保障，但是因为当地降水少且集中、风沙大、生态基础薄弱、生态环境持续恶化等，乌审旗一度成为内蒙古沙化土地最为集中、沙害最为严重、生态环境最为脆弱的旗县之一②，传统畜牧业发展受到限制，亟待转型升级。乌审旗政府一方面致力环境保护和生态建设，近年来的环保工作和生态恢复行为使乌审旗自然环境得以改善，牧业发展的物质资料得以保障；另一方面发展现代农牧业，促进畜牧业提质增效，加快乌审旗现代化农牧业转型步伐。乌审旗现在已经拥有全国县域最大的有机牧场和有机牛、羊养殖基地。与此同时，乌审旗也经历了高速的城镇化进程，2000年城镇化率仅为35.65%，2020年达到61.24%。乌审旗政府优化全旗的产业结构，依托矿产资源丰富的优势，大力发展第二产业。2019年，第二产业在乌审旗所占比例为69.40%，乌审旗的第二产业成为支柱产业，从传统牧业社会转变为现代工业社会，该旗的社会经济正在转型升级。

（2）多元一体的族群关系

据《乌审旗志》记载，从商周时代起鬼方、龙方、犬戎、熏育等部落就在乌审旗地区狩猎、游牧，春秋战国为林胡、朐衍等部落的游牧之地，秦汉时期为上郡辖地。东汉至晋代，该地区先后成为匈奴、鲜卑、乌桓、羌等少数民族牧地。十六国时期，铁弗匈奴占据此地，并建立大夏国。隋唐至宋朝，该地区成为突厥、党项等少数民族的驻地。13世纪，成吉思汗建立蒙古汗国。1277年西夏灭国后，鄂尔多斯地区被纳入蒙

---

① 白乙拉，李素梅.我国蒙古族传统家庭结构与家庭教育观及其关系的文化学分析[J].民族教育研究，2007，（4）：73-76.

② 谢治瑞，查干其劳，曹巨祥.五化协同推进毛乌素沙地治理探索黄河流域生态保护和高质量发展新路子[N].鄂尔多斯日报，2020-10-12（3）.

古汗国的版图，成吉思汗的部众也随军安家落户于此地，其中一个叫作"卫新"（后被称为"乌审"）的部落开始在该地区生活。元朝时，蒙古族人开始在此定居。明代中期，该地成为鄂尔多斯万户之右翼伯速特、卫新二部牧地。清朝时期，该地改制为鄂尔多斯右翼前旗，清政府早年在该地区实行"蒙汉分流"政策，严禁汉族进入此地区放牧；清朝中期以后该政策才被废除，陕西、山西等地的汉族移民大量涌入该地区，各族人民共同在这块土地上繁衍生息。中华人民共和国成立以后，各民族人民在中国共产党的带领下，取得了举世瞩目的成就。乌审旗生态系统的改善、现代工业体系的建立、规格齐全的民族教育系统，都离不开各族人民的共同奋斗。根据第七次人口普查数据，2021 年乌审旗汉族人口比2010 年增加了 30663 人，增长了 31.80%；蒙古族人口比 2010 年增加了2679 人，增长了 9.68%，其他民族人口比 2010 年增加了 697 人，增长了170.00%。从人口普查的数据也能看出来，蒙古族人口虽然有所增加，但是人口比例有所下降，人口增长主要依赖自然增长。汉族和其他民族人口增长较快，人口比例有所上升，其人口快速增加的原因是外地移民数量增加。大量移民涌入，原有的"大杂居、小聚居"居住格局也被打破。正如受访者提及："我们这原来是大杂居、小聚居，以前蒙古族草场旁边是蒙古族，汉族草场附近一般都是汉族。现在不一样了，好多人都搬到城里了，大家在一个小区生活。这家是蒙古族，隔壁就是汉族。"乌审旗成了多民族互嵌生活之地。

（3）变动不居的社会文化

乌审旗被命名为"中国苏力德文化之乡""中国敖包文化之乡""中国鄂尔多斯歌舞之乡""中国马头琴文化之都"，保留了较为完整的民族传统文化。据统计，乌审旗共有各级各类文物保护单位 79 处。除了重要的文化遗迹，该旗保留多项国家级非物质文化遗产，如成吉思汗祭典、鄂尔多斯婚礼、鄂尔多斯短调民歌、漫瀚调、古如歌、察干苏力德祭祀、乌审走马竞技、六十棵榆树祭等。该旗还定期举办那达慕大会，祭祖、祭火、祭敖包等民间文化活动。乌审旗乌兰牧骑被评为内蒙古"全区十佳乌兰牧骑"，中国乌审马头琴交响乐团是"国内唯一一支以蒙古族传统乐器马头琴为主弦乐，具有浓郁民族特色和地方风格的专业多声部交响乐团"①，先后在国内外多个地区表演，为传播民族文化作出了贡献。乌审旗文化资源丰富，是民族传统文化传承之地。乌审旗历史源远流长、文化底蕴深厚，是举世闻名的"河套文化"的发源地。该地历史上水草丰茂，曾是北方多个游牧民族狩猎和放牧之地，形成了独特的游牧文化和草原文化。该地区位置独特，地处河套地区的农牧交错带，从明朝中期开始，陕西、山西、宁夏等地的汉族移民迁徙至此，各族人民在当地和睦相处，多元文化在该地有着明显的体现。中华人民共和国成立后，乌审旗各族民众在中国共产党的领导下，取得了社会、经济、政治、教育、文化等方面的巨大成就，从传统的农牧业社会转型为现代工业化社会。游牧文化、农耕文化、河套文化、草原文化与现代工业文化都在此地撞击、汇聚、交融、积淀和传承，形成了独具特色的乌审旗地域民族文化，乌审旗成为多元文化汇聚交融之处。

（4）多言多语的社会语言环境

乌审旗历史上一直是蒙古族语言和文化的中心。由于交通不便，以及清政府对该地区的"蒙汉分流"政策，历史上当地继承语文教育占绝对优势②。该旗的民族传统文化和习俗保留得较为完整，民族语言也保持较好。按照民族人口的特点，乌审旗属于蒙古族人口较少且居住较为零散的多民族聚居区，蒙古族占一定比例，有蒙古族社区和蒙古语言使用环境（邬美丽③，2016）。与此同时，乌审旗地处三省、区交会之处，

①　佚名.大美草原　绿色乌审——乌审旗改革开放40年经济社会发展成果展示[J].实践（党的教育版），2018（6）：61-65.

②　宝玉柱.清代蒙古族社会转型及语言教育[M].北京：民族出版社，2003：260.

③　邬美丽.语言保持与语言转用研究——基于鄂尔多斯市部分地区蒙古族语言状况进行的社会语言调查[M].北京：中央民族大学出版社，2016.

从明朝中期开始，陕西、山西、宁夏等地的各族移民迁徙到当地。清朝中后期，大量汉族移民涌入，"首次打破了以长城为政治、经济、文化分界线的古老状态，清代汉民族第一次走出长城，以积极的、主动的身份影响了蒙古族。汉民族带来了中原地区历史悠久的农业经济文化，逐步影响蒙古族的语言文化"①。各族群众和睦相处，语言接触频繁。当地群众不仅会讲继承语还会讲普通话、晋方言，甚至会讲英语、日语、俄语等外语，多言多语并存的历史传统一直延续至今。多民族、多语言、多文化的国家在世界占绝大多数，多语多文化之间的竞争与交流一直存在。全球化与本土化、国家一体化与民族文化多元化的冲突与和谐，是21世纪全人类和多民族国家面临的不可回避的两大挑战②，具体表现在社会语言环境中语言接触与交际日益频繁，语言的冲突和矛盾也与日俱增。21世纪以来，英语的全球化传播一方面促进各国人民的交流沟通，但另一方面也削弱了世界范围的语言多样性，威胁各民族语言的生存，加剧语言消亡的速度。同时，中国经历的高速城市化进程给中国社会结构带来两大改变：人口从散居的乡村向聚居的城市聚集，原来的农业经济模式转向以制造工业、服务业和公共管理为主的经济模式③。庞大的流动人口数量之下，隐藏着以家庭化流动为"主流"的人口流动趋势。中国的社会语言环境也随之发生重大改变，大规模、高速化的城镇化进程也带来了新的语言问题。例如，少数民族城市移民的民族语言传承、子女语言教育、教育不同引起的普通话水平差异，继而引发的语言沟通障碍等问题④。家庭成为语言冲突和语言竞争的"重灾区"。乌审旗在这

---

① 曹道巴特尔.蒙汉历史接触与蒙古族语言文化变迁[D].北京：中央民族大学，2005.

② 苏德.蒙汉双语教育研究：从理论到实践[M].北京：民族出版社，2017：1.

③ 王春辉.城市化进程中的社会语言学效应研究[J].江汉学术，2014（5）：92-100.

④ 徐大明，王玲.城市语言调查[J].浙江大学学报（人文社会科学版），2010（6）：133-140.

样的社会背景下，生计方式、居住格局、家庭结构都发生了变化，城镇家庭的语言态度、语言使用、语言选择和语言能力等的发展也发生了重大改变。

综上，乌审旗语言教育历史悠久，有助于了解西北地区城镇家庭语言教育规划发展和实践的发展历史；该旗地处多元文化交汇之处，有助于了解多言多语环境下的家庭语言规划特征；此地经历了全球化和高速的城镇化进程，有助于了解全球化和城镇化对西北地区城镇家庭语言规划的影响。因此，选择乌审旗作为本研究的田野点，符合研究的主题和调研需求。该地的语境呈现转型升级的社会经济、多元一体的族群关系、变动不居的社会文化和多言多语的社会语言环境特征。

（二）调查概况

1. 进入田野点

2018 年 6 月 22—24 日，笔者参加了武汉大学举办的"多语与家庭"学术研讨会，一方面笔者在参会期间初步确定研究主题，另一方面也结识了众多语言规划研究领域的专家和学者，与他们初步确立了联系，也为日后文献搜集和问卷调查提供了条件。会后，笔者搜集和研读了大量相关文献，与导师多次交流，在导师的指导下确立研究主题为"家庭语言规划"，并撰写研究计划。

笔者开始选择田野调查点的时候，颇费了一番周折。所谓"田野"是研究对象群体赖以生存的地域空间，也是研究赖以进行的场域。田野点的选择应符合社会边界清晰、文化特征独特、切合研究主题且具有代表性要求[①]。笔者首先将调研田野点范围选择在内蒙古自治区境内。内蒙古自治区作为我国第一个少数民族自治区，浓缩了中国民族教育的历史和系统的语言政策与规划，具有典型性。然而，内蒙古自治区横跨东北、西北和华北的"三北"之地，幅员辽阔，东部、中部和西部的情况各有

---

① 孙振玉. 民族学实用方法 [M]. 北京：民族出版社，2017：28.

不同。笔者通过研读文献、咨询专家，将田野地点范围确定在经历了高速城镇化且国家通用语普及程度较好的地区——鄂尔多斯市。鄂尔多斯市下辖两个区、七个县。接下来，笔者查阅相关资料，并与导师多次讨论，初步确定乌审旗作为田野点。家庭语言规划属于私人生活领域，充分考虑调研可能遇到的困难，笔者借助本单位的人力资源优势，开展调研的准备工作。笔者通过本校学生资源和相关社交媒体，招募志愿家庭，希望找到可调研的乌审旗家庭，最终得到了 L、D 和 G 的帮助，从而进入这三户家庭开展参与观察。

笔者确定了田野点和研究对象后，根据前期文献分析，撰写了研究计划和调研提纲，于 2018 年 7 月 1 日初次进入田野点。L 不仅是笔者的学生，还是笔者相交多年的好朋友。L 已婚且育有两个孩子，她的父母与她一起居住。笔者与她的家人也比较熟悉，因此选择 L 家作为笔者田野调查的起点。按照计划，当天 L 直接到乌审旗车站将笔者接回家。笔者在走出车站的那一刻，就开始了调研之旅。笔者在 L 家生活了一个月。周一至周五，L 外出上班，笔者与她父母和孩子一起生活，观察 L 家庭的语言生活和语言教育实践。周末，笔者会陪她们外出带孩子玩耍，与亲友社交，进而观察当地的社会文化环境、语言环境和家庭外部社会交往模式。

刚开始的两周，笔者经历了包括饮食、生活习惯等多方面的不适应，语言上也存在一定的障碍。L 家庭成员主要以继承语言交谈，让笔者感受到"局外人"的尴尬。他们讲普通话时，带有浓重的地方口音，笔者基本听不懂。笔者如同"聋哑人"，经常出现所答非所问的局面。两周后，笔者慢慢熟悉当地汉语方言，适应当地的生活方式，可以自如地与被观察者交流。他们使用继承语言交谈时，笔者也不会觉得尴尬。同时，他们也习惯了笔者的存在，不再刻意为笔者转用普通话，笔者的调研开始顺利起来。

2018 年 7 月 31 日，笔者结束了对 L 家为期一个月的参与观察与访谈，接下来花了 30 天的时间分别在 D 家和 G 家参与观察与访谈，每家 15 天。

因为正值暑假，D 和 G 全天陪伴笔者开展访谈，带笔者参加各种社交活动，拓展笔者的人际交往范围。2018 年 8 月 31 日暑假结束，笔者结束了第一阶段的参与式观察。

在这两个月中，笔者几乎成了这三户家庭的"影子"，亦步亦趋地跟随着他们的生活。在 L、D 和 G 的帮助下，笔者度过了田野调查最初的艰难时期，完成了对三户家庭三代成员共 15 人次的访谈以及参与观察，初步了解了调查对象的教育经历和当地的社会、文化、经济、教育环境，体会不同家庭成员语言实践的共性与差异，并与受访者建立人际关系，为后续的问卷调查奠定了基础。当地有热情好客、尊敬老师的传统，所有的访谈对象和观察对象都积极配合笔者的调研，原来设想中的吃"闭门羹"、不被欢迎等情况都没有发生。这六个月的参与观察让笔者发现乌审旗是非常适宜的田野调查点，坚定了笔者的调研信心。就这样，笔者开始真正进入田野点，开始了田野调查。

2. 具体调研过程

因为新冠肺炎疫情等原因，笔者在乌审旗的具体调研过程耗时约三年，调研过程分为以下 5 个阶段。

第一阶段：2018 年 7 月 1 日至 2018 年 8 月 30 日，笔者开始参与观察与无结构访谈阶段。2018 年 7 月 1 日至 7 月 31 日，笔者开始 L 家庭的参与观察；8 月 1 日至 8 月 15 日，开展 D 家庭的参与观察；8 月 16 日至年 8 月 31 日，开展 G 家庭参与观察。这一阶段初步了解乌审旗家庭内部语言使用情况，了解被观察者的教育经历、语言态度、观察三户家庭的语言资源和语言管理情况。因为 L 家庭有幼儿，D 和 G 家庭的报告人仍然在大学读书，暑假结束需要返校。因此，2018 年 8 月 31 日，笔者结束第一阶段的调研。在此期间，笔者撰写了约 4 万字的观察笔记，主要记录了笔者的所见、所闻和所思，还有 15 人次的访谈记录。

第二阶段：2019 年 1 月 17 日至 2019 年 6 月 30 日，笔者逐渐聚焦地参与观察与半结构访谈阶段。2019 年 1 月 17 日至 2019 年 2 月 2 日，笔者开始到 G 家参与观察；2019 年 2 月 3 日至 2019 年 2 月 19 日，笔者回家过年；2019 年 2 月 20 日至 2019 年 3 月 20 日，笔者到 D 家参与观察。2019 年 3 月 21 日至 2019 年 6 月 30 日，笔者到 L 家参与观察。尽管 L、D 和 G 三家都邀请笔者一起过年，但是考虑到这三户家庭都要回牧区阖家团聚，而且有很多家庭祭祀活动，作为观察者的笔者不太适合留下，笔者只参加了祭火仪式。中间一周的时间，笔者回家过年。受笔者委托，L、D 和 G 均将过年聚餐和祭祀祖先的场景进行录像，并与笔者分享这些影音资料。这一阶段的参与观察相对第一阶段更聚焦。通过第一阶段的调研，笔者进行访谈资料、观察笔记等的分析和整理，进一步明确研究问题，对访谈提纲进行大幅度修改。原来的无结构访谈变为半结构式访谈，笔者重新对第一阶段被访谈对象进行回访，聚焦原先遗漏或不明确的问题，并在访谈和观察的基础上，修改了调查问卷，并在这三户家庭中进行了调查问卷的预测。根据内部一致性的检验结果，笔者对于部分题目和选项进行修改和调整，形成了"家庭语言规划调查问卷"。彼时正值迎接新年之际，笔者和三户家庭的亲友频频见面，彼此更加熟悉。当地人民的热情好客和尊敬师长的习俗使笔者受益匪浅，很多家庭都成为笔者日后访谈和入户调查的对象。他们也纷纷介绍当地其他家庭作为笔者的研究对象，并介绍了乌审旗教育局、宣传部、学校、社区等机构的负责人员和工作人员与笔者认识，这使笔者有机会搜集到乌审旗政府、教育部门、学校等机构的相关政策文件以及相关数据，全面地开展调研工作。这一阶段，本人完成了 3 户家庭的参与观察以及 15 户家庭共 22 人次的半结构访谈。其中，10 位 65 岁以上老人用双语完成访谈，因为这 10 位老人（4 男、6 女）担心自身的普通话表达能力不好。当笔者用汉语与他们交谈或提问题时，他们用继承语言回答，再借助 D 和 G 翻译为普通话。当他们认为译者翻译有所谬误时，会用普通话或继承语言进行纠正。剩下的访谈对象均具备良好的普通话沟通能力，可以与笔者进行有效的交流。在此期间，本人撰写参与了观察笔记 3 万字、22 人次的访谈记录、完成 15 份调查问卷。

第三阶段：2019 年 7 月 12 日至 2019 年 8 月 18 日，入户问卷调查和访谈。有了前两次的成功调研经历，笔者更有自信，决定以入户调查的方式开展结构式访谈和问卷调查。笔者通过滚雪球的方式，请求前期的访谈对象给笔者介绍新家庭进行访谈和问卷调查。在此阶段，笔者完成了 103 户家庭的入户访谈和问卷调查，完成了 208 份调查问卷，78 人次访谈记录。这一阶段，D 和 G 一直陪伴笔者，全程参与入户调查，充当记录人员。他们也在调研过程中产生了研究兴趣，确定了自己本科论文的研究选题，正式加入笔者的研究团队。同时，笔者还多方联系，访谈了乌审旗中学、职业中学、小学的负责人和教职工，从教育者的角度了解他们对当地语言教育政策与规划、语言教育实践、家长参与等各方面的观点和态度，了解乌审旗国家通用语言教育的历史沿革以及现状，并获得了许多珍贵的档案资料，如《乌审旗志》《伊克昭盟志》、学校语言教育的基本数据和工作报告等。笔者根据本次的调查问卷结果，删去个别无效的问卷题目，形成本论文的最终问卷，后续的电子问卷都采用这个版本的问卷进行。在此期间，本人撰写田野笔记 1 万字、完成 52 户家庭共 68 人次的结构式访谈记录、208 份调查问卷。

第四阶段：2020 年 1 月 7 日至 2020 年 10 月 17 日，问卷调查和深度访谈。2020 年 1 月 7 日至 4 月 15 日，D 和 G 回到乌审旗，在笔者的指导下开始结构式访谈。按照原定计划，笔者将于 2020 年 2 月 1 日与他们汇合，继续入户调查和访谈。但因新冠肺炎疫情暴发，他们不得不借助电话、微信和 QQ 等社交媒体以及面对面访谈的形式，每日将访谈记录和录音资料传输给笔者。因为疫情，大家不能出门，又正值过年，许多家庭齐聚一堂，为他们的结构式访谈创造了良好的客观条件。截至 2020 年 4 月 15 日，笔者指导他们完成了 91 户家庭 94 人次的结构式访谈。同时，笔者借助问卷星系统，按照分层抽样的方式，借助学校、社区、商铺的社交网络，通过微信、QQ 等社交媒体开展电子问卷调查。直至

2020年7月30日，笔者完成有效问卷1004份。2020年8月10日至8月31日，笔者重返乌审旗搜集数据。彼时G和D已经大学毕业正在求职，不能继续帮助笔者开展调研。笔者求助宁夏大学民族与历史学院的在读博士F与笔者一起合作调查，先后到乌审旗民政局、教育局、市民服务大厅，婚姻登记处等各职能部门搜集论文中所需数据。与此同时，为了保证调研的有效性，笔者运用"最大差异信息饱和法"①，在职能部门的工作人员的帮助下，找到27户涵盖了海归家庭、丁克家庭、单亲家庭等与前期调研差异较大的家庭类型开展半结构式访谈，最终完成了19人次半结构访谈。

第五阶段：2021年9月8日至2021年10月17日，深度访谈。因为从2020年下半年开始，一系列重要的语言政策和教育政策、法律法规出台。例如，内蒙古自治区教育厅印发《全区民族语言授课学校小学一年级和初中一年级使用国家语文统编教材实施方案》，规定从2020年秋季学期开始分步骤推广三科统编教材；2021年7月24日，教育部印发的《关于进一步减轻义务教育阶段学生作业负担和课外负担的意见》等，笔者认为这些政策会对当地家庭语言规划产生影响。于是，笔者于2021年9月8日回到乌审旗，完成最后阶段的数据搜集和访谈调查。在此期间，笔者搜集到新出版的《鄂尔多斯教育志》，进一步丰富了文献资料，更新统计数据，并重新访谈了部分家庭以及访谈对象。至此，笔者的调研进程结束。2021年10月18日，西北新冠肺炎疫情再度暴发，本人返校，开始对本论文的最后修改工作。

（三）问卷调查对象概况

笔者调研初期开展了103户家庭的入户访谈和问卷调查，获得了208份调查问卷。由于2020年年初新冠肺炎疫情暴发，原来的调查计划

---

① "最大差异信息饱和法"是指不仅仅要探究其信息总量的大小，更要考察信息的多元程度。在后续被访过程中，更换信息的方向、侧面、维度，去寻找那些尽可能存在最大差异的访谈对象，直到研究者与被访者共同构建出一个相对信息饱和的状态位置。

不得不进行调整。疫情暴发后，由原来的入户调查改为发放电子问卷，借助问卷星系统，通过微信、QQ 等社交媒体，借助学校、社区、商铺等开展问卷调查，回收了 1079 份问卷，其中 1014 份有效问卷，有效率为 94.34%，总计回收 1222 份有效问卷。在回收的 1222 份调查问卷中，男性 498 人，占调查对象的 40.76%；女性 724 人，占调查对象的 59.24%。年龄在 30 岁以下的 297 人，占调查对象的 24.31%；31～40 岁的 439 人，占调查对象的 35.92%；41～50 岁的 237 人，占调查对象的 19.39%；51～73 岁 249 人，占调查对象的 20.38%。族内婚姻家庭的有 985 户，占调查对象的 80.61%；族际通婚家庭有 237 户，占调查对象的 19.39%；其中，蒙汉通婚 190 户，占调查对象的 15.55%；蒙古族与其他民族通婚家庭 47 户，占调查对象的 3.85%[①]。调查对象中有农民 107 人，占调查对象的 8.76%；企事业单位人员 569 人，占 46.56%；公务员 142 人，占 11.62%；牧民 71 人，占 5.81%；商业从业者 83 人，占 6.79%；其他职业者 250 人，占 20.46%。受访者的受教育程度在大专及以上的有 915 人，占 74.88%；高中或中专的 167 人，占 13.67%；初中的 35 人，占 2.86%；小学的 46 人，占 3.76%；未接受过教育的 59 人，占 4.83%。

五、研究的创新与不足之处

（一）研究创新

1. 学术思想的创新

国内家庭语言规划研究多围绕斯波斯基的语言政策三要素理论展开。该理论全面地描述家庭语言规划的特征，阐释家庭语言规划内部三要素的运行机制，对家庭语言规划研究有一定的指导作用。但是，他并未将家庭语言规划主体的能动性、微观层面与宏观影响因素纳入理论框架，存在一定的局限性。张晓兰对该理论框架进行了进一步的细化和深化，

---

① 由于统计数据使用四舍五入法，数据相加有 0.01% 的出入。

将宏观和微观影响因素纳入其中。笔者在两位学者的理论框架的影响下，描述和分析家庭语言规划中语言意识的形成基础、语言管理的中介效应以及语言实践的目标导向，并将家庭语言域外的宏观影响因素和家庭语域内的微观影响因素囊括其中，探讨家庭语言规划的特征，对原有的理论框架进行了修订和补充。

2.研究对象的创新

国内家庭语言规划的研究多集中在中产阶层或散居在城市的少数民族移民家庭，研究范围多集中在国家通用语言、方言和民族语言。本文选取了新的研究对象，以乌审旗不同阶层、不同通婚状况的家庭语言规划为研究对象，研究这些家庭对国家通用语言和国际通用语言的规划，总结出家庭语言规划的运行机制和特征，丰富了家庭语言规划的研究内容。

3.研究方法的创新

国内现有的家庭语言规划研究多集中在城市家庭，定量研究和描述性研究占多数，缺乏生动典型的质性分析，且研究者多出自语言学背景，采用常规的语言学研究方法。本文采用定量与定性相结合的研究方法，长期细致地观察少数民族家庭语言规划的状况，全面呈现出少数民族家庭语言规划的图景，并多维度、多层面地开展分析，比采取单一的语言学方法，更能深入挖掘到深层实质。

（二）研究不足

1.资料收集的不足之处

在资料收集方面，田野调查屡屡受阻，原有的研究计划不断延迟和调整。原计划对当地学龄儿童的访谈和问卷调查因各种因素的影响而未能搜集完整。本次研究从家庭语言规划者的角度出发，视角较为单一。原计划的一年参与观察也被迫缩短为半年，未能长时间、多维度地参与体验当地城镇家庭生活。

2. 理论解释的不足之处

语言规划作为一门新兴学科，其理论体系还尚未完善。家庭语言规划作为语言规划近二十年的新兴研究领域，国内外的研究都处在起步阶段，理论体系不完备、概念术语混淆、定义不统一等情况都造成了本文的理论解释存在局限，一定程度上影响了本文的理论深度。

第一章　文献综述与理论框架

理论至少包括三个方面内容：前人的理论、研究者自己的理论、资料中呈现的理论。"前人的理论"是研究界在本领域目前已经建立起来的、被公认的理论；"研究者自己的理论"指的是研究者自己对本研究现象的假设、观点、前见等；"资料呈现的理论"是研究者从被研究者那里直接获得的，或者通过对原始资料进行分析以后获得的意义解释。这三种理论相互之间是一个互动的关系，它们共同对研究最终做出的理论假设提供思路、角度和观点。

————— 陈向明[①]

语言具有私人性，个人可以进行自由的语言选择，但语言也具有社会性，因为人是社会动物，他们在社会环境中使用语言，并通过语言来进行交际和创新的活动。不能孤立地理解语言，而应该结合使用语言所处的社会环境和物理环境来理解。

—————肖哈米[②]

英文中的"理论"（theory）一词来源于希腊语"theoria"，意为"观看、观察者"，因此"理论"指个体或群体通过对世界的某一方面进行观察，并提出自己的看法或理解（李圣托，2016）[③]。要想采用一种理论架

[①] 陈向明.质的研究方法与社会科学研究[M].北京：教育科学出版社，2000：320.
[②] [以]艾拉娜·肖哈米.语言政策：隐意图与新方法[M].尹小荣，译.北京：外语教育与研究出版社，2018：6.
[③] [美]托马斯·李圣托.语言政策导论：理论与方法[M].何桂珍，朱晔，译.北京：商务印书馆，2016.

构开展对乌审旗城镇家庭语言规划的研究，笔者必须对前人的理论进行梳理，并对田野资料中所呈现出的理论进行验证、修订或重构，乃至形成研究所需的最终理论参照。本章首先对国内外相关研究文献进行梳理和评述，接下来厘清易混淆的术语、界定本文的关键概念，并将前人理论模型与田野调查成果结合，提出本研究的理论框架。

第一节　语言规划的文献综述

语言规划自 20 世纪五六十年代开始兴起，至今已经有六十余年的历史。1969 年，弗格森（Ferguson）、费什曼（Fishman）和达斯·古普塔（Das Gupta）等学者提出了语言规划的理论框架，标志着语言规划成了一门正式的学科。接下来，笔者从国外和国内两方面来开展语言规划的研究综述。

一、研究方法和数据来源

笔者利用 CITESPACE 信息可视化软件全面呈现的优点，采取以 Web of Science 核心合集作为国外文献检索平台，在社会科学引文索引（Social Science Citation Index，SSCI）数据库中检索与本次论文主题相关的论文，利用高级检索分别将主题词设为 "language planning OR language policy OR language policy and planning"，文献类型限定为 "paper"（论文），语种限定为 "English"（英语），发表时间跨度为 1992—2022 年，并将 Web of Science 类别限定为 Educational Research（教育研究）、Linguistics（语言学）和 Language Linguistics（语言语言学）这三类，将期刊限定在发文量较高的 13 种期刊，即《多语言和多文化发展》（*JOURNAL OF*

MULTILINGUAL AND MULTICULTURAL DEVELOPMENT）、《早期教育与发展》（EARLY EDUCATION AND DEVELOPMENT）、《语言政策》（LANGUAGE POLICY）、《国际双语教育与双语》（INTERNATIONAL JOURNAL OF BILINGUAL EDUCATION AND BILINGUALISM）、《语言规划的当前问题》（CURRENT ISSUES IN LANGUAGE PLANNING）、《语言与教育》（LANGUAGE AND EDUCATION）、《语言问题》（LANGUAGE PROBLEMS）、《语言规划》（LANGUAGE PLANNING）、《TESOL季刊》（TESOL QUARTERLY）、《语言交流障碍国际期刊》（INTERNATIONAL JOURNAL OF LANGUAGE COMMUNICATION DISORDERS）、《外语年鉴》（FOREIGN LANGUAGE ANNALS）、《语言、认同与教育》（JOURNAL OF LANGUAGE IDENTITY AND EDUCATION）、《系统》（SYSTEM）、《语言、文化与课程》（LANGUAGE CULTURE AND CURRICULUM），筛选后得到2072篇文献，并将筛选后的检索结果纳入考察范围。国内文献则以中国知网（China National Knowledge Internet，CNKI）作为检索平台，选取"北大核心"和"中文SSCI（Chinese SSCI，CSSCI）"收录期刊作为文献来源，检索与本次论文主题相关的论文，利用高级检索分别将主题词设为"语言规划OR语言政策OR语言规划与语言政策"进行检索，人工筛选后得到220篇文献，并将筛选后的检索结果纳入考察范围。

二、国际及港澳台地区语言规划研究综述

（一）论文发表年度趋势

从图1-1-1我们可以看到，国外以"语言规划"为主题的论文发表年度变化趋势。1992年，国外的语言规划相关研究开始走入学界视野；2008年以后，成果发表数量大幅增加并呈现逐年上升的趋势；2020年达到峰值（237篇）；截至2022年，该领域总发文量为2072篇。这也证明了语言规划的研究被更多的研究者所重视。

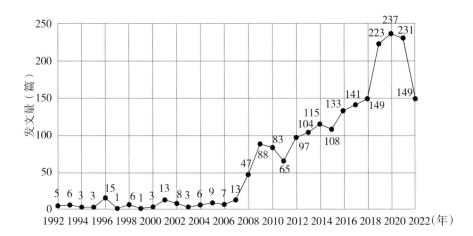

图 1-1-1 国外语言规划论文发表的年度趋势统计

（二）期刊分布与文献被引情况

1. 期刊分布情况

从图 1-1-2 可以看出，该主题下载量前五的期刊分别为《多语言和多文化发展》（占比 15.12%）、《早期教育与发展》（占比 14.53%）、《语言政策》（占比 12.31%）、《国际双语教育与双语》（占比 11.12%）、《语言规划的当前问题》（占比 8.40%）。排名前五的刊物发文总量占据该领域发文总量的 61.48% 且比例相近，可见这五种刊物在该领域的学术影响力较大，已经成为该领域的权威刊物。

图 1-1-2 国外语言规划研究的期刊分布情况

2. 文献被引情况

经表 1-1-1 可知，这些文献的平均被引率达到了 264 次。其中被引量最高的研究成果来自努南（Nunan D）撰写的《亚太地区英语对语言教育政策和实践的影响》（*The impact of English as a global language on educational policies and practices in the Asia-Pacific region*）一文，被引量高达 458 次。剩下的高引文献作者如李圣托（Ricento T K）、霍恩伯格（Hornberger N H）、斯波斯基和张晓兰都是该领域的著名学者，为语言规划理论的发展作出了杰出的贡献。这 10 篇文献既有宏观层面的研究，也有微观层面的研究，涵盖了语言教育规划、国家语言政策、超语现象、家庭语言规划等众多研究主题。其中，张晓兰和斯波斯基的家庭语言政策研究的高引率，证明以家庭语言规划为代表的微观语言规划研究开始兴起，成为该领域的新兴研究主题。

表 1-1-1　国外语言规划高被引文献统计表 [①]

序号	篇名	作者	被引量	期刊（年）
1	*The impact of English as a global language on educational policies and practices in the Asia-Pacific region*	Nunan D	458	*TESOL QUARTERLY*（2003）
2	*Unpeeling the onion: Language planning and policy and the ELT professional*	Ricento T K, Hornberger N H	407	*TESOL QUARTERLY*（1996）
3	*Slicing the onion ethnographically: Layers and spaces in multilingual language education policy and practice*	Hornberger N H, Johnson D C	338	*TESOL QUARTERLY*（2007）

① 注：其中排名第 9 与第 10 位的文献被引频次相同。

续表

序号	篇名	作者	被引量	期刊（年）
4	*Translanguaging and transnational literacies in multilingual classrooms: a biliteracy lens*	Hornberger N H, Link H	270	*INTERNAL JOURNAL OF BILINGUAL EDUCATION AND BILINGUALISM*（2012）
5	*Professional development in early childhood programs: process issues and research needs*	Sheridan S M, Edwards C P, Marvin C A, Knoche L L	247	*EARLY EDUCATION AND DEVELOPMENT*（2009）
6	*Invisible and visible language planning: ideological factors in the family language policy of Chinese immigrant families in Quebec*	Curdt C	189	*LANGUAGE POLICY*（2009）
7	*"It's always more difficult than you plan and imagine": Teacher's perceived difficulties in introducing the communicative approach in South Korea*	Li D F	179	*TESOL QUARTERLY*（1998）
8	*Teacher-child interactions in the classroom: toward a theory of within- and cross-domain links to children's developmental outcomes*	Downer J, Sabol T J, Hamre B	150	*EARLY EDUCATION AND DEVELOPMENT*（2010）
9	*The unexamined relationship between neoliberalism and plurilingualism: A Cautionary Tale*	Flores N	135	*TESOL QUARTERLY*（2013）
10	*Family language policy-the critical domain*	Spolsky B	135	*JOURNAL OF MULTILINGUAL AND MULTICULTURAL DEVELOPMENT*（2012）

（三）研究力量分布情况

1. 研究者合作情况

使用 CITESPACE 对于论文作者进行合作网络分析时，作者节点（N）的数量代表该领域的研究者数量；连接线（E）代表研究者之间的合作关系。作者发文量的多少由其节点的大小来显现，他们之间合作联系的紧密程度则由连接线的粗细来反映。

图 1-1-3 中作者节点（N）有 291 个，连接线（E）有 280 条。图中显示该领域内部形成了一个较大的合作研究群体，初步具备了一定的合作基础。这种合作研究群体的诞生有利于同一领域的相互合作、协同发展，但是该领域内的合作网络密度（density）仍然较低，仅为 0.0066。这表明该领域内部仍然有较大的合作空间。

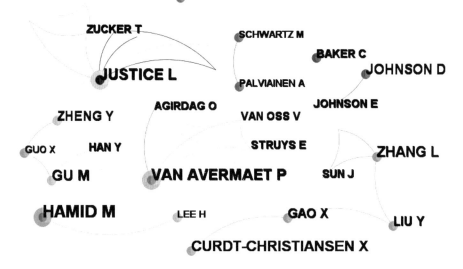

图 1-1-3　国外语言规划研究者分布与合作网络情况

2. 研究机构合作情况

从图 1-1-4 我们可以看出，从事该领域的研究机构多是高等院校，且以美国、中国香港地区等多语国家和地区的高校居多。研究机构节点（N）有 291 个，研究机构之间的连接线（E）有 280 条，研究机构的整体网络密度为 0.0066，表明各研究机构虽然有一定的合作基础，但还存在较大的合作空间。

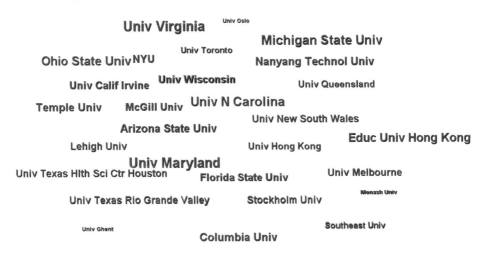

图 1-1-4 国外及港澳台地区语言规划研究机构的合作网络情况

（四）关键词共现和中介中心性分析

1.关键词共现

CITESPACE 的关键词共现分析功能能够展现出某研究领域的主题分布。在关键词共现图谱中，不同的关键词由不同的节点来表示。这些节点的大小代表关键词出现频率的高低，反映了不同研究主题在该领域内的研究热度。而节点之间的连线反关系粗细，反映了关键词之间是否具有紧密关系。连线越粗，说明两词之间共现越多，联系越紧密。图 1-1-5 中关键词节点（N）有 574 个，连接线（E）有 1090 条，网络密度为 0.0066，表明该领域内部形成了一个较大的合作研究群体。

图 1-1-5　国外语言规划研究关键词共现图谱

2. 关键词中介中心性

网络图谱分析中的中心性（centrality）能够衡量某一节点在整个网络中是否处于中心程度，在 CITESPACE 分析中常用"中介中心性"这一数值衡量某个领域研究的主要旨趣，但关键词出现频次与其中介中心性之间并不具正相关性。表 1-1-2 显示"implementation（实施）"中心性最高，表明它在该领域最受关注。其次是"second language（第二语言）""teacher（教师）"。此外，"acquisition（习得）""minority language（少数族群语言）""children（儿童）""bilingual education（双语教育）""student（学生）"等关键中介性靠前，说明国外语言规划与二语习得和语言教育密切相关，尤其是儿童的第二语言教育规划、双语教育规划以及多语社会中少数族群语言教育规划都是该领域研究的重点，以教育为导向是国外语言规划的研究特色。

表1-1-2 国外语言规划研究关键词中介中心性

序号	频次	中介中心性	年份（年）	关键词
1	8	0.34	2013	实施（implementation）
2	18	0.24	2005	第二语言（second language）
3	89	0.19	2002	教师（teacher）
4	45	0.18	1997	习得（acquisition）
5	64	0.17	1998	成就（achievement）
6	14	0.15	2008	调整（adjustment）
7	6	0.14	2002	延迟（delay）
8	18	0.14	2012	挑战（challenge）
9	52	0.14	2009	少数族群语言（minority language）
10	65	0.14	1998	指令（instruction）
11	110	0.14	2002	儿童（children）
12	118	0.14	1996	双语教育（bilingual education）
13	8	0.12	2002	年龄（age）
14	13	0.12	2002	损伤（impairment）
15	19	0.12	2011	沉浸（immersion）
16	108	0.12	1998	学生（student）

（五）关键词聚类分析

CITESPACE将关联程度最高的一组关键词聚合为一个类别，并且运用不同的标签进行标注，从而识别和探测某一研究领域内具有方向性、代表性的知识子群类团。于是，关键词共现标签和聚类标签能够反映研究的内涵和外延。（图1-1-6）结合关键词聚类图谱，可以将"语言规划"的研究重点与热点归纳为以下两类。

1. 理论研究

图1-1-6中，#1 language policy（语言政策）、#2 family language policy（家庭语言政策）、#9 language planning（语言规划）反映了一种系统的理论化倾向。早期语言规划学者受社会科学结构主义思想的影响，关注民族国家及其中央政府的语言政策。针对国家的语言问题，豪根（Haugen，1983）提出的语言规划四格模型、克洛斯（Kloss，1969）提出的语言本体规划和地位规划、哈尔曼（Haarmann，1990）的语言的声望和形象规划以及库伯（Cooper，1989）的语言习得规划，共同构成了语言规划类型理论，也为后来的语言规划理论研究奠定了基础。20世纪70年代，该领域的学者们受马克思主义、后结构主义和批判语言学等理论的影响开始反思，认为语言规划理论应更"注意关注权力、不平等现象以及强迫性语言学习和语言行为政策所构成的影响"[①]。卡普兰和巴尔道夫（Kaplan，Baldauf，1997)语言规划生态理论将语言规划理论拓展为宏观、中观和微观3个维度。斯波斯基（2004，2009）提出语言规划的10个重要语域，并提出语言政策三要素理论，成为该领域影响最大、解释力最全的一个理论框架。库伯（Cooper，1989）的语言规划八变量理论，颜诺和内乌斯图普尼（Jernudd，Neustupny，2000）语言管理理论和埃杰（Ager，2001）的语言规划动机理论将个体的能动作用囊括其中，将语言规划理论与社会结构相结合。语言规划理论开始从国家转向超国家政治实体以及微观层面的研究，从显性规划转向隐性规划，从宏观转向微观，乃至向全方位、多维度、跨学科方向，研究理论性不断加强。

---

① ［美］詹姆斯·托尔夫森.语言教育政策：关键问题（第二版）[M].俞玮奇译.北京：外语教学与研究出版社，2014：32.

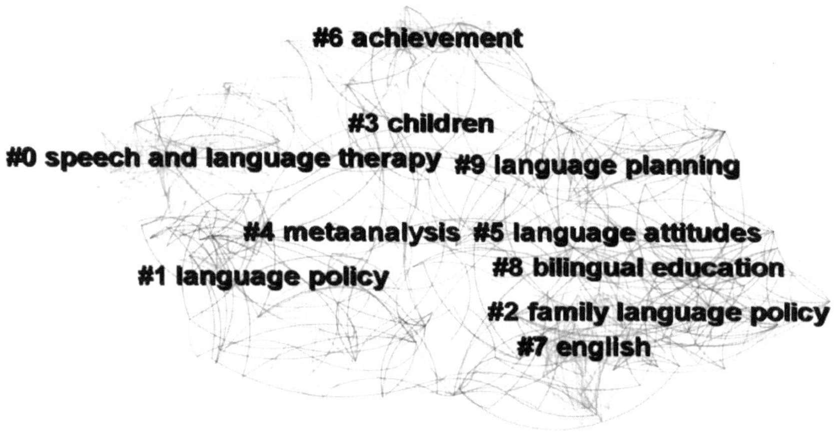

图 1-1-6　国外语言规划研究关键词聚类图表

2. 实证研究

图 1-1-6 中，#0 speech and language therapy（言语和语言治疗）、#3 children（儿童）、#4 metanalysis（元分析）、#5 language attitudes（语言态度）、#6 achievement（成就）、#7 English（英语）、#8 bilingual education（双语教育）反映实证研究的趋势，研究成果呈现明显的阶段特征。早期的语言规划研究关注自上而下的研究范式，聚焦国家语言问题的解决，描述性研究较多。21 世纪 90 年代至今，国际语言规划研究范式发生变化，开始自下而上的研究。目前，国外语言规划的实证研究主要集中在语言教育、国别或地区的语言规划研究。语言教育研究包括多语和双语教育、英语教育的国际化趋势等方面。国别或地区的语言规划研究包括语言消亡、语言转用、语言变异、语言传播、语言权利乃至身份认同等多维度、多层面研究。

总的来说，国际语言规划研究从宏观转向微观，研究理论性不断增强，与社会学、教育学、语言学、人类学等学科的联系日益密切，研究视角越发多元；民族志、语料库、经济成本分析、话语分析、解释政策、互文分析法、历史结构分析法、教育评估法、人类语言学、语料库、交际民族志法等多种研究方法被应用到语言规划研究中，研究方法日趋多样化。

三、国内语言规划研究综述

（一）论文年度发表趋势统计

从图1-1-7我们可以看出，从1992—2022年，该领域总发文量为220篇。与国外论文发表趋势相比，国内相关研究始于1995年。自2006年开始，成果数量呈现出逐年上升的趋势，2021年达到其峰值25篇。这说明尽管国内相关研究起步较晚，研究成果数量与国外同行还存在较大差距，但有进一步丰富的空间。

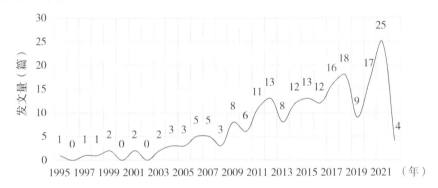

图1-1-7　国内语言规划论文发表年度趋势统计

（二）期刊分布与文献被引情况

1. 期刊分布情况

笔者选取了国内语言规划载文量前5位的期刊进行统计分析。由图1-1-8可见，该主题转载数量前五位的期刊分别为《语言文字应用》（占比11.53%）、《云南师范大学学报》（哲学社会科学版，占比8.02%）、《语言战略研究》（占比5.52%）、《汉语学报》（占比3.02%）、《外语教学与研究》（占比2.01%）。排名前5的期刊发文量占国内相关论文总量的30.10%，且比例相差较大，研究成果发表的期刊分布较为分散。这说明与国外学术界相比，国内该研究领域尚未形成较有影响力的学术期刊。

来源分布

图 1-1-8 国内语言规划研究期刊分布情况

2. 文献被引情况

经表 1-1-3 统计可知，这些文献的平均被引率达到了 140 次，其中被引量最高的研究成果均来自胡文仲的《我国外语教育规划的得与失》一文，被引量高达 341 次，第二篇为他撰写的《关于我国外语教育规划的思考》，被引量达 155 次，显示了该学者在该研究领域的代表性与理论贡献。剩下 8 篇的高引文献主要集中在宏观层面的语言规划，其中李宇明、陈章太、周庆生、张卫国、徐大明等学者为国内语言规划理论的译介和中国语言规划理论的发展作出了杰出的贡献。但与国外研究相比，国内语言规划研究还处在早期阶段，微观层面的研究还未形成有影响力的研究成果。

表 1-1-3 国内语言规划研究高被引文献统计表（前 10 篇）

序号	篇名	作者	被引量	期刊（年/期）
1	我国外语教育规划的得与失	胡文仲	341	外语教学与研究（2001/4）
2	关于我国外语教育规划的思考	胡文仲	155	外语教学与研究（2011/1）
3	服务于"一带一路"的语言规划构想	张日培	147	云南师范大学学报（哲学社会科学版，2015/4）
4	关于我国语言战略问题的几点思考	蔡永良	129	外语界（2011/1）
5	国家语言能力、语言规划与国家安全	戴曼纯	122	语言文字应用（2011/4）

续表

序号	篇名	作者	被引量	期刊（年/期）
6	语言资源与语言问题	陈章太	112	云南师范大学学报（哲学社会科学版，2009/4）
7	国外语言规划理论流派和思想	周庆生	111	世界民族（2005/4）
8	论语言生活的层级	李宇明	106	语言教学与研究（2012/5）
9	语言的经济学分析：一个综述	张卫国	91	经济评论（2011/4）
10	有关语言经济的七个问题	徐大明	87	云南师范大学学报（哲学社会科学版，2010/5）

（三）研究力量分布情况

1. 研究者合作情况

笔者运用 CITESPACE 统计的国内语言规划研究者合作情况，发现作者节点（N）有 164 个，连接线（E）有 69 条，该领域内的合作网络密度较低，仅为 0.0052。与国外学术界相比，国内学者的合作还处于起步阶段，尚未形成紧密的学术研究团体，这表明该领域内部仍然有着较大的合作空间。

2. 研究机构合作情况

根据笔者运用 CITESPACE 分析语言规划研究成果来源机构合作网络情况，在该领域内，研究机构节点（N）有 150 个，其中发文较多的单位主要集中于外语学院以及语言研究所等，综合性院校相对较少。研究机构之间的连接线（E）只有 1，研究机构的整体网络密度为 0.0001，几乎可以忽略不计。这说明虽然有较多研究机构涉足该研究领域，但它们数量多而分散，彼此之间缺乏合作，跨学科合作尚未形成。

（四）关键词共现和中介中心性分析

图 1-1-9 是语言规划研究领域关键词共现图谱。图中关键词节点（N）有 194 个，连接线（E）有 359 条，网络密度为 0.0192。其中，"语言规划"和"语言政策"联系较为紧密。

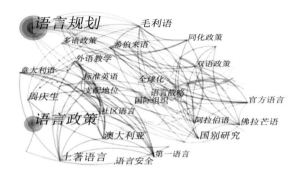

图 1-1-9 国内语言规划研究关键词共现图谱

根据表 1-1-4，我们可以发现，"语言规划"和"语言政策"的中介中心性最高，这说明它俩在该领域最受关注，而"澳大利亚""毛利语""新加坡""国别研究"等关键词中介中心性也在较为靠前位置，显示该领域的研究重点在区域国别研究。关键词"全球化""语言安全""外语教学"体现国内相关研究集中在宏观语言规划研究，以及外语教育是语言规划研究的重点。"周庆生"和"陈章太"是国内较有影响力的学者，他们的研究受到其他学者的关注。

表 1-1-4 国内语言规划研究关键词中介中心性

调查序号	频次	中介中心性	年份（年）	关键词
1	76	0.61	2001	语言规划
2	57	0.42	2006	语言政策
3	3	0.25	1999	土著语言
4	2	0.17	1999	外语教学
5	3	0.12	1999	澳大利亚
6	3	0.09	2012	全球化
7	4	0.07	1995	周庆生
8	2	0.07	2003	毛利语

调查序号	频次	中介中心性	年份（年）	关键词
9	2	0.05	2003	国别研究
10	6	0.03	2009	语言安全
11	4	0.03	2009	启示
12	3	0.03	2021	主持人
13	3	0.02	2009	对策
14	3	0.02	2008	新加坡
15	2	0.02	2016	陈章太

（五）关键词聚类分析

经由图 1-1-10 我们可以看出，聚类的信息模块性（Modularity）$Q=0.7429 > 0.3$，平均轮廓值（Mean Silhouette）$S=0.9546 > 0.5$。这说明该聚类在界定各个子领域上的区分度较高，具有良好的聚类效度，可见该聚类图谱的绘制效果是令人信服的。

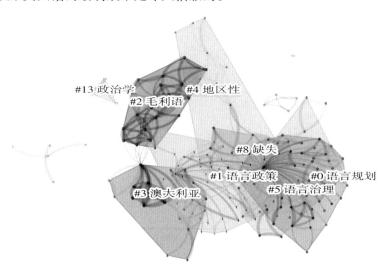

图 1-1-10　国内语言规划研究关键词聚类图谱

结合关键词聚类图谱，我们将国内该领域的研究重点与热点归纳为以下两类。

1. 理论研究

关键词聚类图谱中，#0 语言规划、#1 语言政策、#5 语言治理代表着语言规划的理论研究。国内语言规划理论研究包括以下三方面：第一，对国外语言规划研究成果的译介。国内语言规划理论研究起步较晚，早期研究以对国外语言规划理论译介为主。20 世纪末，胡壮麟等老一辈学者是该领域研究的先行者，但是当时的研究成果散见于个人论文中，并未出现专门的研究著作和学术期刊。21 世纪开始，周庆生（2001）在其《国外语言政策与语言规划进程》、周玉忠和王辉在其《语言规划与语言政策：理论与国别研究》（2004，2015）对语言规划理论进行了全面梳理。邬美丽（2012），赵守辉、王辉（2013），戴曼纯（2014），黄晓蕾（2014），沈骑、夏天（2013），高雪松、康铭浩（2021），冯佳、王克非（2014），康铭浩、沈骑（2020）等分别撰文介绍、梳理和评述国外语言规划的理论和实践成果，推动了语言规划理论在我国的传播。第二，中国语言规划理论体系的建构。2005 年开始，李宇明、陈章太、徐大明、刘海涛、周庆生、沈骑、张治国、李国芳、韩亚文等一批老中青学者，致力国内语言规划的理论建构和发展，出版了一系列重要的学术专著和论文，如陈章太（2005,2015）、姚亚平（2006）、李宇明（2010，2015，2015）先后出版专著和论文集。李宇明（2005，2008，2014，2016）与徐大明（2006，2008），戴曼纯（2011），赵世举（2015）、文秋芳（2019）、沈骑（2020）、张日培（2009）等学者从多方面开展中国语言规划理论研究，形成具有特色的"中国语言生活派"。

2. 实证研究

结合关键词聚类图谱，#2 毛利语、#3 澳大利亚、#4 地区性等聚类标签则展现了另一种语言规划的实践研究，该类研究集中体现在语言规划的区域国别研究。周玉忠（2011）出版了《美国语言政策研究》，对美国语言政策的形成、演变、发展、特点开展研究，开辟了国内语言政策国别研究的先河。张治国（2012）、王辉（2015，2017，2019）、田鹏（2015）、冀开运（2018）、李艳红（2018）、莫海文（2019）、许静荣（2020）、李俊宏（2021）、蔡永良（2007）、陈新仁（2017）、刘晓波和战菊（2013）、谢倩（2015）、王辉、王亚蓝（2016）、戴曼纯（2018）、李英姿（2009，2013）分别对美国、欧盟、中东、波兰、东盟、法国、澳大利亚、英国、"一带一路"沿线国家和地区的语言政策开展研究并出版了一系列专著和论文，探讨其对我国语言政策的启示。国家语言文字工作委员会自2017年起出版了一系列皮书（2017，2018，2019，2020，2021），周庆生（2013,2019）、沈海英（2014）回顾了中国"主体多样"的语言政策发展史，黄晓蕾（2013）和晁瑞（2018）分别对民国时期和明代的中国语言规划进行研究。道布（1998）、黄行（2014）、周庆生（2015）分析和解读了我国新时期民族语言规划内容的新变化，系统阐述了中国少数民族语言政策的发展脉络。

综上，国内语言规划研究具有中国特色。中国学术界在西方语言规划理论框架之上，以中国社会的语言问题和语言规划实践需求为导向，将语言政策研究与语言生活结合，逐渐形成了具有特色的"中国语言生活派"，多采用自上而下的研究范式，关注宏观层面的语言政策研究，文献法使用较多。与国外研究相比，国内相关研究还存在以下不足。

第一，研究成果同质且零散。国内语言规划的研究成果零散化，常散见于论文集或语言学相关的学术出版物中，近年来相关专著数量开始增加。现有研究成果学术影响力较小，尚未形成有影响力的学术刊物或研究成果，滞后于我国语言规划的实践需求。国内相关研究内容相对单一，多集中在区域和国别研究，研究主题相对同质化，研究主题聚焦于宏观层面的语言规划研究，包括政策文本解读、政策的形成和实施、政策的流变等，微观层面研究还属于起步阶段，研究成果的数量和质量都有待进一步提高。

第二，研究力量不足，跨学科合作有待加强。国内相关研究自 2005 年以后逐年增加，但是整体数量较少，有影响力的学者数量不多，而且学者的学术背景较为单一，主要以语言学背景为主，且多以个人研究为主，跨校、跨地区和跨学科合作的学术团体尚未形成。

第三，研究视角与研究方法单一化。国内将语言规划视为应用语言学和社会语言学领域的分支，研究理论视角主要局限在语言学领域内，比如多使用语言变异理论、语言接触理论、语言认同理论。研究方法主要采取文献法、社会语言调查法、语料库等方法，研究方法还是局限于社会语言学的常用研究方法，民族志等研究方法使用较少。

综上，与国外语言规划研究相比，国内研究视角有待于多元化，研究理论有待于系统化和本土化、学科术语有待于统一，概念有待于厘清。研究方法的多样性不足，实证研究有待于进一步加强，尤其是以家庭语言规划为代表的微观层面语言规划研究在我国还处于起步阶段，应该被更多的研究者所重视。

第二节　家庭语言规划的文献综述

早期语言规划集中在国家的"语言问题"，微观层面的语言规划并未引起重视。直到 20 世纪 80 年代末，斯波斯基（2004）提出家庭语言规划七个主要语言域之一①，作为微观层面的家庭语言规划开始进入学者们的研究视野。

一、研究方法和数据来源

笔者以 Web of Science 核心合集作为国外文献检索平台，在 SSCI、SCI-Expanded 和艺术与人文引文索引（Arts & Humanities Citation Index，A&HCI）数据库中检索与本次论文主题相关的国际期刊论文，利用高级检索分别将主题词设为"family language planning OR family language policy"，文献类型限定为"论文"，语种限定为"英语"，发表时间跨度为 1992—2022 年，并将 Web of Science 类别限定为 Educational Research（教育研究）、Linguistics(语言学)、Language Linguistics(语言学) 这 3 类，筛选后得到 404 篇文献，并将筛选后检索结果纳入考察范围。国内文献以在中国知网（CNKI）为检索平台，从 2012 年 3 月 20 日到 2022 年 4 月 28 日为检索时段，在核心期刊与 CSSCI 检索主题为"家庭语言规划 OR 家庭语言政策"的论文，共有文献 79 篇。笔者进一步扩大搜索范围，以 1994 年到 2021 年为检索时段，"家庭语言规划""家庭语言政策""家庭语言教育"为主题，在核心期刊与 CSSCI 上的文献共 145 篇。

二、国际及中国港澳台地区家庭语言规划研究综述

（一）论文年度发表趋势统计

根据图 1-2-1，从 1992 年开始，家庭语言规划相关论文开始进入学术界。1992—2022 年，发文总量共 404 篇。从 2008 年开始，该领域的发文数量稳步上升，2016 年发文量开始出现大幅度增加。这表明该研究受到学者们的重视，研究者和研究成果的规模不断扩大。

---

① Spolsky B. Language policy[M]. Cambridge: Cambridge University Press, 2004.

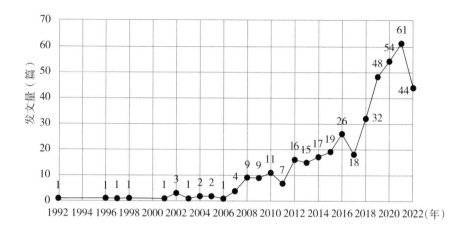

图 1-2-1　国外家庭语言规划论文发布趋势统计图

（二）期刊分布与文献被引情况

1. 期刊分布情况

从图 1-2-2 可以看出，该主题下载量前 5 的期刊分别为《多语言和多文化发展》（占比 15.14%）《早期教育与发展》（占比 14.41%），《国际双语教育与双语》（占比 7.21%），《语言政策》（占比 4.70%），《语言规划的当前问题》（占比 3.71%）。排名前五的刊物发文总量占据国外该研究领域发文总量的 45.17%，前三名的刊物占国外发文总量的 36.76%。可见，这三种刊物在语言政策与语言规划研究领域的学术影响力较大，已经成为影响该领域学者的权威刊物。

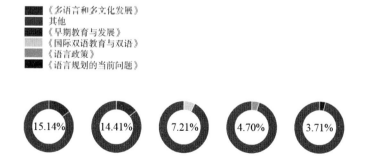

图 1-2-2　国外家庭语言规划研究期刊分布图（前 10 位）

2. 文献被引情况

表 1-2-1 为国外家庭语言规划前十篇高被引文献。经统计可知，这些文献的平均被引率达到 106 次。除了被引量最高的论文 *Twenty-year follow-up of children with and without speech-language impairments: family, educational, occupational, and quality of life outcomes*《语言障碍儿童和无语言障碍儿童的 20 年随访：家庭、教育、职业和生活质量的结果》和被引量第三的论文 *Minorities are disproportionately underrepresented in special education: longitudinal evidence across five disability conditions*《少数族裔在特殊教育中的比例过低：五种残疾状况的纵向证据》是以"语言障碍儿童"和"少数族裔的特殊教育"为研究主题，其余 8 篇文献都与移民家庭语言政策和儿童语言习得相关。被引量第二的论文 *Invisible and visible language planning: ideological factors in the family language policy of Chinese immigrant families in Quebec*《显性和隐性的语言规划：魁北克华人移民家庭语言政策中的意识形态因素》和被引量第五的论文 *Conflicting language ideologies and contradictory language practices in Singaporean multilingual families*《新加坡多语家庭中语言意识的冲突与语言实践的矛盾》均是由张晓兰撰写，可见该学者的学术影响力。同时被引量第四的论文 "*Family language policy-the critical domain*"《家庭语言政策——关键领域》的作者斯波斯基开启了家庭语言规划研究。这两位学者的理论模型为本文提供理论参照。

表 1-2-1 国外家庭语言规划高被引文献统计（前 10 篇）

序号	篇名	作者	被引量	期刊（年）
1	*Twenty-year follow-up of children with and without speech-language impairments: family, educational, occupational, and quality of life outcomes*	Johnson C J, Beitchman J H, Brownlie E B	203	*American Journal of Speech-Language Pathology*（2010）

续表

序号	篇名	作者	被引量	期刊（年）
2	*Invisible and visible language planning: ideological factors in the family language policy of Chinese immigrant families in Quebec*	Curdt-Christiansen X L	189	*Language Policy* （2009）
3	*Minorities are disproportionately underrepresented in special education: longitudinal evidence across five disability conditions*	Morgan P L， Farkas G， Cook M	145	*Educational Research*（2015）
4	*Family language policy-the critical domain*	Spolsky B	135	*Journal of Multilingual and Multicultural Development*（2012）
5	*Conflicting language ideologies and contradictory language practices in Singaporean multilingual families*	Curdt-Christiansen X L	94	*Journal of Multilingual and Multicultural Development*（2016）
6	*The influence of demographic risk factors on children's behavioral regulation in prekindergarten and kindergarten*	Wanless S B， McClelland M M， Acock A C	88	*Early Education and Development* （2011）
7	*Transnational experience, aspiration and family language policy*	Hua Z， Wei L	71	*Journal of Multilingual and Multicultural Development* （2016）
8	*Exploring the relationship between family language policy and heritage language knowledge among second generation russian-jewish immigrants in Israel*	Schwartz M	69	*Journal of Multilingual and Multicultural Development* （2008）

序号	篇名	作者	被引量	期刊（年）
9	*Cognitive skill performance among young children living in poverty: Risk, change, and the promotive effects of Early Head Start*	Ayoub C，O'Connor E，Chazan-Cohen R	64	*Early Childhood Research Quarterly*（2009）
10	*Latino population growth, socioeconomic and demographic characteristics, and implications for educational attainment*	Chapa J，Dela R B	54	*Education and Urban Society*（2004）

（三）研究力量分布情况

1. 研究者合作情况

由图1-2-3可知，作者节点（N）有397个，连接线（E）有311条，图中显示该领域内部已经初步具备了一定的合作基础，但合作网络密度（Density）仍然较低，仅为0.004。这表明该领域内部仍然有着较大的合作空间。

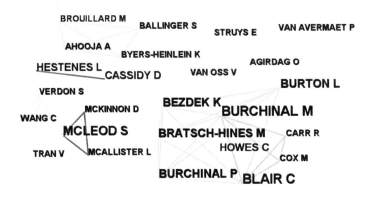

图1-2-3　国外家庭语言规划研究者分布和合作网络情况

2. 研究机构合作情况

在该领域内，研究机构节点（N）有 279 个，研究机构之间的连接线（E）有 165，研究机构的整体网络密度（Density）为 0.0043，机构合作有待进一步加强。研究机构多为综合类大学，位于英国、美国、新加坡和中国香港等多语国家或地区图 1-2-4。

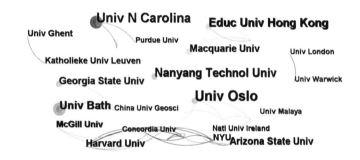

图 1-2-4　国外及港澳台地区家庭语言规划研究机构合作网络情况

（四）关键词共现情况

1. 关键词共现情况

图 1-2-5 是"家庭语言政策与家庭语言规划"研究领域内的关键词共现图谱。其中，关键词节点（N）有 414 个，连接线（E）有 949 条，网络密度（Density）为 0.0111。

图 1-2-5　国外家庭语言规划研究关键词共现图谱

2. 关键词聚类

经由图 1-2-6 我们可以看出，聚类的信息模块性（Modularity）
Q=0.5089 > 0.3，平均轮廓值（Mean Silhouette）S=0.8307 > 0.5。这说
明该聚类在界定各个子领域上的区分度较高，具有良好的聚类效度，表
明该聚类图谱的绘制效果是令人信服的。

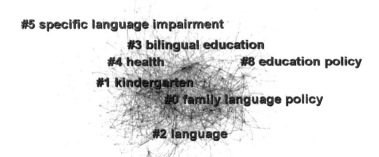

图 1-2-6　国外家庭语言规划研究关键词聚类图谱

结合关键词聚类图谱，我们将国际该领域的研究重点与热点归纳为
以下两类。

（1）理论研究

关键词 #0 family language policy（家庭语言政策）、#2 language（语
言）、#3 bilingual education（双语教育）、#8 education policy（教育政
策）体现出家庭语言规划的理论取向以教育为主。家庭语言规划作为语
言规划的子集，随着语言规划理论的研究而不断深化其理论，呈现明显
的阶段特征。20 世纪 90 年代被认为是家庭语言规划研究真正意义上的
开端。"语言规划不仅作用于宏观层面，还应在微观层面进行，即较小
的社会群体"（Cooper，1989）。费什曼（1991，2001）提出的"民族语
言活力理论"并绘制"代际语言差异级别表"（graded inter-generational

disruption scale，GIDS），成为家庭语言规划研究的重要理论前提。以费什曼为代表的学者提出将家庭作为重要语言规划的分析单位，是决定语言维持和转用速度与结果的关键因素（Goodz，1994；Hicky，1999；Caldas，2000；Hornberger，2012）。早期学者们聚焦家庭语言规划的概念界定，家庭成员之间是否存在明确的、公开的语言规划，家庭语言规划与语言规划之间存在的关系，家庭语言意识对社会语言态度的影响，以及家庭语言规划对儿童语言发展的短期和长期效应。20世纪90年代中后期，大量的社会语言学调查开始进行，研究方法开始多样化，问卷调查法、访谈法、观察法、社会语言学语言人口普查等量化分析法均被使用，定量研究方法和共时研究的增幅较大。21世纪开始，家庭语言规划自身理论的发展和跨学科性质凸显，历时研究和质性研究数量有所下降，共时研究和量化研究的数量逐渐上升，混合研究的数量有升有降（Hatoss，2013；Schwartz，2010）。言语适应理论、社会资本理论、语言社会化理论、语言生态学理论、语言中介理论、社会文化理论、文化历史活动理论、实践社区和言语社区理论、马克思·韦伯行动理论、社会惯习理论、新自由主义理论等大量理论被用于家庭语言规划研究中。斯波斯基（2004）语言政策三要素理论是目前为止家庭语言规划最有影响力的理论框架。后来的学者在他的基础上进一步拓展和修订了家庭语言规划的理论框架（Curdt-Christiansen，2009, 2012，2013，2018；Caldass 2012；Fogle & King，2017）。但到目前为止，还没有学者提出与斯波斯基有同等影响力的理论框架。

（2）实证研究

结合关键词聚类图谱，#1 kindergarten（幼儿园）、#4 health（健康）、#5 specific language impairment（特殊语言障碍）、#6 adolescence（青少年）和#7 media literacies（媒介素养）表明家庭语言规划的实证研究聚焦在语言教育，尤其是青少年、儿童的语言习得，也包括特殊语言障碍的治疗。20世纪90年代末，学者们开展移民家庭的语言维持和语言转用的家庭语言规划研究等（Ferguson, Bricehealth, 1981；Fisherman, 1989；Mckay, Wong, 1998）。21 世纪后该研究数量激增，学者们从传承与保持继承语的角度开展了对英籍日裔家庭、西班牙语和英语双语移民家庭、荷兰移民家庭、美国斯里兰卡、比利时、美国、中国等地移民家庭语言规划研究（Okita, 2001；King, Fogle, 2006；Houwer, 2007；Canagarajah, 2008；Curt-Christiansen, 2013；Fogle, King, 2013；Gafaranga, 2010；Kang, 2015；Tannenbaum, Berkovich, 2005；Zhu, Li, 2016；Goodwin, Kyratzis, 2011；Mu, Dooley, 2015；Shohamy, 2006；Hornberger, Johnson, 2007；Caldas, 2012；Smith-Christmas, 2016）。此外，学者们分别从语言态度、语言认同、语言意识形态等视角出发，研究家庭语言规划与青少年语言教育问题（Schwartz, 2008, 2012；Kang, 2013；Pillai Soh, Kajita, 2014；Kwon, 2017；Curdt, Christiansen, 2009, 2012, 2013；Schwarz, Verschik, 2013）。

综上，国外家庭语言规划研究主要从移民群体的语言维持和语言转用出发，探讨语言使用、语言维持和语言习得，研究多集中在儿童语言习得过程以及儿童与抚养者的关系，强调抚养者的决定性作用，但也忽视了儿童的能动性。随着研究的扩展，家庭语言规划研究视角涉及民族学、社会学、社会语言学、教育学、人类学等学科，研究人员也来自多个学科，研究对象多以跨国移民为主。国外学者的研究理论视角开阔，一批有影响力的学者和研究机构涌现出来，研究跨学科特征日益明显。国外家庭语言规划已经成为语言规划的一个重要研究领域，但也存在不足之处，如理论术语混乱、核心概念的定义不一，给入门者和研究者带来某种程度的困难。

三、国内家庭语言规划研究综述

（一）论文年度发表趋势统计

从图 1-2-7 可以看出，早在 1994 年便有该主题的文章出现，在

2001 年、2009 年、2012 与 2013 年、2016 年形成小高峰，分别是 5 篇、9 篇、12 篇、15 篇，最近几年以来成果数量逐渐减少。

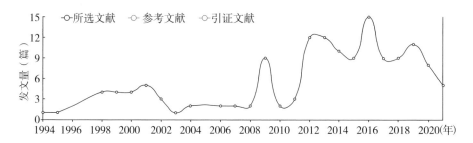

图 1-2-7　国内家庭语言规划论文发布趋势统计图

从该图可以发现，早年国内家庭语言规划研究成果散见于外语教育、家庭教育等领域，直至 2017 年才开始被重视。

（二）期刊分布与文献被引情况

1. 期刊分布情况

根据图 1-2-8 我们可以发现，该主题下载文数量前三位的期刊分别为《语言战略研究》（占比 36.71%）、《语言文字应用》（占比 6.33%）、《湖北文理学院学报》（占比 3.80%），其余期刊的载文量都相对较少，研究成果发表的期刊分布较为分散。该领域内研究成果主要刊登于语言学研究类期刊，这既与期刊本身定位相关，也说明了该研究领域的学科局限性，跨学科合作还未形成。其中，《语言战略研究》作为家庭语言规划研究最有影响力的学术刊物，2016 年创刊，2021 年被列入 CSSCI（2021—2022）来源期刊（扩展版），学术影响力与日俱增，但还未成为权威期刊。

图 1-2-8　国内家庭语言规划期刊来源分布图

2. 文献被引情况

表1-2-2列出了国内家庭语言规划前10篇高被引文献。被引量最高为王玲的《语言意识与家庭语言规划》一文，被引量仅为48次。经统计，这十篇文献的平均被引率仅为32次，与国外研究同行相比被引量不高。一方面由于国内家庭语言规划研究属于新兴研究领域。这十篇高被引文献中，最早的一篇发表于2013年，一篇发表于2015年，一篇发表于2016年，其余均发表在2017年后，可见该学科的研究还处于起步阶段，研究数量不足。另一方面，这十篇文献主要集中在对国外家庭语言规划理论的译介和评述上，关注家庭语言规划与儿童语言学习的关系，研究主题单一，内容不够丰富，研究系统性和跨学科性均有待提高。

表1-2-2 国内家庭语言规划高被引文献统计（前10篇）

编号	篇名	作者	被引量	期刊（年）
1	语言意识与家庭语言规划	王玲	48	语言研究（2016）
2	家庭语言政策调查研究——以山东济宁为例	张治国，邵蒙蒙	38	语言文字应用（2017）
3	加拿大华人家庭语言政策类型及成因	李国芳，孙苗	36	语言战略研究（2017）
4	国外家庭语言规划研究综述（2000—2016）	尹小荣，李国芳	33	语言战略研究（2017）
5	海外华裔儿童华语学习、使用及其家庭语言规划调查研究——以马来西亚3～6岁华裔儿童家庭为例	康晓娟	33	语言文字应用（2015）
6	家庭语言政策研究的理论和方法	李英姿	30	语言战略研究（2018）
7	从家庭语言规划到社区语言规划	方小兵	28	云南师范大学学报（哲学社会科学版，2018）
8	家庭语言政策与儿童语言发展	许静荣	28	语言战略研究（2017）

编号	篇名	作者	被引量	期刊
9	中国儿童语言培养的家庭语言规划研究：以城市中产阶级为例	汪卫红，张晓兰	26	语言战略研究（2017）
10	国外家庭语言政策研究现状分析	李丽芳	23	云南农业大学学报（社会科学版，2013）

（三）研究力量分布情况

由图 1-2-9 可知，作者节点有 89 个，而连接线 36 条，且合作网络密度（Density）较低，仅为 0.0092。这表明该领域内部初步形成合作团体和学术共同体，其中加拿大学者张晓兰是享誉国际的著名学者，她与国内学者的合作，对推动中国家庭语言规划研究做出了很大的贡献。但是从整体来看，学者间的合作网络仍然处于低发育状态，有较大的合作空间。

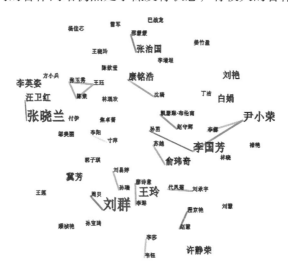

图 1-2-9 国内家庭语言规划研究者分布与合作情况

（四）关键词共现情况

1. 关键词共现情况

图 1-2-10 是国内家庭语言规划研究领域内的关键词共现图谱，关键词

节点（N）有 176 个，连接线（E）有 480 条，网络密度（Density）为 0.0312。

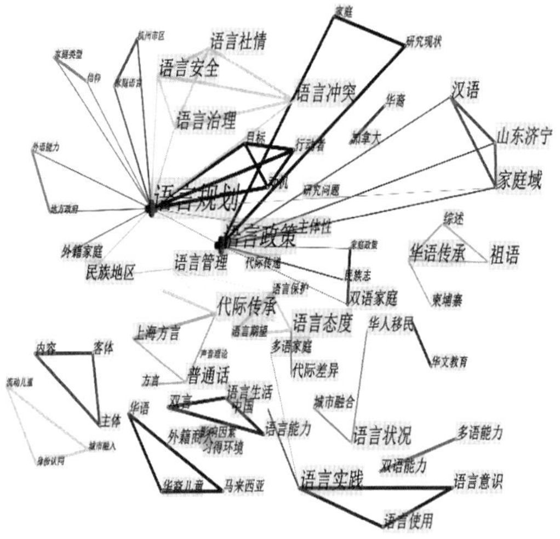

图 1-2-10　国内家庭语言规划领域关键词共现图谱

2. 关键词聚类情况

聚类的信息模块性（modularity）Q=0.7429 > 0.3，平均轮廓值（mean silhouette）S=0.9546 > 0.5，这说明该聚类在界定各个子领域上的区分度较高，具有良好的聚类效度。

结合关键词聚类图谱，我们将国际该领域的研究重点与热点归纳为以下两类。

（1）理论研究

理论研究包括对国外家庭语言规划理论的译介和评述以及思考与总结（李丽芳，2013；尹小荣，李国芳，2017）。李英姿（2018）；李琳，廖诗意（2020）；尹小荣，李娜（2021）等对西方的家庭语言政策研究的基本理论、研究方法、研究内容等进行译介和评述。《语言战略研究》杂志在 2017 年开设了"家庭语言问题"专题，刊登了七篇论文，涉及家庭语言政策的类型、儿童语言发展、多语发展等主题，同期的"家庭语言多人谈"收录了 12 位专家的学术观点，引起了学术界的积极讨论。2018 年 6 月，武汉大学外国语言文学学院和中国语情与社会发展研究中心联合举办"多语与家庭"学术研讨会，成为国内第一次家庭语言专题研讨会。刘群（2017，2019）、王玲（2016）、白娟（2017）、付伊（2017）、王玲（2017）、李德鹏（2018）、方小兵（2018）、王晓梅（2019）、许静荣（2017，2019）分别撰文探讨家庭语言规划研究的概念体系、理论框架、内在逻辑以及家庭语言规划与儿童语言发展和言语社区之间的影响。我国家庭语言规划的研究方法与国外差异较为明显，常用的研究方法包括问卷调查、访谈、民族志、半结构化访谈。据统计，国内家庭语言规划混合式研究数量最多，占 46.70%；质性研究次之，占 31.10%；量化研究最少，占 22.20%。共时研究较多，历史研究较少①。

（2）实证研究

与国内家庭语言规划的理论研究相比，我国家庭语言规划的实证研究数量要更多，研究内容也更丰富。2019 年，《语言战略研究》杂志第二期开设了"家庭语言规划"专题，发表了 12 篇文章，涉及方言和少数民族语言的代际传承、海外华人家庭语言规划、跨国婚姻家庭语言规划等主题。国家语言文字工作委员会分别于 2018 年和 2020 年出版的《语言生活皮书——中国语言政策报告》中，专门撰文梳理了国内家庭语言规划的研究现状。下面我们按照研究主题和研究对象来梳理，包括方言区家庭、城市移民家庭、跨国家庭、特殊群体家庭和少数民族家庭的语言规划。在方言区家庭语言规划研究中，俞玮奇，杨璟琰（2016）；张治国，邵蒙蒙（2018）；邹春燕（2019）；刘群（2019）；朱晔，焦卓菁（2021）；万松（2019）；韩辉（2021）；郭子琪（2021）；韦钰，李莎（2021）；李健（2012）；武丹（2019）；吕梦婵（2020）分别调查了上海、济宁、广州、襄阳、新疆、北京等地的家庭语言规划中，方言与国家通

---

① 尹小荣，李娜 . 聚焦家庭语言规划近二十年来的研究脉络与方法 [J]. 江汉学术，2021，40（4）：105-115.

用语言使用和习得的关系。在城市移民家庭研究中，吕斌（2017）、王欢（2021）、焦卓菁（2021）、顾祯艳（2019）、吴洪波（2020）、刘艳（2020）分别调查了无锡、南京、上海、苏中地区三市、南宁和合肥的移民家庭语言规划情况，探讨其对移民的社会融入产生的影响。在跨国家庭语言规划研究中，康晓娟（2015）；凯瑟琳·布伦南，阎喜，赵守辉（2019）；董洁（2019）；梁德惠（2020）；王玲，支筱诗（2020）；刘慧（2021）；李鑫（2019）；薛炜俊（2019）；范立立（2019）；葛梦奇（2020）；李璇（2020）；林涵璇（2021）调查马来西亚、美国、柬埔寨、泰国、新加坡、印尼等国家和地区的华人家庭语言规划，如何平衡中文与当地官方语言的关系以及如何开展中文家庭教育。丁鹏（2019）和陈歆莹（2022）分别调查了中国跨国婚姻以及义乌外籍商人家庭语言使用和子女语言教育规划情况。在特定群体的家庭语言规划研究中，汪卫红，张晓兰（2017）探讨了社会语言环境对中国城市中产阶层家庭儿童语言发展与规划的影响，褚艳（2021）研究了河南高校青年教师家庭语言规划特征及其原因。杨红燕（2019）从身份建构与认同、乡土文化传承和城市语言环境三个视角，探讨农民工家庭语言融合的规划。

在少数民族家庭语言规划中，刘群（2017）梳理并评述了国内少数民族家庭语言规划的研究特点。尹小荣，李国芳（2019）；刘易婷，孙瑞（2020）；武小军，姚兰（2022）；孟雪凡（2019）；余文婧（2020）；高琪（2021）；崔红月（2021）分别研究新疆维吾尔自治区锡伯族家庭，广西壮族自治区侗、苗、瑶、仫佬五大世居少数民族家庭，四川省藏族家庭，云南省白族家庭、哈尼族家庭，吉林省长春市朝鲜族家庭以及非朝鲜族聚居区朝鲜族的家庭语言规划情况，探讨家庭语言规划与保持民族语言的关系。在蒙古族家庭语言规划的研究中，目前仅有一篇博士论文，即阿拉腾宝力格（2016）对内蒙古自治区蒙古族家庭语言使用和语言选择及其影响因素进行了全面分析，阐明蒙古族家庭语言规划对继承语的保持和传承的重要意义及其对策和建议。但是由于该文是用蒙文书写的，学术影响力有限。周凤玲（2018）通过调查问卷和访谈，对内蒙古自治区呼和浩特市和兴安盟扎赉特旗0～3岁儿童的蒙古族家庭父母语言意识与家庭语言使用进行了调查研究，并发现性别和地域是影响父母语言意识的主要因素，父母的语言意识呈现出一定地域性，对儿童的语言使用影响很大。

综上所述，目前家庭语言规划国外研究均存在不足之处，如理论术语混乱、核心概念的定义不一，给入门者和研究者带来一定的困难。国内家庭语言规划属于起步阶段，无论是研究理论、研究内容，还是研究方法，与国外学界存在一定差距。具体表现在以下三个方面。

第一，研究理论有待本土化、系统化。国内学者对家庭语言规划的研究，多数围绕斯波斯基的语言政策三要素理论框架展开。该理论框架对调查家庭语言规划现状、了解影响家庭语言选择的因素有一定的指导性。但是该理论框架对家庭语言意识、语言管理和语言实践三要素如何互相作用，如何发挥主体能动性，如何形成家庭语言规划的运行机制并未深化研究，存在一定的局限性。此外，我国与西方家庭语言生活的差异较大、语境不同，国内现有的理论研究中存在生搬硬套的现象，理论的解释力、逻辑性和系统性都存在不足之处。国内家庭语言规划理论研究的系统化、本土化道阻且长。

第二，研究主题有待丰富化。国内家庭语言规划研究的对象集中在国内移民家庭或城市中产阶层，研究范围多集中在汉语、英语和地方方言，通常将城市作为一个整体调查，忽视了城市内部差异，侧重于国家通用语汉语与英语以及方言的关系；多从社会语言学和心理学出发，研究理论视角较为单一；内容多为描述性研究，少理论阐释和对未来趋势的预测。就研究主题而言，相关实证研究主题少有研究家庭语言规划的主体性、家庭语言规划的运行机制以及与宏观语言规划的关系，后者则关乎我国民族工作的顺利开展以及中华民族共同体意识的巩固，在此方面必须进一步加以重视。

第三，研究方法有待多元化。国内现有的定性研究大多针对少数民族地区、农村地区，城市相关研究主要采用定量研究方法。就研究方法而言，家庭语言规划理论指导下的实证研究更加偏向于定量研究，而缺乏更为生动、典型的质性分析。因此，大多数研究仍然浮于表面，难以挖掘到深层实质，导致研究质量普遍不高。研究人员大多来自语言学背景，研究方法未脱离社会语言学的常规方法，未能与多学科结合。定量研究的数据采集和分析的科学性和系统性有待进一步提高，质性研究的可信度有待进一步提升，混合研究的交叉性和可验证性也有待进一步增强。

总的来说，国内少数民族家庭语言规划的研究数量较少，且多集中在某一阶层的少数民族移民家庭，聚焦国家通用语言和民族语言在家庭中的使用，描述性研究较多，理论阐释和对未来发展趋势较少，研究方法较为单一，缺乏长期细致的民族志研究，对家庭域内影响因素关注较多，对家庭域外的宏观影响因素关注较少。本文选取了新的研究对象，以乌审旗的不同阶层、不同类型的城镇家庭语言规划为研究对象，研究这些家庭在国家通用语言文字、本民族语言和国际通用语言的规划，并将家庭语言规划视为一种动态的过程，将家庭语言域外的宏观影响因素和家庭语域内的微观影响因素囊括其中，对现有的理论框架进行了修订和补充，同时采用参与观察、问卷调查和访谈等研究方法，长期细致地观察城镇家庭语言规划的状况，全面呈现家庭语言规划的图景，并多维度、多层面地开展分析，比采取传统的、单一的语言学方法，更能深入挖掘到深层实质。

第三节　核心概念与理论框架

托马斯·李圣托（2016）认为好的研究应该体现在清晰的理论和概念框架，以及与方法的关联性上①。通过前两节的文献综述，我们发现，理论术语不统一、概念不清、理论体系不完整是家庭语言规划研究的困境所在。这种研究现状存在的原因有二：一方面由于语言规划理论还未形成完整的理论体系，社会学、语言学、心理学、文化学等学者们分别从不同的理论视角、研究范式、学术背景开展相关研究，因此会出现术语名称不统一，概念因时因人而异的情况；另一方面也是由于国内相关理论还处在发展初期，很多术语和概念由西方理论译介而来。不同的译者由于不同的学术背景、学术立场、时间、空间等限制，翻译时各有侧重，并造成译名的混乱。为了厘清概念，避免理论盲区，我们有必要对相关术语进行梳理和界定，以便后续的研究。

一、核心概念的界定

本文在对相关术语进行辨析的基础上，对"语言规划""家庭语言规划"和"家庭语言意识"的核心概念进行界定。

（一）语言规划与语言政策

1959 年，挪威学者豪根（Haugen, 1959）首度提出语言规划的定义，

---

① ［美］托马斯·李圣托．语言政策导论：理论与方法［M］．何莲珍，朱晔，译．北京：商务印书馆，2016：11．

历经 60 年语言规划理论的不同发展阶段。"语言规划"的术语名称在国外有 4 种表现形式，即语言政策（language policy）、语言规划（language planning）、语言规划与语言政策（language planning and language policy）、语言政策与语言规划（language policy and language planning），国内政府部门常用"语言文字工作"或"语文建设"。近 20 年，"语言政策"和"语言规划"才开始被学术界和政府使用。不同时代背景和不同时代思潮，语言规划的定义经历了巨大的演变和发展。学者刘海涛罗列了 30 多位学者提出的"语言规划"概念。语言规划定义的变迁反映了"该学科从工具观到资源观的转变，从结构主义到后现代主义的转变；从单变量系统到多变量系统的转变；从单纯的语言学领域向社会学、政治学以及其他学科的转变"[①]。截至目前，学界对于语言规划的定义仍未统一，甚至相关术语存在争议[②]。

1. "语言规划"与"语言政策"的概念辨析

国内外对于"语言政策"和"语言规划"是否相同，一直有所争议，主要集中在三点：第一，"语言政策"与"语言规划"是两个不同的术语。以卡普兰（Kaplan）和巴尔道夫（Baldauf）为代表的学者认为"语言政策"和"语言规划"是两种不同的活动。有学者认为语言规划在先，促成语言政策的颁布，或者语言政策颁布在先，指导语言规划。也有学者认为"语言政策"是"语言规划"活动的基础（Tollefson，Pérez-Milans[③]，2018）。陈章太则认为"语言政策是基础、核心，是行政行为；语言规划是语言政策的延伸与体现，语言规划的理论又可以为语言政策

---

① 刘海涛. 语言规划与语言政策——从定义变迁看学科发展 [M]. 北京：中国社会科学出版社，2015：52-62.

② ［美］托马斯·李圣托. 语言政策导论：理论与方法 [M]. 何莲珍，朱晔，译. 北京：商务印书馆，2016.

③ Tollefson J W, Pérez-Milans M. The Oxford Handbook of Language Policy and Planning[M]. Oxford: Oxford University Press, 2018.

的制定提供理论依据，语言规划既是政府行为，又是社会行为 [①]”。这类学者普遍认为语言政策是由政府来完成的，语言政策以语言规划的理论为基础，可以由政府、官方的或权威的学术机构或个人来实施，通常是某种语言政策的体现。第二，“语言规划”与“语言政策”应该合二为一。以李圣托（2016[②]）和霍恩伯格（Hornberger, 2002[③], 2007[④]）为代表的学者认为语言规划提供合理和有效的标准。语言政策将理论联系实际，旨在促进语言规划模型的改善与发展。虽然角色各异，但是两者紧密相连，语言政策与语言规划之间的边界日益模糊，两者融合并称为“语言政策与规划”，更有利于人们深刻理解政策与规划之间的复杂关系。第三，“语言规划”与“语言政策”为同义词。这类学者认为“语言规划”与“语言政策”含义基本一致，只是兴起的时间略有差异，感情色彩略有不同。为了区别 20 世纪 60 年代和 70 年代政府对语言所做的“规划”，学者们“更喜欢使用具有中性色彩的语言政策一词 [⑤]”。也有学者认为语言政策与语言规划是一个活动的不同侧面，可以被视为同义词来使用 [⑥]。周庆生（2019）认为，语言规划跟语言政策的名称不同，但内涵多有重合，而且语言规划的内涵比语言政策更宽，语言规划除了国家层面，还

[①]　陈章太. 语言规划概论 [M]. 北京：商务印书馆，2015：2.

[②]　[美] 托马斯·李圣托. 语言政策导论：理论与方法 [M]. 何莲珍，朱晔译. 北京：商务印书馆，2016.

[③]　Hornberger, N. H. Multilingual language policies and the continua of biliteracy: an ecological approach[J]. Language Policy, 2002, 1（1）：27-51.

[④]　Hornberger N H, Johnson D C. Slicing the onion ethnographically: layers and spaces in multilingual language education policy and practice[J]. Tesol Quarterly, 2007, 41（3）：509-532.

[⑤]　[以] 博纳德·斯波斯基. 语言管理 [M]. 张治国译. 北京：商务印书馆，2016：66.

[⑥]　[美] 罗伯特·卡普兰，理查德·巴尔道夫. 语言规划——从实践到理论 [M]. 北京：商务印书馆，2019：4.

包括非国家层面；除了政府层面，还包括非政府层面。[①]

2."语言规划"的概念界定

学者们对于"语言政策"和"语言规划"是否为同一术语的争议主要在于二者是否角色不同，实施阶段不同；哪个为因，哪个为果。鉴于二者的模糊边界，很多学者暂时搁置二者的细微差别，而将二者视为同义词使用。笔者将二者视为同义词不加以区分。一方面是因为笔者赞同周庆生的观点，认为语言规划内涵包含语言政策；另一方面是因为中文中"政策"一词传统意义多指政府或机构颁布的法律、规章和制度。"语言政策"容易被误读。高雪松、康铭浩（2021[②]）强调"语言规划"不仅是"规范语言使用的书面文本"，更是"一个不同的利益相关者在不同层级的场域中进行协商、修改和执行的过程"。该定义将语言规划的规划主体、行为过程和政策结果都涵盖集中，较为完整。基于此，本研究采用高雪松（2021）语言规划的定义：不同参与者和利益相关者基于某种原因，在不同层级场域中做出的一种协商、修改和执行某社区言语使用及其规范的动态行为过程。

（二）家庭语言规划与家庭语言政策

家庭语言规划的概念和研究理论并不是一蹴而就的，是随着语言规划的概念和理论体系的发展而发展起来。由于语言规划理论的跨学科性质和术语混乱的现状，"家庭语言规划"和"家庭语言政策"至今学术界还未形成统一的定义，二者是否为同义词也存在一定的争议。因此，我们有必要对二者进行辨析和概念界定。

1."家庭语言政策"与"家庭语言规划"的概念辨析

"家庭语言政策"比"家庭语言规划"出现的时间更早一些。2004

① 周庆生.中国语言政策研究七十年[J].新疆师范大学学报（哲学社会科学版），2019，40（6）：60-71，2.

② 康铭浩，沈骑.国际语言政策与规划研究的新进展[J].当代外语研究，2020（6）：19-29.

年，斯波斯基（Spolsky[①]，2004）首次提出"家庭语言政策"（family language policy）的概念，认为"家庭语言政策"属于微观语言政策，由家庭语言意识、家庭语言实践和家庭语言管理三部分组成。在斯波斯基的研究基础上，学者们认为"家庭语言政策"会影响家庭内部青少年语言的习得和使用，有助于弥补儿童语言习得和语言政策研究之间的空白（Shohamy，2006；Curdt-Christiansen，2008）。因此，他们提出家庭语言政策是"家庭成员对家庭语言使用和家庭读写活动的安排和规划[②]"。金（King，2016）进一步将该术语的内涵深化为"家庭内部对家庭成员之间的语言使用进行或显性或隐性的规划活动"。这个概念将家庭中隐性语言规划活动也涵盖其中。两个概念均聚焦于家庭内部成员习得和使用语言的规划行为和下一代的语言教育问题上。可以说"家庭语言政策"与"家庭语言规划"的术语之争是"语言规划"与"语言政策"的术语之争在家庭领域的延续。事实上，二者含义一致，学者们在使用时也并未将二者明确区分，本文也不做区分。

2. "家庭语言规划"的概念界定

笔者认为"语言规划"比"语言政策"含义更广，且不容易被误读，因此采取"家庭语言规划"这一术语开展本次研究。上述定义均聚焦家庭语言政策 / 规划与青少年语言习得的关系，但是却忽略了祖辈、父辈在家庭语言规划中受到的影响。他们的家庭语言实践中也会呈现出动态、多元的特征。因此，本文借助前文中高雪松（2021）和张晓兰（2008）的定义，将"家庭语言规划"界定为：家庭内部成员基于某种原因，在家庭场域中做出或隐或显的，与家庭成员语言使用、选择和习得相关的动态行为过程。

---

① Bernard S. Language Policy[M]. Cambridge: Cambridge University Press. 2004: 5.
② 张晓兰. 家庭语言政策研究之过去、现在与未来栏目引语 [J]. 语言战略研究，2017，2（6）：12-14.

（三）家庭语言意识

斯波斯基（2004）提出的"language ideology/language belief"在国内的译名较多，如"语言意识形态""语言意识""语言信念"等。而国内学术界提到的"语言意识形态"还与"language awareness""language value""language attitude""language ideology"和"linguistic ideology"等众多概念对应。由于经过不同人的翻译，该术语译名众多，容易引起歧义。因此，我们有必要对其概念加以界定。

1."意识形态"与"语言意识形态"

西方理论界将"意识形态"视为"最难以捉摸"的概念，就是因为其概念的复杂性和多维性。"意识形态"（ideology）一词是1801年法国哲学家特拉西（Destutt de Tracy）首度提出。马克思和恩格斯吸收了特拉西的理论思想，进一步发展了意识形态的概念，从"上层建筑论""虚假意识论""阶级意识论"和"文化载体论"四个维度界定其概念[①]。其中，"上层建筑论"对语言规划学术界影响较大，即将"意识形态"看作人对物质生活的反映，由社会经济基础决定并要与之相适应的一种关于语言及其地位和社会使用的思想、预设、信仰、态度和价值体系（杨河，2018）[②]。

斯波斯基从语言规划的语境下提出的"语言意识形态"（language ideology/language belief）是指"对语言本身和语言使用的信念"，他进一步解释该定义为"同一个言语社区的成员对于什么是得体的语言实践有相同一套语言信仰。有时，他们会形成一种公认的语言意识形态，把语言的价值和声望应用于他们所使用的语言变体各方面"（斯波斯基，2011），但该定义并没有详细阐释语言意识形态的具体构成。周明朗

---

① 郝玥，刘娟.理解马克思恩格斯关于意识形态概念的四个维度[J].学习论坛，2022（3）：111-116.

② 杨河.马克思主义的意识形态理论与实践[J].北京大学学报（哲学社会科学版），2008（2）：41-56.

（Zhou，2019）和利迪科特（Liddicoat，2020，2022）各自援引了马克思主义的概念，并在斯波斯基概念的基础上提出语言意识形态是特定人群对语言本身和语言使用的态度、信念、思想和价值体系。周明朗进一步从宏观和微观两个维度界定该概念。他认为宏观维度的语言意识形态（language ideology）是语言与意识形态之间有意识的相互作用；微观维度的语言意识形态（linguistic ideology）是指意识形态与语言结构之间的潜意识或无意识的关系，属于认知语言学的研究范围。周明朗（2019）还将态度和价值观纳入语言意识形态的概念，因为他认为价值观和态度的共同之处在于都是观点或信仰，价值观包含在语言意识形态中，与意识形态的界限非常模糊；态度是由语言意识形态塑造的特定信念，与意识形态密切相关，态度和价值观都是语言意识形态的具体形式。因此，他认为语言意识形态应该包括语言态度、语言信念、语言信仰和语言价值观。王远新（2022①）认为语言认同是语言使用者身份认同的建构，语言态度和语言认同密不可分，语言态度是语言认同的基础和可观察部分，语言认同是语言态度的哲学表现，语言的功能和价值是语言认同的基础，因此语言认同也应包含在语言意识形态内。结合以上观点，我们可以发现语言意识形态是对语言及其使用和习得的态度、信念、思想和价值体系，由语言态度、语言信念和语言认同共同构成。

2. 家庭语言意识的概念界定

斯波斯基提出的"family language ideology"在国内译名众多。王远新（2022）认为该概念在中国不应被翻译为"家庭语言意识形态"，因为家庭语言规划属于微观层面语言规划，而在中国文化语境中，"意识形

---

① 王远新教授受西安文理学院的邀请，于2022年5月27日做了"语言态度与语言认同及其调查注意事项"讲座。在讲座中，他介绍了语言态度与语言认同的概念区别与联系。笔者就语言意识形态、语言态度、元语言意识、语言认同等概念问题向王教授请教，并得到他的耐心细致教导，文中出现的王远新（2022）的相关概念和论点均来自这次讲座。

态"通常与宏大叙事有关，且具有政治含义，容易引起混淆。因此，笔者在本文中将其翻译为"家庭语言意识"。霍威尔（De Houwer，1999[①]）认为语言意识形态应包括语言态度和语言信念，即对某一特定语言的态度、对特定语言形式选择的态度、对儿童双语或多语教育的态度以及家长对儿童语言习得的方式和自身责任和角色的信念。在结合语言意识形态的相关构成，笔者在斯波斯基（2011）和张晓兰（2017）的定义基础上，将家庭语言意识的概念界定为：家庭成员对语言及其使用的态度、信念、思想和价值体系。此外，笔者认为家庭语言意识由两个方面构成：家庭语言态度和家庭语言教育态度。这二者之间并不存在界限分明的分割线，而是从不同层次、不同维度共同构成家庭语言意识。

二、语言政策三要素理论模型

（一）斯波斯基"语言政策三要素"理论模型

斯波斯基（2004，2009）提出了语言政策三要素理论模型，即语言政策由三个彼此独立又互相联系的要素构成，即语言实践（language practice）、语言意识形态（language ideology）和语言管理（language management），如图 1-3-1 所示。

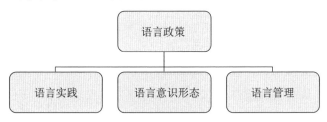

图 1-3-1　斯波斯基语言政策三要素模型

① De Houwer A. Environmental factors in early bilingual development: the role of parental beliefs and attitudes[M]// Extra G, Verhoeven L. Bilingualism and Migration, Berlin: Mouton de Gruyter, 1999.

斯波斯基（2011）认为语言实践是"对语库中各种语言变体所做的习惯性选择模式"。语言意识形态是人类"对语言本身和语言使用的信念"。语言管理是"通过各种语言干预、规划或管理的方法来改变或影响语言实践的具体行为"。他认为同一个言语社区的成员对于什么是得体的语言实践会具有大致相同的语言意识或信仰，形成公认的语言意识形态，把语言的价值和声望应用于他们所使用的语言的各个方面。这些语言意识形态来自语言实践，反过来又影响语言实践。任何实施直接干预的人或群体都可以是语言管理者。语言管理可以是"自上而下"，如政府或专门机构的管理，也可以是"自下而上"，如家庭或个体的语言管理，其目的是维持或修正语言实践或语言意识形态，但语言管理不能太脱离语言实践和语言意识形态，否则语言管理的效果就难以得到保障。语言实践成为语言管理和语言意识形态的基础。语言意识形态、语言实践和语言管理是三个独立且同等重要的要素，互相影响又相对独立。斯波斯基的理论框架影响深远，成为许多学者研究的理论基础。

（二）肖哈米的"事实语言政策"理论模型

肖哈米（2018）在斯波斯基的模型上进一步深化，她认为应采取扩展的语言规划观念。因为政体、机构、个人等口头宣称的语言政策并不一定就是事实中的语言政策，有可能只停留在口头服务、宣言和愿景层面。因此，事实语言政策取决于各种各样的机制，这些机制起到了工具性的作用，间接维持了语言政策的实施和语言意识形态的建构。她认为语言和语言规划都不是中立的，前者承担着将政府的政治、意识形态、社会和经济意图，后者是推广和维持这些意图的工具，因此她提出了事实语言政策的理论模型。不同于斯波斯基所认为的语言意识形态、语言管理和语言实践同等重要的观点，她认为语言意识形态在语言政策中处于中心位置，语言意识形态通过语言政策机制，如政策、规章、制度等，对语言实践产生真正的影响。语言意识形态是事实语言政策的源头，整个语言政策是国家或政府为了推行某种语言形态，而通过机制的工作性作用，从而达到对语言实践的管理，进而影响语言实践，形成事实语言政策（图1-3-2）。

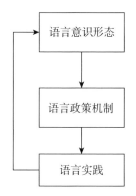

图1-3-2　肖哈米事实语言政策理论模型

三、家庭语言规划理论模型

（一）张晓兰的家庭语言政策理论模型

语言生态学的兴起给语言规划提供了新的理论视角，并将语言规划分为三个维度：宏观语、中观和微观（Kaplan，Baldauf，2003）。斯波斯基认为每个语域都有自己的语言政策，这些语言政策既有其内部的管理特点，也有因受外部力量影响而产生的其他特点。家庭语言规划属于微观语言规划，会受到比其他层级更高语言域的影响。他认为家庭语言政策从家庭语言实践、家庭语言意识和家庭语言管理三方面来进行分析（斯波斯基，2004，2009，2011）。斯波斯基的家庭语言政策理论对家庭语言规划研究影响较大，奠定了后来学者的理论基础。张晓兰（2020）吸收了斯波斯基和肖哈米的理论模型，提出了家庭语言政策模型（图1-3-3）。

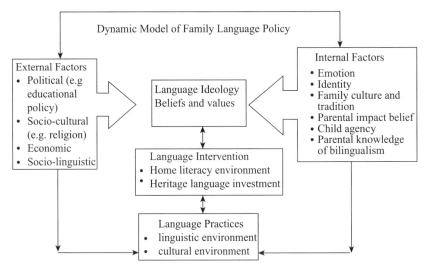

Curdt-Christiansen (2020): Handbook of Home language Maintenance

图 1-3-3　张晓兰家庭语言规划理论模型

　　她将家庭语言规划分为 3 个要素，即语言意识（language ideology）、语言管理（language intervention）和语言实践（language practice），接下来她进一步细化这三个要素的内部构成。语言意识是由语言信念和语言价值观构成的（belief and value），语言管理表现为家庭读写环境（home literacy environment）和继承语投资（heritage language investment），语言实践包括语言环境（linguistic environment）和文化环境（cultural environment）。家庭语言意识受到内部因素和外部因素的影响，其中内部因素包括情绪（emotion）、身份认同（identity）、家庭文化与传统（family culture and tradition）、父母教育影响信念（parent impact belief）、儿童主动性（child agency）以及父母双语知识（parent knowledge of bilingualism）；外部影响因素包括教育政策等政治因素（political）、宗教等社会文化因素（socio-cultural）、经济因素（economic）和社会语言因素（socio-linguistic）。在家庭语言意识的驱动下，家长进行语言管理，形成语言实践。反过来，语言实践又影响语言管理的有效性，进而改变语言意识。

该理论框架把家庭语言意识放在核心地位，认为在家庭语言政策三个要素中，语言意识起关键性作用，因为其联结了家庭外部的宏观社会因素以及家庭内部的微观生态（King，2000）。家庭语言意识存在于父母与孩子的沟通互动过程中（King et al.，2008），是宏观社会环境的映射，并且间接参与到家庭语言实践和语言管理的决策过程中（Li，2006；Canagarajah，2008；King et al.，2008；Lane，2010；Curdt-Christiansen，2012）。因此，家庭语言政策实际受到语言意识支配，很多家庭成员对于家庭语言政策的决策和执行是在无意识或者下意识中进行的。而且该框架还将影响家庭语言意识的社会因素归纳和分类，将社会文化宏观因素与微观因素结合起来考察语言意识形态形成的过程以及影响因素。该框架将斯波斯基的理论框架加以细化和具体化，使该理论框架更具有操作性。但该框架也存在一定的局限性，因为该框架是张晓兰通过对国外移民家庭和少数族裔家庭开展研究而归纳和总结出来，与中国语境下的家庭语言规划研究还存在一定差异性，需要将其本体化，并与中国家庭语言规划的实践和特征相结合。

（二）王玲修订的家庭语言规划理论框架

中国学者王玲（2021）在张晓兰的理论框架的基础上，结合中国现实的语言生活背景，进行了一定的修订（图1-3-4）。

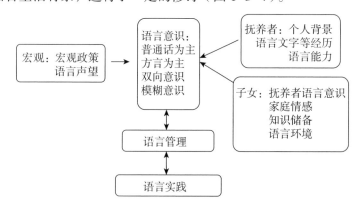

图1-3-4　王玲修订的家庭规划理论模型

王玲认为家庭语言规划受到宏观政策和语言声望的影响，同时抚养者的个人背景、语言文字等经历、语言能力以及子女的家庭情感、知识储备、语言环境和父母的语言意识形态等因素，都会对家庭语言意识产生影响。她结合了霍威尔（De Houwer，1999）语言意识形态理论，认为语言意识形态由语言态度和语言信念构成，并将语言意识形态分为清晰积极类语言意识、模糊被动类语言意识和否定消极类语言意识。她还进一步细化了中国家庭语言意识的类型：普通话为主、方言为主、双向意识和模糊意识。她以这个理论框架来研究中国家庭的方言传承，给家庭语言规划研究者提供了很多借鉴。但是，王玲的理论框架是建立在对南京、扬州、上海和呼和浩特等大中城市的汉族家庭和蒙古族家庭的调查基础之上，而我国少数民族群众多居住在地理位置较偏僻、交通运输欠畅通、地区经济欠发达的民族地区，因此民族地区少数民族家庭规划的研究与该理论框架适用的语境有特殊性，需要进一步加以调查研究。

（三）本文的理论框架

斯波斯基和张晓兰在对国外移民家庭的研究基础上提出的家庭语言规划理论框架，以及王玲在大中城市汉族家庭和省会城市的蒙古族家庭的研究基础上修订的中国语境下家庭语言规划理论模型，均为我国家庭语言规划理论作出了贡献。本文通过对内蒙古自治区鄂尔多斯市乌审旗不同职业、不同年龄、不同通婚状况、不同居住格局、不同受教育程度的家庭语言规划进行研究，通过田野调查和研究发现，对上述理论框架进行了修订和补充（图1-3-5）。下面将详细对该理论框架进行阐释。

家庭语言规划由家庭语言意识、家庭语言管理和家庭语言实践共同构成。家庭语言意识是指家庭成员对语言及其使用的态度、信念、思想和价值体系，由语言态度、语言信念和语言认同构成。本书所调查的家庭语言意识具体表现为：国家通用语为主的语言意识、继承语为主的语言意识、双向语言意识和模糊语言意识。家庭语言管理是由语言管理者和规划者通过一定策略对语言实践进行干预、规划和管理，继而影响家

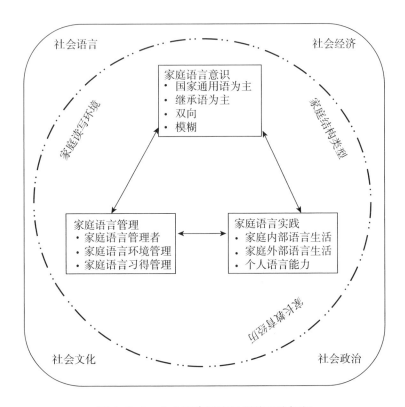

图1-3-5　本文家庭语言规划的理论框架

庭语域中家庭成员语言的选择、使用频率以及习得。家庭语言管理包括家庭语言管理者、家庭语言环境管理和家庭语言习得管理。家庭语言实践指家庭成员在家庭语言生活中可观察到的语言行为和语言选择，包括家庭内部语言生活、家庭外部语言生活和个人语言能力。家庭内部语言生活包括家庭日常交际活动和休闲活动，家庭外部语言生活包括面对面社交和借助社交媒体的社会交往活动。家庭语言意识是整个家庭语言规划的核心和驱动力。家庭语言规划者因为语言意识而对家庭成员的语言选择、使用和习得进行管理，从而影响语言实践。语言实践的具体情况又会反过来影响家庭语言管理的效果，继而对语言意识产生影响。尽管家庭语言意识对家庭语言规划的建构起关键作用，但它并不是唯一的决定因素。家庭语言意识、语言管理和语言实践均受到宏观和微观因素的影响，宏观因素由家庭外部的社会政治、社会经济、社会文化、社会语言共同构成，微观因素包括家庭内部的家庭读写环境、家庭结构类型和家长教育经历。该理论框架建立在对不同家庭类型和不同社会阶层家庭的长期观察和全面分析基础之上，是对新时代中国社会语境下家庭语言规划的理论探索和贡献。

第二章　语言价值取向的建构：家庭语言意识的形成基础

语言并不是中立的，它承载着统治者的政治、意识形态、社会和经济意图。相应地，这些机制（语言规划）也不是中立的，他们是推广和维持这些意图的工具……语言表达了内嵌于共同历史和文化的国家（或其他）身份，体现了意识形态。因为语言与统一、忠诚与爱国主义相连；语言具有社会性，因为它被人认为是身份、权力、群体身份和归属的象征；语言具有经济性，因为语言知识与不同类型的经济后果相联系，无论是积极的还是消极的。

————艾拉娜·肖哈米[①]

正如第一章所述，家庭语言规划由语言意识、语言管理和语言实践3部分构成，其中语言意识又是由语言态度和语言教育态度构成。在现有的家庭语言规划研究中，学者们按照母语的代际传承、血缘关系、家庭成员的迁徙特征、家庭成员人数、婚姻类型、所使用的语言以及语言需求等分类标准，划分出不同的家庭类型。根据田野调查和问卷调查，笔者按照家庭的语言使用情况，将调查对象分为单语家庭和多语家庭，并分别从语言态度、语言信念和语言认同三个方面开展调查研究。

---

① ［以］艾拉娜·肖哈米.语言政策：隐意图与新方法[M].尹小荣，译.北京：外语教学与研究出版社，2018：55.

第一节　家长语言态度

一、语言态度的概念与构成

（一）语言态度的概念

丹尼斯·埃杰（2012[①]）借助社会心理学理论来解释"态度"，认为"态度"是"一种心理状态，是对某类对象做出正面或负面的心理倾向"。社会心理学将态度划分为 3 个层次：认知、情感和意动（conative）[②]。在社会心理学的影响下，不同学者分别从不同的角度和层面界定了语言态度的定义，总的来说，有广义和狭义之分。狭义的语言态度主要关注某一个层面的语言态度，如情感层面。霍威尔（De Houwer，1999）认为语言态度指对某一特定语言本身所持的积极或消极态度，对双语或多语的支持、中立或反对等态度以及对特定语言形式选择，如语码混合或语码转换等态度（De Houwer，1999[③]；王玲，2021[④]）。戴炜华（2007）提出语言态度是指操不同语言或使用语言变体的人对彼此的语言或他们自己

[①]　［英］丹尼斯·埃杰. 语言规划与语言政策的驱动过程 [M]. 吴志杰，译. 北京：外语教学出版社，2012.

[②]　国内也有学者将其译为行为，但是这里指的是潜在的行为或者是一种倾向性，不是真正意义上的行为，因此笔者认为翻译为"意动"更合适。

[③]　De Houwer A. Environmental factors in early bilingual development: the role of parental beliefs and attitudes[M]// Extra G, Verhoeven L. Bilingualism and Migration, Berlin: Mouton de Gruyter, 1999.

[④]　王玲. 家庭语言规划视角语言传承研究 [M]. 南京：南京大学出版社，2021：61.

对语言所持的态度。陈松岑（1999）指出，语言态度可以分为感情方面和理智方面，"感情方面的语言态度指的是说话人或听话人在说到、听到某种语言时，在情绪、感情上的感受和反应。它常常是十分自然，甚至是不自觉地、下意识地出现的。理智方面的语言态度，指的是说话人或听话人对特定语言的实用价值和社会地位的理性评价"。

广义的语言态度包含三个层次：认知、情感和意动。认知是指个体对"某类现象"的看法和认识。情感由个体对所致对象感受到的吸引力或排斥力构成。意动是个体针对某一对象采取某种行动方式的倾向性[①]。因此，很多学者借助社会心理学的定义将语言态度分为三个层面。例如，丹尼斯·埃杰（2012[②]）将语言态度分为认知层面（语言知识）、情感层面（对语言的感情）和意动层面（该怎么做）；道布（2005[③]）认为语言态度包括认知（对语言实际功能的评价）、感情（对语言地位和命运的关切）、意向（对使用哪种语言做出抉择）三个方面；张伟（1988[④]）提出语言态度是指个人对某种语言的价值评价及其行为倾向，它包含着认识、情感和意向三种成分。认识成分是指对某种语言的认识和理解以及赞成或反对。情感成分是指对语言的感情，喜欢或厌恶，尊重或轻视等。意向成分则是指对该语言的行为倾向。王远新（1999[⑤]）将语言态度定义为"在双语或多语社会中，由于社会或民族认同、情感、目的和动机、行为倾向等因素的影响，人们会对一种语言或文字的社会价值形成一定的认识或做出一定的评价，这种认识和评价通常称为语言态度"。后来，他

① ［英］丹尼斯·埃杰.语言规划与语言政策的驱动过程[M].吴志杰，译.北京：外语教学与研究出版社，2012：17.
② ［英］丹尼斯·埃杰.语言规划与语言政策的驱动过程[M].吴志杰，译.北京：外语教学与研究出版社，2012：32.
③ 道布.语言活力、语言态度与语文政策——少数民族语文问题研究[J].学术探索，2005（6）：94-101.
④ 张伟.论双语人的语言态度及其影响[J].民族语文，1988（1）：56-61，67.
⑤ 王远新.论我国少数民族语言态度的几个问题[J].满族研究，1999（1）：87.

又对语言态度的定义进一步做了补充，认为语言态度"由情感认同对语言及其使用的主观述评。认知和需求、行为倾向和实际表现、发展前景期望等要素构成"。

根据以上定义可以发现，学者们对于语言态度的定义主要有三类：第一，个体或群体对于语言的本质、结构、使用方式、场合的认知，即对普通语言形式、结构和特征的认知；第二，个体或群体对语言的功能、地位等的判断和衡量，即对不同语言的语言情感；第三，个体或群体对语言的权利、价值，以及因语言差异而形成的身份和文化差异等的观念和认识，即对语言价值的态度。基于以上广义和狭义的定义可以发现，不同语言态度的定义主要是集中在语言态度的不同层面上，狭义多关注情感层面，广义的语言态度则在情感层面之上，将认知层面和意动层面都包含在内。本文中的语言态度定义并未涵盖意动或行动层面，因为"语言信念"和"语言认同"的概念与广义"语言态度"的意动/行动层面的概念有重合之处，因此，本文采取狭义的语言态度定义（陈松岑，1999），将语言态度定义为人们对语言情感价值和理性价值的态度，即人们对语言或语言在情绪、感情方面的感受和倾向，以及对语言的实用价值和社会变体的理性评价。

（二）语言态度的构成

由于定义不同，学者们采用不同的指标来测量语言态度。如丹尼斯·埃杰（2012）采用优越性指标和活力指标测量认知层面的语言态度，吸引力指标测量情感层面的语言态度，行动指标测量意动层面的语言态度。他在爱德华兹（Edwards，1994）语言态度量表的基础上增加了行动的指标，从而形成了"语言态度结构量表"，由优越性—低劣性、具有吸引力—不具有吸引力、动态—静态、行动—不行动等四个指标构成，从而定位个人、群体以及国家对某一特定语言态度的多维结构空间。邬美丽（2013，2016）将语言态度分为语言态度、语言教育态度、语言传承态度和双语教育态度，她还编制了语言态度量表，分别从语言的好听度、亲切度、有用度与社会影响力四个维度开展语言态度的测量。该量表被广泛使用在个人语言态度测量，本文也使用了该量表进行问卷调查。

二、家长的语言态度

基于家庭语言规划调查问卷的调查数据，我们采用 SPSS25.0 对问卷信息进行分析，具体包括家长语言态度的总体状况、家长语言态度的差异分布以及差异来源分析等。

（一）家庭语言态度总体情况

基于问卷中第四部分家庭语言意识的样本状况，对语言情感价值态度（语言好听度和亲切度）和语言理性价值态度（语言有用度和社会影响力）两个维度中四个问题的数据进行分析。每个问题均让调查对象进行选择最好听／最亲切／最有用／最有影响力的语言，选项1为普通话，选项2为继承语，选项3为英语，选项4本地汉语方言，选项5为其他语言，数据的基本分析结果表2-1-1所示。分析结果表明，总体样本数为1222个，语言态度方面来看，调查对象对语言好听度、语言亲切度、语言有用度、语言社会影响力四个方面的评价在均值和标准差方面均存在差异。

表2-1-1　家庭语言态度总体情况分析表

语言态度	个案数	平均值	标准偏差	方差
语言好听	1222	2.02	0.677	0.458
语言亲切	1222	1.99	0.592	0.350
语言有用	1222	1.89	0.863	0.870
语言社会影响力	1222	1.77	0.974	0.949

（二）家庭语言态度差异分析

家庭语言态度的差异分析可见表2-1-2。总体而言，在情感价值态度方面，"最好听"和"最亲切"两个方面选择继承语的人数在一半以上；而理性价值态度方面，普通话在"最有用"和"最有影响力"两方面均超过继承语排名第一。这在一定程度上说明，家庭在语言态度上的分布非常复杂，其具体表现将在下面进一步分析。

表 2-1-2　家庭语言态度差异调查表

语言及语言变体	情感价值态度		理性价值态度	
	最好听（%）	最亲切（%）	最有用（%）	最有影响力（%）
普通话	28.12	34.30	48.91	52.54
继承语	62.43	59.21	31.62	24.13
英语	2.90	1.82	14.65	18.62
本地汉语方言	5.61	3.75	1.91	2.69
其他语言	0.94	0.92	2.91	2.02

1. 语言情感价值态度

根据统计，通过语言好听度调查我们发现，28.12%的受访者选择普通话、62.43%选择继承语、2.90%选择英语、5.61%选择本地汉语方言、0.94%选择其他语言。这说明选择继承语最好听的人最多，其次是普通话，再次是英语、觉得其他语言最好听的人最少，且人数比例相差较大。在语言亲切度的调查中，调查对象34.30%选择普通话，59.21%选择继承语，1.82%选择英语，3.75%选择本地汉语方言，0.92%选择其他语言。我们可以发现选择继承语最亲切的人最多，普通话次之，选择英语、本地汉语方言和其他语言的人数远低于继承语和普通话，比例极低。

2. 语言理性价值态度

语言最有用度的调查显示，48.91%的受访者选择普通话，31.62%选择继承语，14.65%选择英语，1.91%选择本地汉语方言，2.91%选择其他语言。这说明选择普通话最有用的人最多，其次是继承语，选择英语的最有用的人数低于普通话和继承语，选择本地汉语方言和其他语言的比例极低。据语言影响力调查可知，52.54% 的受访者选择普通话，24.13% 选择继承语，18.62% 选择英语，2.69% 选择本地汉语方言，2.02% 选择其他语言。根据该数据可以发现，选择普通话最有社会影响力的人最多，选择继承语的人数高于英语，本地汉语方言和其他语言的影响力极低。

由此可见，在不同语言及其变体的语言态度中，调查对象充分肯定了继承语的情感价值，对继承语的情感价值态度评价高于普通话和英语，而普通话的情感价值远高于英语、本地汉语方言和其他语言。英语、本地汉语方言和其他语言的情感价值不被调查对象所重视。同时，在语言的理性价值态度选择中，调查对象对普通话的理性价值高度重视，继承语低于普通话，但是高于英语的理性价值，英语的理性价值高于本地汉语方言和其他语言，对本地汉语方言和其他语言理性价值的评价极低。在同一语言的语言态度中，调查对象对普通话和英语理性价值的评价高于它们情感价值评价，对继承语的情感价值高于其理性价值，对本地汉语方言和其他语言的情感价值和理性价值评价都较低。

（三）家长语言态度的社会语言学维度分析

在社会语言学调查中，个体的年龄、受教育程度、职业、居住格局和通婚状况五个变量，通常被用来作为语言态度调查的客观维度。为了进一步弄清楚调查对象的语言态度差异及其影响因素，接下来我们进行社会语言学维度的分析。

1. 调查对象年龄与语言态度的列联表分析

根据语言情感价值态度的"好听度"调查中（图 2–1–1），选择普通话"最好听"的调查对象中，41.26% 为 21 ～ 30 岁，41.96% 为 31 ～ 40 岁，占极大比例。选择继承语"最好听"的调查对象中，34.62% 为 31 ～ 40 岁，其他年龄段也均有分布，差别不大。选择英语"最好听"的调查对象 66.67% 为 31 ～ 40 岁，超过半数。选择本地汉语方言"最好听"的调查对象 51.89% 为 51 ～ 73 岁，超过半数。选择其他语言"最好听"的调查对象均为 21 ～ 30 岁的年轻人。

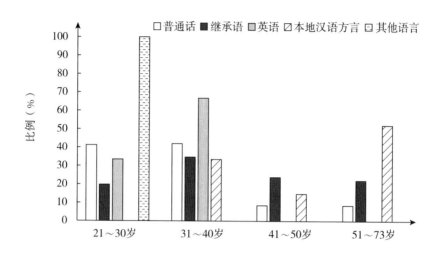

图 2-1-1 年龄与语言好听度关系簇状柱形图

语言情感价值态度的"亲切度"调查中（图 2-1-2），选择普通话"最亲切"的调查对象中，50.42% 为 31 ～ 40 岁，49.58% 为 21 ～ 30 岁，占较大比例。选择继承语的调查对象中，34.90% 为 31 ～ 40 岁，但其他年龄也有分布，差异不大。选择英语的调查对象中，59.09% 为 21 ～ 30 岁，40.91% 为 31 ～ 40 岁，占据较大比例。选择本地方言的调查对象中，51.06% 为 41 ～ 50 岁。选择其他语言的调查对象均为 21 ～ 30 岁的年轻人。

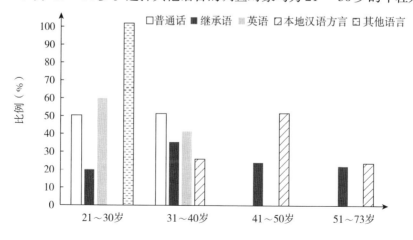

图 2-1-2 年龄与语言亲切度关系簇状柱形图

语言理性价值态度的"有用度"调查中（图2-1-3），选择普通话"最有用"的调查对象中，38.25%为31～40岁，32.81%为21～30岁，占较大比例。选择继承语的调查对象中，44.41%为31～40岁，但并未超过半数。选择英语的调查对象中，46.67%为21～30岁，接近半数。选择本地方言的调查对象中，51.06%为41～50岁，占据一半的比例。选择其他语言的调查对象均为21～30岁的年轻人，但是比例极低。

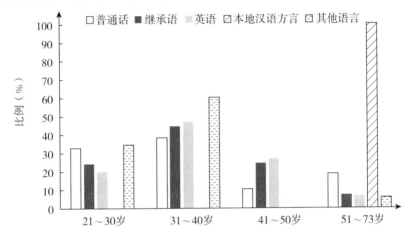

图2-1-3　年龄与语言有用度关系簇状柱形图

语言理性价值的"社会影响力"调查中（图2-1-4），选择普通话"最有社会影响力"的调查对象中，33.49%为31～40岁，其他年龄也有分布，比例相差不大。选择继承语的调查对象中，44.41%为31～40岁，接近半数。选择英语的调查对象中，57.71%为31～40岁，超过半数。选择本地汉语方言的调查对象均为51～73岁的老年人。选择其他语言的调查对象中，62.50%为21～30岁，超过半数。

由此可以看出，调查对象的语言态度呈现年龄差异。具体表现为：调查对象年龄越低，对普通话态度越积极；调查对象年龄越大，对本地汉语方言态度越积极；21～30岁的调查对象对英语和其他语言的态度较其他年龄段积极，呈现出积极的多语态度。同时，调查对象对普通话的社会影响力和对继承语的态度较为一致，未呈现明显的年龄差异。

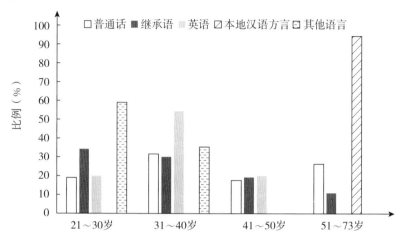

图 2-1-4　年龄与语言社会影响力关系簇状柱形图

2. 调查对象受教育程度与语言态度的列联表分析

根据统计分析，"好听度"调查中（图 2-1-5），选择普通话"最好听"的调查对象中，52.48% 为大专以上文化程度，超过半数，其他教育程度的人数比例较少。选择继承语"最好听"的调查对象中，70.47% 调查对象没上过学。选择英语"最好听"的调查对象中，除了 33.33% 的未上过学的调查对象，66.57% 为大专以上文化程度，其他教育程度对英语好听度评价极低。选择本地汉语方言"最好听"的调查对象中，50.72% 没上过学，超过半数。选择其他语言"最好听"的调查对象均为大专以上文化程度。

在"亲切度"调查中（图 2-1-6），选择普通话的调查对象中，48.28% 为大专以上文化程度，接近半数。选择继承语的调查对象中，74.47% 没上过学，占较大比例。选择英语的调查对象均为大专以上教育程度。选择本地汉语方言"最好听"的调查对象中，74.47% 没上过学，超过半数。选择其他语言的调查对象均为大专以上文化程度。

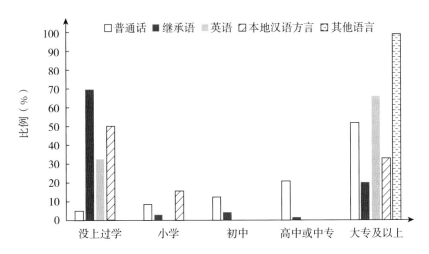

图 2-1-5 受教育程度与语言好听度关系簇状柱形图

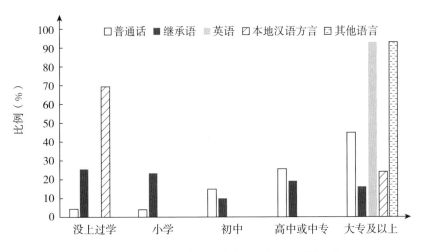

图 2-1-6 受教育程度与语言亲切度关系簇状柱形图

在语言有用度调查中（图2-1-7），选择普通话的调查对象中，57.49%为大专以上文化程度，超过半数。选择继承语的调查对象中，62.94%为小学文化程度，超过半数。选择英语的调查对象中，59.32%为大专以上文化程度，超过半数。选择本地汉语方言的调查对象中，72.73%没上过学，超过半数。选择其他语言的调查对象中，66.67%为大专以上文化程度。

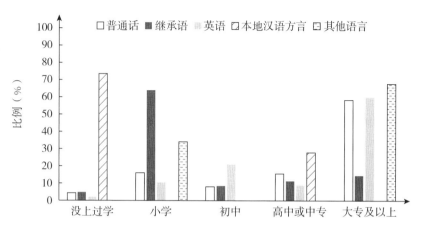

图2-1-7 受教育程度与语言有用度关系簇状柱形图

在语言社会影响力调查中（图2-1-8），选择普通话的调查对象中，64.64%为大专以上文化程度，超过半数。选择继承语的调查对象中，33.73%为初中文化程度，未超过半数。对继承语有用度评价较高的调查对象各种教育程度都有，但是比例较低。选择英语的调查对象中，84.14%为大专以上文化程度，占较大比例。选择本地汉语方言的调查对象中，50.00%为小学文化程度，占半数。选择其他语言的调查对象均为大专以上文化程度。

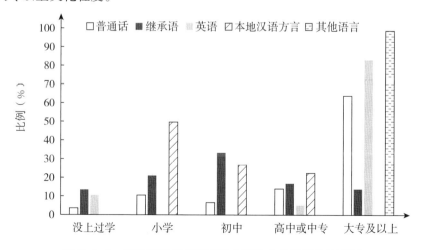

图2-1-8 受教育程度与语言社会影响力关系簇状柱形图

由此可以看出，调查对象的语言态度呈现教育程度的差异。具体表现为：教育程度越高的调查对象对普通话的态度越积极，对本地汉语方言态度评价越低。调查对象教育程度越低，对继承语情感价值评价越高。大专以上学历的调查对象对英语和其他语言的评价高于其他教育程度，表现出积极的多语态度，但是调查对象对继承语的理性价值态度并未呈现出显著的教育程度差异。

3.调查对象职业与语言态度的列联表分析

在"好听度"调查中（表2-1-3），选择普通话"最好听"的调查对象中，53.93%是企事业单位人员；选择继承语的调查对象中，50.73%为牧民，超过半数；选择英语的调查对象中，66.67%为企事业单位，占较大比例。选择本地汉语方言的调查对象各个职业均有分布。选择其他语言的调查对象均为商业从业者。

表2-1-3 职业与语言好听度关系列联表

职业	普通话（%）	继承语(%)	英语（%）	本地汉语方言（%）	其他语言（%）
农民	16.78	7.28	0.00	15.94	0.00
企事业单位人员	53.93	3.74	66.67	17.39	0.00
公务员	0.00	14.76	0.00	0.00	0.00
牧民	0.00	50.73	0.00	15.94	0.00
商业从业者	16.78	6.13	0.00	21.74	100.00
其他	32.87	17.36	33.33	28.99	0.00
总计	100.00	100.00	100.00	100.00	100.00

在"亲切度"调查中（表2-1-4），选择普通话"最亲切"的调查对象中，39.50%是商业从业者，并未超过半数，其他职业都有分布；选择继承语的调查对象中，51.22%为牧民，超过半数。选择英语的调查对象均为商业从业者。选择本地汉语方言的调查对象中，44.44%为商业从业

者，40.74% 为牧民。选择其他语言的调查对象中，63.64% 为商业从业者，占较大比例。

表 2-1-4　职业与语言亲切度关系列联表

职业	普通话（%）	继承语（%）	英语（%）	本地汉语方言（%）	其他语言（%）
农民	10.08	8.02	0.00	0.00	0.00
企事业单位人员	21.85	17.50	0.00	25.53	36.36
公务员	20.17	12.81	0.00	0.00	0.00
牧民	0.00	51.22	0.00	40.74	0.00
商业从业者	39.50	4.69	100.00	44.44	63.64
其他	0.00	5.77	0.00	0.00	0.00
总计	100.00	100.00	100.00	100.00	100.00

在"有用度"调查中（表 2-1-5），选择普通话"最有用"的调查对象中，47.59% 是企事业单位人员，接近半数；选择继承语的调查对象中，46.71% 为牧民；选择英语的调查对象中，46.67% 为企事业单位人员；选择本地汉语方言的调查对象中，52.17% 为商业从业者，47.83% 为牧民；选择其他语言的调查对象中，40.00% 为企事业单位人员。

表 2-1-5　职业与语言有用度关系列联表

职业	普通话（%）	继承语（%）	英语（%）	本地汉语方言（%）	其他语言（%）
农民	9.64	7.00	6.67	0.00	0.00
企事业单位人员	47.59	9.67	46.67	0.00	40.00
公务员	21.29	14.61	6.67	0.00	0.00
牧民	2.41	46.71	0.00	47.83	0.00
商业从业者	11.85	4.94	13.33	52.17	31.43
其他	7.23	17.08	26.67	0.00	28.57
总计	100.00	100.00	100.00	100.00	100.00

在"社会影响力"调查中（表2-1-6），选择普通话"最有影响力"的调查对象中，51.87%是企事业单位人员，超过半数；选择继承语的调查对象中，40.34%为牧民；选择英语的调查对象中，47.58%为商业从业者；选择本地汉语方言的调查对象中，82.35%为农民；选择其他语言的调查对象中，79.17%为商业从业者，所占比例较大。

表2-1-6 职业与语言社会影响力关系列联表

职业	普通话（%）	继承语（%）	英语（%）	本地汉语方言（%）	其他语言（%）
农民	5.61	3.73	5.29	82.35	0.00
企事业单位人员	51.87	11.53	21.15	0.00	20.83
公务员	18.38	15.93	5.29	0.00	0.00
牧民	3.74	40.34	0.00	17.65	0.00
商业从业者	11.06	24.07	47.58	0.00	79.17
其他	9.35	4.41	20.70	0.00	0.00
总计	100.00	100.00	100.00	100.00	100.00

总的来说，调查对象的语言态度呈现出职业差异，具体表现为企事业单位人员对普通话态度比其他职业人员积极，农民和牧民的继承语态度比其他职业人员积极，商业从业者对于本地汉语方言、英语和其他语言的评价高于其他职业，表现出积极的多语态度。

4. 调查对象居住格局与语言态度的分析

在"好听度"调查中（图2-1-9），选择普通话最好听的调查对象中，66.43%居住在汉族人口较多的地区，超过半数。选择继承语的调查对象中，45.43%居住在汉族人口较少的地区，38.57%居住在汉族较多地区。可见，居住格局对继承语好听度影响不大。选择英语的调查对象中，66.67%居住在各族人口比例相近的地区，占较大比例。选择本地汉语方言的调查对象中，34.78%居住在各族人口比例相近的地区，33.33%居住在民族人口比例不明确的地区，二者比例近似。可见，居住格局对本地汉语方言的好听度影响不大。选择其他语言的调查对象中，33.33% 居住在民族人口比例不明确地区，34.78% 居住在各族人口比例相近地区。可见，居住格局对其他语言好听度无影响。

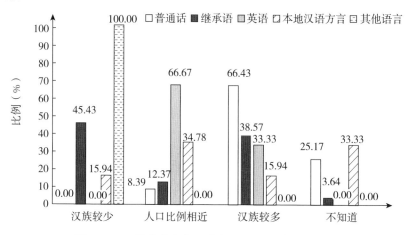

图 2-1-9　居住格局与语言好听度关系簇状柱形图

在"亲切度"调查（图 2-1-10）中，选择普通话的调查对象中，59.66% 生活在汉族人口比例较高地区，超过半数。可见，居住格局对普通话亲切度有一定影响。选择继承语的调查对象中，42.82% 居住在汉族人口比例较低地区，39.78% 居住在汉族人口比例较高地区，二者相差不大。可见，居住格局对继承语的亲切度影响不大。选择英语的调查对象中，100.00% 居住在汉族人口比例较低地区。可见，居住格局对英语亲切度有一定影响。选择本地汉语方言的调查对象中，23.40% 居住在汉族人口比例较高地区，51.06% 居住在各族人口比例相近地区，25.53% 居住在民族人口比例不明确地区。可见，居住格局对本地汉语方言的亲切度无影响。选择其他语言的调查对象中，100.00% 居住在民族人口比例不明确地区。可见，居住格局对其他语言的亲切度无影响。

在"有用度"调查中（图 2-1-11），选择普通话的调查对象中，43.17% 生活在汉族人口比例较高地区，接近半数。选择继承语的调查对象中，31.89%居住在汉族人口比例较低地区，未超过半数。选择英语的调查对象中，60.00%居住在汉族人口比例较高地区，超过半数。选择本地汉语方言的调查对象中，52.17%居住在各族人口比例相近地区，47.83%居住在汉族人口比例较高地区，二者相差不大。选择其他语言的调查对象中，65.71%居住在人口比例不明确地区。

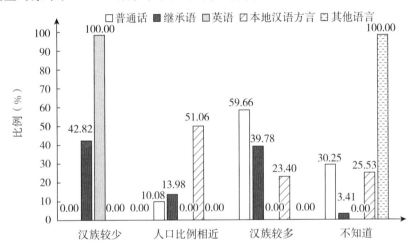

图 2-1-10　居住格局与语言亲切度关系簇状柱形图

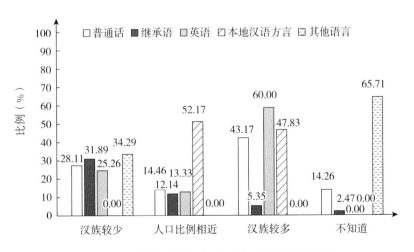

图 2-1-11　居住格局与语言有用度关系簇状柱形图

在"社会影响力"调查中（图2-1-12），选择普通话的调查对象中，44.55%生活在汉族人口比例较高地区，接近半数。选择继承语的调查对象中，64.07%居住在汉族人口比例较低地区。选择英语的调查对象中，49.34%居住在汉族人口比例较高地区，接近半数。选择本地汉语方言的调查对象中，67.65%居住在各族人口比例相近地区。选择其他语言的调查对象均居住在汉族人口比例较低的地区。

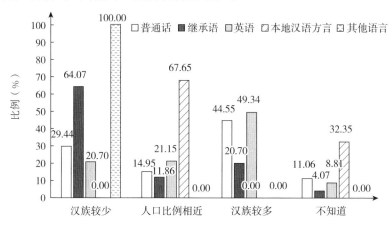

图2-1-12 居住格局与语言社会影响力关系簇状柱形图

基于以上分析可以得出，居住格局对调查对象的语言态度有一定影响。具体表现为：居住在汉族人口比例较高地区的调查对象中，对普通话评价较高；居住在汉族人口比例较低地区的调查对象，对于继承语的理性价值评价较高，并呈现出积极的多语态度；居住在汉族人口较多或蒙汉人口比例相近地区的调查对象，对英语评价较高。同时，调查对象的继承语以及本地汉语方言情感价值态度，未呈现居住格局差异。

5. 调查对象通婚状况与语言态度的交叉分析

在"好听度"调查中（图2-1-13），选择普通话最好听的调查对象中，74.83%为族际婚姻，比例较大。选择继承语的调查对象中，91.48%为族内婚姻。选择英语的调查对象中，66.67%为族内婚姻，超过半数。选择本地汉语方言的调查对象中，65.22%为族内婚姻，超过半数。选择其他语言的调查对象中，91.64% 为族内婚姻，所占比例较大。

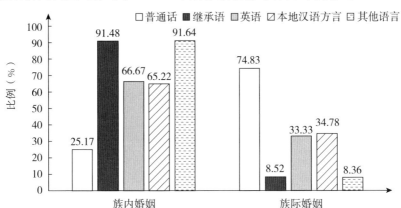

图 2-1-13　通婚状况与语言好听度关系簇状柱形图

在"亲切度"调查中（图 2-1-14），选择普通话最亲切的调查对象中，93.78% 为族际婚姻；选择继承语的调查对象中，91.98% 为族内婚姻，所占比例较大。选择英语的调查对象中，88.44% 为族内婚姻。选择本地汉语方言的调查对象中，72.34% 为族内婚姻；选择其他语言的调查对象中，86.98% 为族际婚姻。

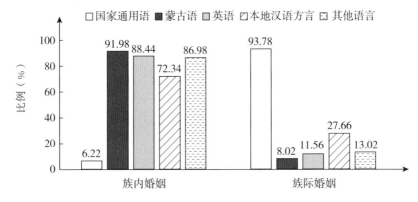

图 2-1-14　通婚状况与语言亲切度关系簇状柱形图

在"有用度"调查中（图 2-1-15），选择普通话最亲切的调查对象中，55.62% 为族际婚姻，44.38% 为族内婚姻，二者相差不大。选择继承语的调查对象中，97.53% 为族内婚姻，所占比例较大。选择英语的调查对象中，86.67% 族内婚姻。选择本地汉语方言的调查对象中，73.91% 为族内婚姻。选择其他语言的调查对象中，68.57% 为族际婚姻。

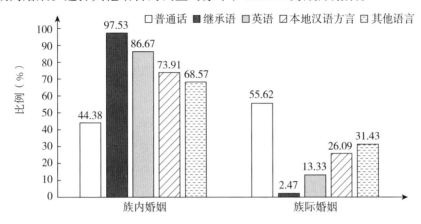

图 2-1-15 通婚状况与语言有用度关系簇状柱形图

在"社会影响力"调查中（图 2-1-16），选择普通话最有影响力的调查对象中，51.72% 为族际婚姻，47.28% 为族内婚姻，二者相差不大。选择继承语的调查对象中，92.20% 为族内婚姻。选择英语的调查对象中，84.14% 为族内婚姻，所占比例较大。选择本地汉语方言的调查对象中，67.65% 为族内婚姻，超过半数。选择其他语言的调查对象中，72.91% 为族内婚姻。

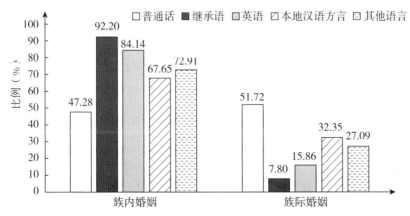

图 2-1-16 通婚状况与语言影响力关系簇状柱形图

总的来说，除了普通话的理性价值态度（有用度、社会影响力）未因通婚状况的差异而呈现不同，其他语言态度均呈现出通婚状况差异。具体表现为：族际婚姻对普通话情感价值评价较高，族内婚姻对继承语态度评价较高，对本地汉语方言、英语和其他语言的态度都比较积极，呈现出明显的多语态度。

从年龄、教育程度、职业、居住格局和通婚状况五个社会语言学常用的维度来看，乌审旗城镇家庭对普通话、继承语、英语、本地汉语方言和其他语言的态度呈现出不同程度的差异。其中，语言态度因通婚状况不同而呈现出显著差异。下面将从婚姻类型入手，进行家长语言态度差异性的进一步分析。

三、不同婚姻类型家长的语言态度

（一）语言好听度

1.族内婚姻家长的语言态度

笔者在访谈中的发现如下。

个案1：继承语最好听，因为继承语有弹舌音。有些歌用弹舌音说唱的话，很好听。英语好听不好听，得看什么人讲。英语好的人，学习都比较好，所以讲出来好听。英语不好的人，像我自己（笑起来）肯定就不好听，发音不标准。普通话比英语好听，因为我能听出来讲得好不好。乌审话肯定不好听，不然干嘛国家要让我们学普通话，咋不学方言？新闻联播都用普通话……我去日本留学了3年，必须会日语才能听课，没想过日语好听不好听，反正没有继承语和汉语好听（WNDG，女，34岁，硕士，2020年2月4日访谈）。

个案2：继承语、普通话和英语都很好听，我们的音乐特别厉害。因为继承语好听，诗歌也厉害，在国际上都很有名，是我的骄傲。普通话肯定比英语好听，因为我能听懂。英语我听不懂，说不上好听不好听。乌审话肯定不好听，我们这人说本地话，都特别硬，语音、语调都比较硬，给人感觉有点凶，不好听。我还学过俄语，俄语也挺好听的，不过没有继承语和汉语好听，但是比英语好听。我学习俄语很多年，还当过俄语翻译，学的时间久了，就觉得好听了，因为熟悉呀（MRG，男，49岁，大学专科，2019年8月10日访谈）。

个案3：继承语最好听，再就是普通话，方言不好听。我觉得乌审旗话就特别土，普通话很好听，因为标准，所以人人听得懂。我英语不好，我也不喜欢英语，没觉得好听。其他语言我没学过，不知道好不好听（MZ，男，32岁，高中，2019年8月12日访谈）。

个案4：我肯定觉得继承语最好听，因为我一出生就学的继承语。英语比普通话好听，因为我特别喜欢看英文电影，还有听英文歌。英文歌比中文歌好听，旋律更好，因为英语的发音是一串一串的，特别适合唱出来，普通话是一个字一个字发音，唱起来每个字都要发音，英语的发音习惯和继承语像，所以我觉得好听。普通话发音太难了，尤其四个声调，特别难。方言肯定不好听，都是土话。其他外语我不知道好不好听（WRN，女24岁，本科，2019年1月22日）。

在访谈中，大多数访谈对象选择继承语为最好听的语言，但是原因各异。例如，受访者从身份认同的角度来判断继承语的好听度——"一出生就学""我的身份"；从语言特征来判断继承语的好听度——"有弹舌音""说唱好听"；从文化认同和语言传播的角度来判断继承语的好听度——"我们的音乐特别厉害""诗歌也厉害"。尽管语言好听度的判断标准不一，"出生就学的语言"被提及最多，所以大多数受访者从身份认同和民族情感出发，持继承语"最好听"的语言态度。

受访者对普通话和英语的好听度排序争议较大。受访者认为影响普通话好听度的因素有："国家让学""新闻联播使用"的国家语言政策和大众媒体传播因素；"发音标准，大家都听得懂"的标准语言因素；"发音太难了，尤其四个声调，特别难发音"的语言特征因素；"能听懂"语言能力因素等。受访者认为影响英语好听度的因素有："英语电影""英语歌曲"等文化资源和语言传播因素；"旋律更好，英语的发音是一串一串的，特别适合唱""英语发音习惯跟继承语发音像"的语言特征因素，"英语好的人学习比较好"的身份认同因素，"英语不好，发音不标准"语言能力因素。

尽管受访者对普通话和英语好听度的评价标准不一，但是大多数受访者都认为本地汉语方言"不好听"，影响本地汉语方言好听度的因素表现为："语音、语调都比较硬，给人感觉有点凶，不好听"的语言认同因素；"国家让学普通话"国家语言政策因素；"发音不标准"标准语言因素等。个案2中的受访者觉得俄语好听，因为他花费了大量的时间和精力学习该语言，即语言习得经历、语言能力以及语言教育投资是他评价俄语好听度的标准。与之相反，个案1中的受访者并没有因为日本留学经历和日语习得经验而肯定日语的好听度。没有其他外语教育经历的受访者认为无法评价其他外语的好听度，"没学过""不了解""说不上来好不好听"，反映出受访者认为语言习得和语言能力是影响语言好听度的重要因素。

2.族际婚姻家长的语言态度

笔者的访谈记录如下。

个案1：继承语最好听，因为我从小就讲。普通话比我们乌审话好听多了，我从小就说普通话，我妈妈是汉族，她普通话特别好，从小和我讲普通话，学校也教普通话。我觉得乌审话就是方言，肯定不如普通话好听。英语挺好听的，我喜欢看英文电影，那里面的人说英语特别好听。我自己说不好听（大笑），我英语跑调，我普通话说得很好听（GLF，男，26岁，本科，2021年6月17日访谈）！

个案2：继承语和普通话都好听，因为我都会讲（笑起来）。我觉得它俩好听度差不多吧，分不出来……嗯……继承语更好听一点吧！因为节奏感强、调多。我们继承语九个调，普通话四个调，调多了，声音丰富，听起来好听。其他语言都没有继承语和普通话好听，因为我不会，都听不懂。乌审话不好听，我也不会讲（LS，男，46岁，大专，2020年

7 月 16 日访谈）。

个案 3：普通话最好听。我从小讲到大，肯定觉得好听。继承语也好听，不过我不会说，只能听懂一些简单的。我喜欢日语，因为我喜欢日本动漫。我英语不好，我觉得日语比英语好听。乌审话不好听，太土了，听着像吵架一样（CG，男，23 岁，本科，2019 年 8 月 11 日访谈）。

族际婚姻家庭的受访者普遍对继承语的好听度给予了积极评价，他们的理由依然是"从小就讲"。但是，他们对普通话的好听度评价高于族内婚姻的受访者。很多受访者表示无法比较继承语和普通话的好听度，即使有受访者表示前者比后者好听，其原因也并不是语言使用范围或者社会地位的差异，而是"我从小讲到大""我普通话讲得好听"，即对某种特定语言的熟悉程度和语言能力成为衡量语言好听度的标准。也有受访者从语言结构出发，认为继承语的优点在于"节奏感强""音调丰富"。"不会讲""不懂"成为否定语言好听度的核心因素。个案 3 中日本动漫的传播影响了受访者对日语好听度的评价。此外，受访者觉得当地汉语方言"土""不标准""像跟人吵架"，对当地汉语方言好听度评价较低。

（二）语言亲切度

1. 族内婚姻家长的语言态度

笔者的访谈记录如下。

个案 1：继承语最亲切。我在外面听到继承语就觉得很亲切，会转过头去看看。就算不认识的人，也会觉得很亲切，有时候还会用继承语去主动打招呼。在我们本地遇到这种情况，就不会主动打招呼或者转头看，因为讲继承语的人多。我去外地听乌审旗话没感觉，我们乌审话很像陕西榆林话，我在外地碰到讲榆林话或者乌审旗话的人都没有亲切感，也不会觉得是"老乡"。普通话也挺亲切，要是去外地，人家说方言，我听不懂，这会儿有人说普通话，我就觉得挺亲切。我英语水平还不错，出国可以交流，但是我不觉得亲切，那是外国人说的话，又不是我们自己的语言（GLF，男，28岁，本科，2019年8月4日访谈）。

个案2：继承语最亲切，尤其到了外地，一讲继承语就说明大家是老乡。我们上次去长白山旅游，当地有一家人在夜市听见我们讲继承语，立马就请我们吃了顿饭，感觉在外地碰见讲继承语的人不容易。虽然大家都不认识，但是觉得特别亲切。我们乌审话不好听，也不亲切，我们这的方言和榆林话一样，天天听，不稀罕，不觉得亲切。普通话还是挺亲切的，全国人民都讲。我去过60多个国家旅游，继承语出国就听不到了，但是普通话能听到，觉得特别亲切。外语都不亲切，又不是咱们自己的语言（QJS，男，54岁，小学，2021年6月7日访谈）。

个案3：我们在家里说的都是普通话，从小说到大的语言当然特别有亲切感。我不会说继承语，只能听懂简单的几句，我们家都不说继承语了，我没觉得继承语亲切。普通话最亲切，然后才是继承语。有人说继承语，我能听出来是继承语，但听不懂。英语不亲切，因为是后面学的，就是为了考试学的（WN，女，25岁，本科，2019年8月13日访谈）。

个案4：我们从小就讲继承语，当然听起来最亲切了。其他语言不觉得亲切，方言也不亲切。我不说乌审话，我说普通话。英语挺亲切的。我大学毕业去德国上学，身边的人都说德语，但是我只会英语，所以听到英语我就特别亲切。在国内，普通话和乌审话我都不觉得亲切，因为身边都是讲的人，没啥亲切的。在国外听见普通话，会觉得特别亲切。我后来会说德语，能读能写，但是也不觉得亲切（HL，女，31岁，本科，2019年8月11日访谈）。

族内婚姻中的大多数受访者认为继承语是最亲切的语言。受访者似乎觉得有责任解释为什么选择继承语为"最好听"语言，而在"亲切感"评价时，他们觉得不需要解释，因为是"从小讲继承语"，无须再加以解释。他们会详细描述或者举例说明继承语的亲切感，尤其当受访者离开自己的家乡，来到继承语使用较少的地区，"转头看""主动打招呼"，甚至因为讲继承语，被陌生人邀请聚餐。但是有趣的是，他们觉得继承语是身份标志，就像"老乡"一样，此时继承语起到了汉语方言的作用，成为地域或民族身份的标志。

调查对象对本地汉语方言和外语的亲切感均评价较低，对普通话亲切度评价较高。个案 3 是为数不多的认为普通话比继承语更具有亲切感的访谈。因为她的父母（第二代）生活在蒙汉杂居地区，当地汉族人口较多，她的父母均在汉语学校接受教育，家庭语言发生转用，从继承语转为汉语，"普通话从小讲到大"，普通话成为最有亲切感的语言，其次是继承语。受访者普遍认为在乌审旗或内蒙古自治区以外的地区，普通话给他们带来亲切感，因为交谈双方都能听懂。

受访者均认为英语没有亲切感，因为"后面学的""外国人的语言""为了考试学的"。然而，个案 4 中的受访者之所以对英语有亲切感，是因为个人的留学经历。她在德国留学期间，英语作为她已经掌握的语言，与陌生的语言德语相比，更具有亲切感。

根据上述分析，我们可以发现受访者对于语言亲切度的衡量标准主要与语言习得的顺序有关。如果是"从小讲到大"，就会有亲切感。此外，语言的亲切度因其使用场域和范围的变化而变化，如在乌审旗当地，受访者觉得普通话或乌审话并没有亲切感，因为"周围人都讲，没啥稀罕的"。当受访者离开乌审旗或内蒙古自治区时，继承语和普通话的亲切度会大大增加，继承语起到了地方方言的身份认同作用，"讲继承语的都是老乡"，成为区分群体成员的身份标志。在国内其他地区或其他国家，普通话成为有效的交际工具和身份标志，"普通话大家都听得懂""人人都说普通话""在国外听见普通话觉得特别亲切"，此时普通话的亲切感上升。因此，族内婚姻中语言亲切度与语言习得的顺序、语言的使用范围和语言能力有关。

2. 族际婚姻家长的语言态度

笔者的访谈记录如下。

个案 1：继承语和普通话都很亲切。我爸爸是蒙古族，妈妈是汉族，所以两种语言我都会说，从小说到大，两种都很亲切。最亲切的还是继承语吧。讲继承语的人少，所以见了就特别亲切。普通话到处都说，人人都说，就没有觉得那么亲切，出国了才会觉得亲切。英国人、美国人才会觉得英语亲切。我会说英语，也没觉得亲切。我不会说乌审话，但能听懂，没有亲切感（SY，男，28 岁，本科，2021 年 6 月 15 日访谈）。

个案 2：普通话最亲切，其次是继承语，然后是英语，其他都不亲切。普通话最亲切是因为我是奶奶带大的，我奶奶是汉族，我从小跟她学汉语。奶奶是通辽人，讲的通辽话，特别接近普通话，所以我听普通话亲切。我不会说继承语，但是我还是觉得很亲切，只要说继承语的，就都是一个民族，所以也感觉亲切。其他语言跟我们没关系，听起来就没有亲切感（TLS，女，26 岁，本科，2021 年 6 月 16 日访谈）。

在族际婚姻家庭中，受访者对普通话和继承语的亲切度评价较为一致，他们觉得继承语或普通话比其他语言或语言变体更有亲切感。选择继承语作为"最亲切"语言与个体身份相关，认为语言是民族身份的一个标志，"讲继承语都是一个民族"，是获得群体认同和亲密感的一个标记。受访者选择普通话作为"最亲切"语言主要与抚养人有关，早期语言习得经历以及抚养人的亲密关系是语言亲切感的评价标准之一。其他语言之所以亲切感较低，是因为"与我们没关系"，再次证明了其他语言或语言变体不能与个体身份、早期语言习得经历或与家庭成员的亲密关系等产生关系。所以，他们对其他语言没有"亲切感"。

（三）语言有用度

1. 族内婚姻家长的语言态度

笔者的访谈记录如下。

个案 1：继承语只在我们内蒙古自治区有用，出去继承语没人讲，就没啥用了。在中国，普通话最有用。人人都说普通话，也听得懂普通话。英语在中国没用，只有出国留学才用得上。中国人又不讲英语，英语在我们这没用，学好英语也就能当个老师吧，平常生活根本用不上。

乌审话没有用，现在都说普通话。其他外语更没用，除非你要去那个国家上学或者移民，一般人也出不去。英语和汉语的高考分值一样，而且还是一张卷子，学起来又难又费时间，还不如好好学汉语（EYY，72岁，中专，2019年1月24日访谈）。

个案2：继承语跟汉语和英语比，就没那么有用，因为讲的人少，而且现在都是独生子女，讲的人越来越少了，就没那么有用。在国内，普通话和英语都很有用，日常生活需要普通话。如果找工作或者考学，汉语和英语都重要，考不及格就没办法上学，好多工作单位也有要求。日语在我们这里也有用，因为日语和继承语的好多地方特别像，学起来容易。我们这有很多人都去日本了，去那边做生意、打工，就因为语言好学。学日语可能有点用，但是没有英语有用，没有讲英语的人多（LXR，36岁，硕士，2019年8月13日访谈）。

个案3：普通话最有用。继承语没普通话有用，因为普通话全国各民族都讲，56个民族呢，13亿人讲。英语没有汉语有用，起码在国内没有汉语有用。出国英语可能比较有用吧，英语说的人最多，但是现在外国人也说汉语。我觉得以后汉语比英语有用，大家都要来中国做生意、旅游，汉语学的人多了，就会更有用。我们这里没外国人，和谁说英语？别的外语没用，方言大家都会说，考试、找工作也不需要，没啥用（ANG，28岁，大专，2019年8月11日访谈）。

受访者对普通话有用度的评价要高于继承语和英语。他们认为继承语之所以作用有限，主要是因为该语言使用人数和区域有限，继承语"只在内蒙古自治区有用"。他们对于普通话的有用度给予充分的肯定，"全国各民族都讲""日常生活都要用""人人都说""大家都能听得懂"，普通话最有用的地位已经确立。英语作为国际通用语也被广泛使用，"出国英语可能比较有用""出国留学用"。因此，受访者将继承语认知为地区性、民族性语言，普通话为国内通用语，英语为国际通用语。同时，他们也认为英语在乌审旗地区功能有限，仅限于"考学""找工作"，甚至关于"找工作"是否需要英语能力也有不同的看法,"很多单位有要求""我们这找工作用不上""只能当老师,日常生活用不上"。他们按照有用度将语言及语言变体依次排序为:国家通用语有用度、继承语有用度、英语有用度、其他语言有用度。对于其他语言有用度的评价较低。尽管有个别受访者认为日语有一定用处,但是并不认为日语的有用度能高于汉语和英语。受访者认为方言不具备"有用度",因为普通话完全可以取代方言的交际功能,而且"人人都会",不具备稀缺价值。

2. 族际婚姻家长的语言态度

笔者的访谈记录如下。

个案1:普通话最有用,我们是中国人,现在普通话是通用语。通用就是大家都用,是最重要的语言,那肯定最有用,你干什么都得用。继承语没普通话有用,只有我们这儿的人用,你去呼和浩特市也得用普通话。学英语啊,当个老师、导游、翻译应该有用,做其他工作应该用不着,就没必要学。学校要求开英语课的话,那可能还是有点用(GYY,男,68岁,小学二年级,2021年6月14日访谈)。

个案2:普通话最有用,我们在单位都说普通话,单位里面有少数民族,也有汉族,所有文件都用汉字,如果使用继承语,其他人怎么办?肯定要有统一的语言才能发布文件。网络、计算机系统、软件都是汉字,不会汉语什么都干不了。继承语没汉语有用,也就是我们平常交流用得多。乌审话在我们旗里有用,好多来政府办事的人都讲乌审话。他们普通话不好,都讲我们本地方言,听不懂就没法工作。我们本地英语没用,对那些想留在外地工作或者继续深造的大学生非常重要(LZ,女,34岁,硕士,2021年6月15日访谈)。

族际婚姻的受访者高度评价了普通话的有用度,认为在中国,普通话具有无法替代的有用性。"通用就是大家都用""干什么都得用""统一的文字才能发布文件",也就是说普通话作为各民族的社交工具,具有无可比拟的优势。此外,普通话随着国家法律、法规的颁布实施,被社会各个范围广泛使用，政府部门、新闻媒体、社交软件等，各个语域均以普通话为主，"网络""互联网系统""软件""文件"等都广泛使用汉字，被认为是"最有用"的语言。继承语被认为"我们旗有用"，即本地区有用，使用语域有限，因而有用度降低。英语对于受访者来说，其有用度主要体现在教育和就业上，"对那些想留在外地工作或者继续深造的大学生非常重要"，但在乌审旗"没有用处"。

（四）语言影响力

1. 族内婚姻家长的语言态度

笔者的访谈记录如下。

个案1：全世界英语最有影响力，出国以后你说中文别人也听不懂，你看奥运会、联合国不都用英语吗！汉语在国内最有影响力，继承语在内蒙古自治区有影响力，但是比不上普通话的影响力。方言肯定没影响力，其他外语只对他们自己的国家有影响力，对我们没有影响力（LCF，26岁，本科，2020年7月15日访谈）。

个案2：汉语最有影响力，大家都说普通话，然后应该是英语，国内考试都得考英语，还是有影响力，学好英语出国也行，国内考学也行。继承语影响力没有那两种语言大，也就影响内蒙古自治区，其他没有影响力（MZ，25岁，中专，2019年8月10日访谈）。

受访者肯定了普通话和英语的社会影响力，认为"汉语在国内最有影响力""全世界英语最有影响力""继承语在内蒙古自治区有影响力，但是比不上汉语的影响力""继承语只能影响内蒙古自治区"。受访者将语言使用范围作为衡量语言社会影响力的主要标准，比如英语影响"全世界"，成为最有影响力的语言；普通话影响全国，影响力次之；继承语只影响内蒙古自治区或者乌审旗地区，社会影响力较低。其他外语只对该国家产生影响力，"对我们没影响"，影响力有限。也有受访者按照语言的社会功能和使用范围来衡量语言社会影响力，如普通话影响力最大是因为"大家都说"，英语影响力体现在"国内考试要考""奥运会和联合国用"。

2. 族际婚姻家长的语言态度

笔者的访谈记录如下。

个案1：继承语出省没人听得懂，没有影响力。你只要离开乌审旗，就得讲普通话，讲方言都不行。普通话最有影响力，方言、继承语，都离不开家门口。其他地方的人又听不懂你讲什么，你怎么影响别人？英语能影响外国人，不影响中国人，其他语言都没有影响力（ENN，71岁，高中，2019年1月24日访谈）。

个案2：汉语最有影响力，而且会越来越有影响力。中国现在越来越强大，经济也好了，外国人都来中国，也学汉语，汉语走出去了。继承语的影响力降低了，电脑输入法都是汉语或者英语，继承语软件特别少。大家都用汉文软件。我们继承语软件用起来特别麻烦，我们也有和微信一样的继承语社交APP，但是大家发现打继承语文字特别麻烦，就互相问微信号，然后又回到微信上聊天。汉语现在影响特别多的人，年轻人都受影响。英语影响力原来很大，现在也可以，不过二三十年后可能就没有这么大影响力了。乌审话没影响力，我们年轻人都说普通话，不说乌审旗话（DDX，24岁，本科，2019年1月22日访谈）。

个案3：英语最有影响力，毕竟是国际语言，然后是普通话，全国人民都讲。继承语影响力最弱，在内蒙古自治区有一些影响力。乌审旗话没有影响力，现在我们旗的小孩子都说普通话，老人还讲一些乌审话，其他人都说普通话，没有影响力（LXR，36岁，硕士，2020年7月16日访谈）。

族际婚姻的家长们充分肯定了普通话的社会影响力，认为普通话不仅对国内各族人民有影响力，"我们旗小孩子都说普通话""年轻人都说普通话"，而且对世界人民也有影响力，"汉语走出去了""老外也学汉语"。受访者将英语定位于"国际语言"，认为影响范围比普通话大，但对汉语的未来发展充满信心，"中国越来越厉害""二三十年后，英语可能就没有这么大影响力了"。继承语作为地区语言，影响力有限，"离不开家门口""只在内蒙古自治区有影响"，乌审话"只有老年人讲"，影响力较低。

四、家庭语言态度的特征

（一）家长充分肯定普通话言的理性价值和情感价值，语言态度积极

家长普遍对普通话持积极态度，充分肯定普通话的理性价值，对普通话的有用度和社会影响力的评价高于继承语和英语。调查对象的通婚状况与普通话好听度、亲切度和有用度均存在显著的相关关系，但是与社会影响力不相关。族际婚姻家庭和家庭发生语言转用的族内婚姻家庭对普通话的语言情感价值评价高于族内婚姻家庭。家长尽管年龄、教育程度、通婚状况、居住格局和职业各异，但普遍将普通话看作自己身份的标志，"我们是中国人，讲普通话""全国五十六个民族都讲普通话""出国听见普通话觉得亲切""通用就是大家都用"，他们对普通话的态度积极，愿意学习并使用普通话。可见，乌审旗推广普通话的工作落实较好，普通话的重要地位已经确立。

（二）家长肯定继承语的情感价值，语言态度积极且理智

调查对象对继承语的好听度和亲切度评价较高，充分肯定了继承语的情感价值，但对其理性价值评价较低。调查对象的受教育程度与继承语好听度、亲切度和有用度均存在显著的相关关系，但是与社会影响力不相关。与此同时，调查对象的婚姻类型并未影响他们对继承语的语言态度。继承语作为族裔语言，民众对其有深厚的感情，他们珍惜自己传统的语言文字，并希望将其继续传承下去。但是他们也充分认识到，继承语作为地区语言和民族语言，使用的人数和区域有限，"只有内蒙古自治区有用"，尽管他们认为继承语"好听"且"亲切"，但是认为继承语并不是"最有用"和"最有社会影响力"的语言。由此可以发现，家长既肯定继承语的情感价值，也能正确判断其理性价值，并未因继承语是

族裔语言，而将该语言的理性价值盲目夸大。

（三）家长对英语和本地汉语方言评价较低，语言态度趋向消极

家长对于英语和本地汉语方言的情感价值和理性价值评价较低，比起普通话，受访者多认为英语的有用度和社会影响力在当地较弱。只有有海外留学经历的受访者和在内蒙自治区以外地区大学就读的受访者，有较强的英语学习动机。此外，不同于国内大多数对方言态度的调查结果，受访者对于本地汉语方言的情感价值和理性价值评价，均低于其他语言变体。他们对本地汉语方言的态度为"太土""不标准""像吵架""没人说"，对普通话的态度要远高于本地汉语方言。陈新仁[①]（2008）对汉族大学生的语言态度进行调查，认为他们对于英语有用度和社会影响力的评价高于对普通话。邬美丽（2016[②]）在鄂尔多斯达拉特旗和康巴什新区的蒙古族牧民、公务员和高中生语言态度的调查中，也得到了受访者对于英语有用度和社会影响力的评价高于普通话和继承语的结论。不同于这二位学者的调查结果，本文发现调查对象不但对英语的情感价值评价较低，对其理性价值评价也较低；与此同时，调查对象对于其他语言的情感价值和理性价值评价均低于继承语、普通话和英语，这与国内大多数对城市居民方言态度的调查相悖。

[①] 陈新仁.全球化语境下的外语教育与民族认同[M].北京：高等教育出版社，2008.

[②] 邬美丽.语言保持与语言转用研究——基于鄂尔多斯市部分地区蒙古族语言状况进行的社会语言调查[M].北京：中央民族大学出版社，2016.

第二节　家长语言教育态度

一、语言教育态度的概念与构成

（一）语言教育态度的概念

霍威尔（De Houwer，1999）提出，语言教育态度是家长对于儿童如何习得语言和家长在儿童语言习得过程中角色、作用的信念。他认为语言教育态度是一个从强到弱的连续体，并将家长的语言教育态度分为三类：第一，强影响语言教育态度。强影响语言教育态度包括家长认为自己有重要的示范作用，自己的语言使用会对孩子能否学会某种语言有直接影响，而且通过表扬、惩罚或提醒等方式能够影响子女对某种特定语言形式的学习和掌握状况。第二，弱影响语言教育态度。弱影响语言教育态度指家长认为自己对子女习得某种语言的影响有限，子女从自然环境中能更好地学习和掌握语言。第三，无影响语言教育态度。无影响语言教育态度指父母认为自己对孩子的语言不会有影响，无论他们说什么做什么对孩子的语言学习都没有影响，孩子通过与父母无关的机制学会某种语言。

（二）语言教育态度的构成

根据霍威尔的定义，我们可以发现家长的语言教育态度是以家长对多语言习得的态度以及自己可以在子女语言教育过程中的作用为基础，也可以理解为语言教育态度。具体可以表现为对子女语言习得的信念，包括对多语习得的看法、儿童学习何种语言以及家长对儿童的语言习得是否产生影响。

二、家长对儿童语言习得的态度

（一）对多语习得的态度

问卷中"您认为应该掌握多门语言吗？"调查对象对多语能力持肯定态度的占多数。具体表现为，50.49%认为语言就是资源，多语意味着竞争优势；34.95%的调查对象认为拥有多语，就是拥有更多认识世界的工具；只有0.97%的调查对象认为没有必要学习多语；6.80%的调查对象认为只要会继承语就可以了；6.79%的调查对象希望国家和学校规定需要学习的语言种类；没有人认为多语学习会将不同的语言混淆。大多数调查对象对多语能力充分肯定，抱有积极态度。

1. 族内婚姻家长的语言教育态度

在族内婚姻中，调查对象51.81%认为"多学一门语言就多一项竞争优势，以后可能会用到"；34.94%认为"多学语言可以开阔思维，多一种认识世界的工具"；6.02%选择"国家和学校规定学啥就学啥"；7.23%认为"应该学好继承语，其他都是次要的，可以不学其他语言"；没有人认为"学太多语言会混淆"，也无人认为"会一种语言就可以了"。笔者的访谈记录如下。

个案1：我觉得继承语是我的优势，是强项。尤其是上了大学以后，掌握继承语对社交能力、思考能力、记忆能力都有好处，对音乐的理解也很好……我一直觉得英语很重要。汉族学生学习英语，主要是为了应试得高分，而我们学英语希望瞬间说出来。日语和继承语都是阿尔泰语系，语法逻辑都一样，学起来也比较快。老师用汉语教英语，但我用继承语的逻辑去吸收，一天能记住两三百个单词。我们一个班都是这样，都在不断地进行语言转换（DX，34岁，本科，2019年8月10日访谈）。

个案2：我会讲继承语、汉语和英语，上大学后接触了哈萨克族，也会说一些哈萨克语和维吾尔语。我认为多语学习不是负担。语言是工具，可以培养思维的多样性。比如，有的英语句子顺序跟汉语不一样，但是可能跟继承语的顺序一样，这样你就可以多一个途径去学习。学会继承语还会让我学习别的语言特别轻松，英语发音对我来说特别容易（HL，34岁，本科，2019年8月15日访谈）。

个案3：我中学时学了日语和俄语。我觉得继承语是非常科学的一门语言，简单易学。只要你搞懂字母了，就没有写不出来的字，它是唯一竖着写的文字。蒙古文学只有靠继承语言文字，才会体会其中的美好。我们学外语很容易，比如俄语和继承语的语法很相似，学阿拉伯语时，发颤舌音我们很有优势（MRG，男，49岁，大学专科，2019年8月10日访谈）。

个案4：我们学三门语言太多了。继承语和汉语肯定是要学的，我们天天要使用，英语还得学。汉族学生就学两门，我们孩子要学三门。花好多时间去学英语，回来也没用。国家应该让我们学两门语言就行了，英语可以不学（DG，54岁，小学二年级，2019年8月17日访谈）。

在访谈中，笔者发现一个有趣的现象，年龄较大或者没有外语学习经历的受访者通常对外语学习持否定或无所谓的信念。他们充分肯定继承语和国家通用语的习得价值，认为是生活必需的语言，是"重要语言""天天要使用"，但是他们对外语学习持否定或消极的态度。他们没有外语习得的经验，并认为英语在乌审旗使用有限，在高考中所占分值也有限（英语与国家通用语言合并计分），对孩子在本地的就业、经商和生活均没有积极作用。因此，他们认为多学一门语言是"一种压力""浪费时间"，对外语学习信念较弱，不赞成也不会鼓励孩子学习外语。但是，在有外语学习经历的受访者中，他们不仅坚决支持多语习得，认为"多一门语言"是"多一种资源"，他们还认为继承语对于多语习得是"一种优势""多一种途径""比汉族人更有优势"。在访谈中，他们主要提及发音和语法上的优势，因为继承语是音节语言，多音节词较多，使他们在学习英语、俄语、阿拉伯语等外语时，"颤舌音""多音节词"发音上均有优势，而且日语、俄语等语言因为和继承语的语法逻辑比较相似，学起来也容易得多。这与国内学者提及的少数民族大学生外语学习"费时低效"的研究现状似乎相悖。但是细究其理，还是能发现为什么家长对于自身语言习得优势的强信念，在外语教师和研究者那里未获得证实。从个案1访谈中可以发现，受访者提及"我们学英语希望达到瞬间说出来"，他们认为孩子学习语言是为了使用，能够有效交际，这与他们早年二语习得的经历密切相关。他们不关注外语的读写能力，这也导致他们在应试时不能体现出自身的优势，较单一的语言学习目的也制约了他们对语言的全面学习。

受访者学习国家通用语并不是为了单纯应试，而是为了更好的生活、社交与工作。国家通用语已经和继承语言一样成为生活必需技能。调查对象更注重语言实用性、使用价值以及信息功能，其学习语言的目的在于"说出来"，并认为自身多语习得优势主要来自继承语言和国家通用语言之间存在的巨大差异。他们游走于两种截然不同语系的语言中，可以借助不同的语法逻辑和发音基础学习多种语言。但是，他们在发音和语法上的优势在外语教学界并未获得重视，大多数教材和教师都是在以国家通用语为第一语言编订和培训的。继承语作为他们的语言资源优势并未充分发挥其优势。

2. 族际婚姻家长的语言教育态度

在调查问卷中，"您怎么看待孩子应该掌握多门语言"的单项选择题中，族际婚姻家庭中，50.00%的调查对象认为"多学一门语言就多一项竞争优势，以后可能会用到"，31.25%认为"多学语言可以开阔思维，多一种认识世界的工具"，12.50%选择"国家和学校规定学啥就学啥"，6.25%认为"会一种语言就可以了"，没有人认为"应该学好继承语，其他都是次要的，可以不学其他语言"，也没有人认为"学太多语言会混淆"。笔者的访谈记录如下。

个案1：汉语是必须要学的，只会继承语，就像只用一条腿走路，腿太短了，走不远的。语言越多越好，能听懂就会有帮助。学英语啊，当个老师、导游、翻译应该是有用的吧，做其他的应该是用不着。如果学校要求开英语课，那就应该学习（ENN，71 岁，高中，2019 年 1 月 24 日访谈）。

个案 2：我算是会三种语言吧，继承语、汉语和英语。继承语是母语，肯定会学的，而且也说得好一点，再来就是汉语，然后就英语。汉语和英语都是在学校学的，学校要求学，现在我说继承语也不是纯继承语了，是夹杂着汉语说的。我和我老婆在一起就说汉语。她不懂继承语。我的汉语现在好多了，英语忘得差不多了。语言学多点好，走到哪里都能听懂，都能交流（ZH，31 岁，本科，2020 年 1 月 10 日访谈）。

在访谈中，族际婚姻受访者更倾向于"语言是资源"的价值观，常常会提到"语言越多越好"。如果只掌握一门语言，如继承语，"一条腿走路，走不远的"。他们自身的双语生活经历使其能自如使用继承语和国家通用语。他们认为语言并不是问题，也不会因为语言种类多而造成认知上的困难。相反，他们认为语言是一种资源，掌握的语言越多，占有的资源就越丰富，可以在生活、工作等领域占据优势。不同于族内婚姻中的老年受访者，族际婚姻受访者多数拥有多语习得和使用的经历，明确支持多语习得，对于多语学习充满信心，他们是多语习得的拥护者，学习国家通用语和英语的意愿都很强。

（二）对儿童学何种语言的态度

据调查，在"您希望孩子掌握哪几种语言（话）"的多项选择题中，选择国家通用语言的占 80.58%，选择继承语的占 91.26%，选择英语的占 78.64%，选择本地汉语方言的占 9.71%，选择其他民族语言的占 18.45%，选择其他外语的占 24.27%。

在"您希望本地学校最好用哪几种语言进行教学"的多项选择题中，调查对象中选择汉语的占 71.84%，选择继承语的占 85.44%，选择英语的占 47.57%，选择其他外语的占 10.68%。继承语和汉语的比例超过 50%，英语的比例接近 50%。

可见，受访者希望孩子在学校接受双语或者是三语的教育，并希望自己孩子能够掌握国家通用语言、继承语和英语，还有一部分家长希望孩子掌握更多的语言，但是比例不高。可见，受访家长支持孩子接受多语教育，认为继承语、汉语和英语是孩子们必须掌握的三种语言。他们本人对多语能力的态度影响了他们对儿童语言教育的态度，继而也会影响儿童语言态度的形成。

1. 族内婚姻家长对儿童多语习得的态度

据调查，族内婚姻家长中希望孩子学习继承语的占 97.59%，学习国家通用语言的占 79.52%，学习英语的占 78.31%，学习本地汉语方言的占 10.84%，学习其他民族语言的占 20.48%，学习其他外语的占 22.89%。根据该数据可以看出继承语、国家通用语和英语是家长为儿童语言习得选择的主要语言。笔者的访谈记录如下。

个案 1：我鼓励小孩多学几门语言，而且是系统的学。多种语言学习不会搞混，我就是这么学过来的。我儿子继承语、汉语、英语都要学，其他语言看孩子的喜好，但是继承语、汉语和英语必须要学（DX,34 岁，本科，2019 年 8 月 10 日访谈）。

个案 2：我对我儿子的规划是继承语自出生就开始学，汉语从上学开始。如果再早一点，就从 3 岁上幼儿园开始，就是有系统教育之后。因为汉语的语言环境很好，所以不需要怎么学也能学会。英语跟继承语同步学，英语没有大环境，所以要创造语言环境。如果孩子真的不爱学，我也不施加压力，不会送他去补习班。但是，我觉得从小培养孩子的英语能力、兴趣，自然不成问题，等到了高中以后，如果不想学就算了。但是得达到高考基础水平（HL, 34 岁，本科，2019 年 8 月 15 日访谈）。

个案 3：继承语重要，汉语也重要，英语纯粹用不上。我给孩子也是这样的教育，因为英语在生活中使用率不是很高。我们也想过让孩子出国留学，但是费用太高，而且出去后孤单无助，压力太大，学回来又用不着，有的学历不承认，没有必要投资。如果大学回来没有工作，教育投资就失败了（MRG,男,49 岁，大学专科，2019 年 8 月 10 日访谈）。

在访谈中，个案 1 和个案 2 都希望自己的孩子可以学习继承语、国家通用语和英语。个案 1 中的受访者觉得除了这三门语言，其他语言也可以学，只要符合"孩子的喜好"，而且强调了"要系统地学"，即要在学校或者教育机构中学习。个案 2 希望孩子可以尽早地学习继承语和英语，因为国家通用语言有良好的语言环境，"不需要怎么学也能学会"，但是继承语和英语需要"创制语言环境才能学"。她同样尊重孩子的兴趣爱好，但认为英语需达到"高考水平"，才可以不学。个案 3 积极地支持孩子学习继承语和国家通用语言。但是因为英语"使用率不高""出国留学费用太高""孤单无助，压力太大，学回来也用不着""有的学历不承认"等原因而觉得"没有必要投资"，他对子女的英语学习采取否定态度。

2. 族际婚姻家长对儿童多语习得的态度

根据问卷调查，族际婚姻中蒙古族家长希望孩子选择学习国家通用语的占 81.25%，蒙古语的占 62.54%，英语的占 75.00%，本地汉语方言占 6.25%，其他民族语言的占 12.56%，其他外语占 31.25%。根据该数据可以发现，族际婚姻家长也希望孩子学习国家通用语、英语和继承语，但是希望学习英语的人数超过了继承语，其他外语也被家长重视。笔者的访谈记录如下。

个案 1：我觉得把一两门语言学好就不错了。客观点讲，不管哪种语言都有可能被需要，有条件、有兴趣的话都可以学一学，肯定不会有坏处的。我们肯定也想学好继承语，与此同时学好汉语、英语（GX,34岁，本科，2020 年 2 月 20 日访谈）。

个案 2：汉语和英语肯定要学的，我家两个孩子完全不懂继承语，也不会说，肯定遗憾啊！我孩子把继承语丢失了。我家里人常说多给孩子讲继承语，让多听听，但是也没办法。我特意没有给孩子教继承语，因为打算让他们上汉校。我在汉校上班，他爸爸是汉族，辅导起来也容易。而且我也不太懂这边的继承语，因为方言不同，差别很大。英语还是要早点学的，竞争太激烈，早接触一点还是好的（SLS, 34 岁，本科，

2019 年 8 月 16 日访谈）。

在访谈中，族际婚姻的受访者对儿童多语习得的语言选择，差异较大。个案 1 中的受访者希望孩子能够学继承语、国家通用语言和英语。但是个案 2 中的受访者希望孩子能够学国家通用语言和英语。她面临子女继承语丧失的现状，虽然感到遗憾，但是不打算采取措施进行改变，"特意没教""上汉校"。她家庭中的第三代已经发生语言转用，从继承语转用为国家通用语言。

（三）家长对参与儿童语言习得的态度

问卷调查中，"您是否愿意参加家庭中子女的语言学习？"，79.61% 的调查对象愿意参与到儿童的语言学习中，16.50% 的调查对象选择无所谓，3.89% 选择不参加（图 2-2-1）。

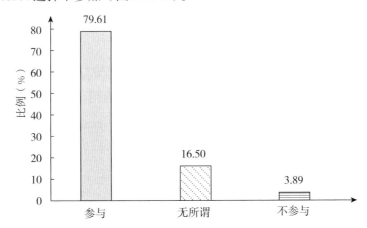

图 2-2-1　家长参与家庭场域中儿童语言学习调查图

根据该数据可以发现，家长有较强的语言教育态度，认为家长对儿女的语言习得会产生影响。

1. 族内婚姻家长的语言教育态度

在调查问卷中，族内婚姻中，83.13% 调查对象认为孩子学习继承语的主要场域为家庭，67.47% 认为是学校，61.45% 认为是日常生活交际，32.53% 认为是大众媒体，19.28% 选择其他场域。根据该数据可以发现，家庭、学校和日常生活交际是儿童继承语习得的主要场域，其中家庭是最主要场域。

22.89%调查对象认为孩子学习国家通用语的主要场域为家庭，65.06%选择学校，57.83%认为是日常生活交际，62.65%认为是大众媒体，14.46%选择其他场域。根据该数据可以发现，学校、日常生活交际和大众媒体是儿童国家通用语言习得的主要场域，三者作用相似。

10.84%调查对象认为孩子学习英语的主要场域为家庭，77.11%认为是学校，21.69%认为是日常生活交际，46.99%认为是大众媒体，15.66%选择其他场域。根据该数据可以发现，学校和大众媒体是儿童英语习得的主要场域，其中学校是最主要场域。

笔者在提及家长是否可以影响孩子的语言习得，在调查问卷中发现，84.34%的调查对象选择可以，13.25%表示不知道，2.41%选择不可以。笔者的访谈记录如下。

个案1：我儿子可以通过天天听我们说话学会继承语。我也觉得不用特别教汉语，现在语言环境那么好，到处都是汉字，人人说普通话，孩子很容易就学会。我汉语文化模糊，培养我儿子汉语意识对我来说太难了，但培养继承语文化对我来说容易得多。我想给孩子创造英语环境，我在孩子一岁半的时候，就开始给他英语和继承语启蒙了（HL，34岁，本科，2019年8月15日访谈）。

个案2：我们不管他学什么，让孩子听老师的。我每学期都会找孩子的班主任，问问孩子需要学什么，我儿子和女儿上大学了。我每学期去一趟呼和浩特市，问老师孩子的表现，需要学什么。老师让怎么学，我们就怎么学（HL，52岁，没上过学，2019年8月9日访谈）。

个案3：我觉得得从一个学生的能力水平去学语言，因为每个阶段孩子的学习能力都不一样，有的学得慢，有的学得快。你去逼迫一个学习慢的孩子去学那么多东西，去给他压力的话，这样会有副作用。如果孩子学得好没问题，孩子学得不好，不能太逼迫孩子，让孩子慢慢来

（AQ，26 岁，本科，2019 年 1 月 27 日访谈）。

个案 1、个案 2 和个案 3 的受访者代表了受访家长不同的语言教育态度。个案 1 崇尚家长是儿童语言教育的主要规划者，她规划孩子接受语言教育的初始年龄，选择需要习得的语言，选择孩子是否接受学校正规教育以及选择学校的教学语言。她有着强语言教育态度，认为家长是儿童语言教育规划的主体，比学校教师更有资格和能力为孩子规划语言教育的路径。个案 2 代表了多数第一代家长的语言教育态度，"学校怎么规定就怎么学"，他们将儿童语言教育规划者让位给学校，让位给老师，并坚决服从和配合老师的各种规划和安排。个案 3 以儿童需求为主，按照儿童自身的发展规律进行语言教育，不希望给孩子施加压力。此时，儿童成为自身语言教育规划的主体，家长和教师都只能服务和服从于孩子的选择。

2. 族际婚姻家长的语言教育态度

在调查问卷中，族际婚姻中，43.75% 调查对象认为孩子学习继承语的主要场域为家庭，18.75% 认为是学校，18.75% 认为是日常生活交际，25.00% 认为是大众媒体。根据该数据可以发现，族际婚姻中，家庭是儿童继承语习得的主要场域。

56.25% 调查对象认为孩子学习国家通用语言的主要场域为家庭，75.00% 为学校，56.25% 认为是日常生活交际，62.50% 认为是大众媒体，25.00% 选择其他场域。根据该数据可以发现，家庭、学校、日常生活交际和大众媒体是儿童国家通用语习得的主要场域，学校为最主要国家通用语习得场域，家庭、日常交际和大众媒体重要性相似。

12.50% 调查对象认为孩子学习英语的主要场域为家庭，75.03% 为学校，37.52% 认为是日常生活交际，31.25% 认为是大众媒体，6.25% 选择其他场域。根据该数据可以发现，学校、大众媒体和日常交际是儿童英语习得的主要场域，其中学校是最主要场域。在调查问卷中发现，62.50% 的调查对象表示家长对儿童语言学习有影响，31.25% 表示不知道，

6.25% 选择无影响。笔者的访谈如下。

个案 1：对于孩子以后学什么语言，我还没有决策。我觉得应该先完善自我，然后看孩子的成长状态，按照孩子的兴趣和特长，顺其自然，不要太早给孩子下结论。如果我各方面完善起来，可以很好地给孩子领路。孩子在家里的学语言主要靠我，我公公婆婆当然也会有帮助。父母是关键的一步，家庭教育很重要。我主要教汉语和英语，我是我们家会语言最多的人，我决定家里孩子什么时候学什么，上学以后也是我管。老师要管那么多孩子，没办法管每个孩子。我儿子现在二年级，汉语作文、古诗背诵什么的都是我辅导的（SLS，34 岁，本科，2019 年 8 月 16 日访谈）。

个案 2：孩子有兴趣学哪门语言，就学哪门语言，原则上不会有太多差别。如果孩子不喜欢汉语，那还是要引导的，不能不学汉语。如果孩子特别坚决，就是不学汉语，那就不要拧着来，让孩子自己去体验，社会会给他教训，因为汉语社会需求量大啊，要面对现实，不会说汉语根本不行（EYY，73 岁，中专，2019 年 1 月 24 日访谈）。

访谈中，存在两种不同的倾向，个案 1 中认为家长对于儿童的语言习得有着强影响，"什么时候学什么"由家长决定，而且家长在教育儿童的时候需要不断"完善自我"，考虑孩子的"兴趣爱好"，给孩子以"领路""会语言最多"的家长可以成为儿童语言的主要教育者，甚至超过教师和学校的作用。个案 2 认为家长对于儿童语言习得应该顺其自然，尊重孩子的兴趣爱好，不应该过多干涉。他们更愿意支持自然语言习得和系统学校语言教育，家庭语言教育并不能与学校语言教育同等重要。但是，当孩子不学习国家通用语言时，他们认为家长需要"进行引导"。如果家长的引导不能起作用，"社会很快会给他教训"。可以看出，他们并不认为家长对儿童语言习得有强影响，孩子的兴趣爱好和社会语言环境对儿童语言习得影响更大。

三、家庭语言教育态度的特征

（一）家长是多语习得的拥护者，重视儿童多语能力的培养

结合问卷调查和访谈，乌审旗家长大多是多语习得的拥护者，认为语言即资源，多一门语言就多一项竞争优势。他们充分肯定继承语和国家通用语的习得价值，是必须要掌握的语言资源，并认为"语言学多了不会混淆""多一门语言多一个工具""多一门语言多一种优势"，支持孩子掌握多门语言，以便在升学、就业等方面获得竞争优势。

在族内婚姻家庭中，年龄较大且没有外语学习经历的家长通常对于外语学习持否定或无所谓的态度。他们认为，英语在乌审旗用处不大，对孩子在本地的就业、经商和生活都没有影响。他们认为多学一门外语会对孩子造成学业负担，不赞成也不鼓励孩子学习外语。但是，在有过外语学习经历甚至有过海外留学经历的年轻家长中，他们不仅坚决支持多语习得，并且认为语言是资源，可以扩大社交范围、增加见识、与外部世界建立更广泛的联系，在升学和就业等方面占据优势。他们还认为继承语在多语学习上有发音和语法上的优势，他们对儿童多语习得充满信心，并鼓励和支持孩子在学有余力的情况下，学习其他外语，如日语、俄语、法语等。他们对儿童的国家通用语学习非常积极，但是并不会主动参与到国家通用语的家庭教育中，因为他们觉得社会语言环境非常有利于儿童的国家通用语习得，无论是大众媒体的传播、学校的系统教育，还是当地的社会语言环境都有助于儿童习得国家通用语言。但是，他们对国家通用语教育的目标主要集中在口语交际能力上，对于儿童的国家通用语读写能力没有更高的要求，对英语学习也是如此，口语交际能力是衡量儿童语言能力的标准，对于读写能力不太重视。

族际婚姻的家长也倾向于"语言是资源"的价值观，并认为多语习得不会造成认知困难，而且他们认为语言是资源，掌握的语言越多，占有的资源就越丰富，可以在生活、工作等领域占据优势。不同于族内婚

姻中年长且未学过外语的家长，族际婚姻的家长多数拥有丰富的双语习得经历，对于儿童的国家通用语学习充满信心，明确表明支持儿童多语习得。他们对于自身或者孩子的继承语能力并没有足够的信心，并不认为继承语学习会对儿童外语学习有所助益，也未对儿童的外语学习表现出乐观和积极的信心。他们更希望孩子能够"学好一两门语言"，主要是学习英语。同时，他们对儿童国家通用语的能力要求要高于族内婚姻家长。他们不仅仅希望子女能够运用国家通用语进行口头交流，更希望子女国家通用语的读写能力也能有所提高，甚至会将孩子送去国家通用语教学质量更好、要求更高的汉校，接受国家通用语言的教育，以达到和汉族学生一样的水平。

（二）家长语言教育态度存在不同倾向

　　乌审旗家庭对于家长对儿童语言教育中的影响存在两种不同的倾向。第一种认为家长对于儿童的语言习得有着强影响。父母对儿童语言习得有着主要的决策权，由家长决定孩子的语言习得过程，而且对自身要求较高，希望能够给孩子有效的指导和帮助，避免教授自己不擅长的语言，发挥自身语言能力的优势，且不断完善自我。掌握语言种类最多的家长在家庭语言教育中占有优势地位，其他人会服从该规划者的决定。第二种认为家长对于儿童的语言教育存在弱影响。家长不承担儿童语言教育的主要决策权，希望顺其自然，尊重孩子的兴趣爱好，认为不应该过多干涉儿童的语言习得。他们更支持语言的自然习得、代际传承以及学校的系统语言教育，家庭语言教育不能与学校语言教育同等重要。他们认为孩子的兴趣爱好和社会语言环境，对儿童语言教育的影响比家长更大。

第三节 语言价值取向的建构：家庭语言意识的形成基础

家庭语言意识包括语言态度和语言教育态度。本节旨在探讨乌审旗城镇家庭语言意识的特征和类型，并进一步揭示家庭语言意识的形成基础。通过研究，笔者在周明朗（2014）[①]和鲁兹（1984）[②]的理论观点影响下，认为家庭成员在长期的历史语言实践中产生了不同的语言价值取向，而语言价值取向是家庭语言意识的形成基础。家庭语言意识可以在浅层"表现"或"标记"出家长的语言教育者身份，也可以在深层次通过社会因素与个人主观能动性，结合重构家庭成员的语言价值取向。

一、家庭语言意识的特征

王烈琴（2021）[③]等学者认为语言意识形态具有符号性、隐蔽性和物质性，能产生强大的物质力量。周明朗等（Zhou，2019；Laddicoat 2020，2022）[④]学者则认为语言意识形态具有系统性和共享性。本文结合田野调查，将乌审旗城镇家庭语言意识的特征归纳为系统性、建构性、

---

① 周明朗.语言认同与华语传承语教育[J].华文教学与研究，2014（1）：15-20.

② Richard Ruiz. Orientations in language planning[J]. NABE Journal, 1984, 8(2): 15-34.

③ 王烈琴，郭黎波，李卓阳.多语现象、语言政策与语言意识形态——以马来西亚和缅甸为例[J].西安外国语大学学报，2021，29（3）：24-27.

④ Laddicoat A J. Ideology in language policy and educational practice: An afterword[M]// Al-Issa A S M, Mirhosseini S A. World English language education today: Ideologies, policies and practices. London: Routledge, 2020: 134-145.

互动性和共享性。

1. 系统性

家庭语言意识是家庭成员对语言及其使用的态度、信念、思想和价值体系，包括语言本质、语言使用、语言形式和语言使用的意识形态。家庭语言意识是一整套的价值观念体系，具有系统性。

2. 建构性

家庭意识形态的形成不是一蹴而就的，是在长期的家庭语言实践中形成的，具有相对稳定性，但也会因为家庭外部的物质世界、语言环境和语言关系的变化而变化。家庭意识形态并不是群体有意识地持有或表达，而是通过人们彼此的交流方式逐渐形成并存在，具有建构性。

3. 互动性

家庭意识形态会将家庭成员的"态度""信念""认同"变成实践，能够产生强大的物质理论，虽然属于主观范畴。但是，它会对特定人的思维过程产生影响，继而影响他们的实践，与家庭语言实践发生互动，在家庭语言实践中起驱动作用，发挥其积极力量影响家庭语言实践。反过来，家庭语言实践会促进家庭语言意识的维持、强化或改变。也就是说，家庭语言意识具有与家庭语言实践的互动性。

4. 共享性

家庭语言意识属于特定群体意识形态的具体体现。由于意识形态的阶级本质属性，特定阶级会将自身的意识形态通过教育、宣传等手段进行推广，直到该意识形态成为普遍的、大众的、共享的意识形态，以达到全社会对该阶级的认同，即"共享的信念""共享的经历"。人们不仅共享信仰，还有创造和推广这些信仰的行动。家庭语言意识的"共享性"表现在家长通过家庭语言管理，影响家庭语言实践，培养儿童的语言意识和语言能力。儿童从父母或长辈那里继承家庭语言意识，并在家庭语言实践中发展自身的语言意识。

二、家庭语言意识的类型

周明朗（2019）将语言意识形态分为单语意识形态和双语／多语意识形态。单语意识形态指支持在多语言社区的公共生活中，保持和使用一种占主导地位的语言，通常是国家语言。双语、多语意识形态代表着多语社会生活中支持、保持和使用两种或两种以上语言。本文在周明朗的语言意识形态类型的基础上，将家庭语言意识的类型分为：以国家通用语言为主的语言意识、以继承语为主的语言意识、双向语言意识和模糊语言意识。

（一）以国家通用语言为主的语言意识

如前所述，以国家通用语言为主的语言意识主要出现在族际婚姻家庭和一部分发生语言转用的族内婚姻家庭中。随着国家推广国家通用语政策的实施，普通话不仅成为族际交流工具，也成为少数民族内部发生方言交际障碍时采用的族内交流工具。随着城市化进程不断加快，人口大面积流动成为常态，族际婚姻的数量不断上升。由于族际通婚，家庭中必然会出现不会讲继承语的家庭成员。根据斯波斯基（2016）的研究，族际婚姻双方会习惯使用初次见面时所使用的语言。为了有效地沟通交流，普通话作为族际交际工具，成为族际婚姻家庭的主要语言。族际婚姻家庭中更容易出现语言转用的情况。在族际婚姻中，很多第二代或第三代家庭成员开始转用国家通用语，并放弃使用或学习继承语。得益于乌审旗语言教育的蓬勃发展，一部分族内婚姻家庭成员的国家通用语能力大幅提高，甚至高于自身的继承语能力，更倾向于使用国家通用语，并养成了语言习惯。语言习惯一旦建立，会成为家庭的"惯习"，从而使用频率更高，进一步提高其国家通用语言能力，继而强化该语言习惯。持该语言意识的家庭，"中国人应该说普通话"的语言认同已经形成。他们在日常工作生活中发现国家通用语的交际价值和效能，更倾向于鼓励孩子使用和学习国家通用语，并在家庭中逐渐形成国家通用语的单语意识形态。他们对国家通用语的情感价值和社会价值评价高于继承语和英语，并主动在家庭中开展国家通用语的教育活动，有着强语言教育态度，认为国家通用语是他们"中国人"身份的标志，可以说他们不仅重视国家通用语的交际功能，还重视国家通用语的象征功能，国家通用语已经嵌入他们的日常生活和儿童语言教育，成为生活必需的语言。

（二）以继承语为主的语言意识

以继承语为主的语言意识主要体现在一部分族内婚姻家庭中，并呈现代际差异。族内婚姻家庭的第一代家长（51～73岁）对继承语的情感价值评价较高，崇尚族裔语言的自然代际传承，认为继承语是民族身份的基本属性和符号。在他们的社交圈中，族内交际为主要交际方式。他们对继承语能力的评价标准通常以"纯"为标准，对继承语中外来词汇和语码混用并不认同，也不赞同对继承语的书写形式进行改革，认为不具备使用继承语能力的家庭成员丢失了民族身份，并对其未来发展有着坚定的信心。与第一代家长相比，族内婚姻中第二代家长（41～50岁）的社交范围扩大，对于继承语的未来发展更有忧虑感，多出于情感因素学习继承语，为了更好地保护和继承族裔语言而要求子女学习继承语。即便继承语的效能下降，他们依然坚持在家庭中使用继承语，希望能够完成继承语言和民族文化的代际传承。在乌审旗，国家通用语言的重要地位已经确立，普及情况良好，继承语的使用范围和人数都在不断缩小。在此情况下，这部分家长会刻意维持以继承语为主的语言意识，在家庭中多使用继承语，希望家庭能够成为继承语传承的堡垒，可以为学校继承语教育提供补充，并且平衡国家通用语和民族语言之间的张力关系。不同于上一代对继承语未来发展的忧虑，第三代家长（21～40岁）更多地将继承语视为语言资源，认为继承语不仅是民族身份的符号，还具有认知功能，即继承语习得有助于他们认知世界，有助于他们学习国家通用语和其他外语。也就是说，他们不仅将继承语视为民族身份象征和民族文化载体并发挥其象征功能，更将其看作认知优势，有利于语音、语法和词汇等方面的多语习得。

（三）双向语言意识

双向语言意识代表着多语社会生活中支持、保持和使用两种语言的语言意识形态，具体表现为族际婚姻家庭的继承语和国家通用语言兼用，以及在一部分家庭中出现的继承语、国家通用语言和英语三语兼用的情况。这部分家庭的语言意识比较矛盾，在族内婚姻家庭中较为普遍。持双向语言意识的家庭通常认为继承语和国家通用语都非常重要。受访者对继承语的好听度和亲切度评价较高，但是对其有用度和社会影响力的评价较低。反过来，他们对普通话的理性价值评价较高，情感价值评价低于继承语。他们在家中会兼用继承语和国家通用语，一方面因为继承语是族裔语言，是维护家庭成员亲密关系的交际工具，也是民族身份的标志；另一方面由于国家通用语成为族际和族内交际工具，乌审旗家庭与族内成员或族外人员交际时，一旦遇到语言或方言障碍，会转用普通话，消除交际障碍。中华人民共和国成立以来，语言教育取得了巨大成就，乌审旗家庭的继承语和国家通用语能力普遍提高，他们具备自如转换语码的双语能力，可以随时根据交际目的、交际场合和交际对象转换语码，从而获得最佳交际效果，提高交际效率。在儿童语言习得方面，他们也持有强语言教育态度，支持孩子从小兼用继承语和国家通用语言。他们的家庭语言实践中语码混杂，一句话里会同时出现继承语词汇和普通话词汇，甚至意识不到自己在不断地进行语码转换，希望能充分发挥双语优势。

继承语、国家通用语和英语三语兼用的家庭数量较少，只存在于有过海外留学经历或内蒙古自治区外上大学经历的族内婚姻家庭之中。这部分家长通常学历较高，经济条件较好，且有较高的社会地位。他们多认为乌审旗的社会语言环境和国家通用语教育环境良好，孩子们无须借助家长管理和规划，就可以自然习得国家通用语言。因此，他们认为在家庭语言规划中，要创造与社会语言环境不同的家庭语言习得环境，作为对宏观语言教育环境的补充和调适，帮助儿童习得继承语和英语，早日掌握更多的语言资源，以便在日后的竞争中占有"先机"。他们不仅坚决支持多语习得，认为"多一门语言是多一种资源""学习外语可以打开视野"等，他们还认为掌握继承语将在多语习得中获得发音和语法等优势，"更有优势"。他们对儿童多语习得充满信心，并鼓励和支持孩子在学有余力的情况下，学习其他外语，如日语、俄语、法语等。他们刻意营造家庭中多语使用的语言环境，希望通过人为干预，达到帮助儿童多语习得的目的。继承语、国家通用语和英语三语兼用的家庭，语言教育态度极强，认为家长对孩子语言教育的影响超过学校和社会，主要存在于核心家庭中。当他们面对家中长辈时，会转换语言使用模式。他们对儿童的国家通用语学习有所要求，但主要集中在口语交际能力上，对儿童的国家通用语读写能力未有更高的要求，对英语学习也是如此。他们认为口语交际能力是衡量儿童语言能力的标准，对读写能力不太重视。

（四）模糊语言意识

模糊语言意识形态主要存在于族内婚姻家庭中。他们对语言学习的重要性有一定了解，但是由于自身语言能力有限，或受到传统家庭教育观念的影响，更喜欢顺其自然，希望学校承担语言教育的主要责任。他们通常没有明确的语言学习动机，语言教育态度较弱，不愿意或认为自己没有能力承担家庭语言教育的责任，语言意识模糊，可以随时根据交际对象、交际场合、交际主题转换语言，但是不会为孩子主动提供语言选择，而是根据政府、学校和儿童自身的要求，贯彻国家、学校的语言教育政策或满足儿童自身语言需求。

三、语言价值取向的建构：家庭语言意识的形成基础

鲁兹（Ruiz，1984）提出，对语言及其社会功能的基本倾向形成语言价值取向。他归纳出三种语言价值取向，即"语言作为问题""语言作为权利"以及"语言作为资源"。"语言作为问题"的价值取向指将语言看作社会问题之一。如果不能有效解决语言问题，一方面弱势语言有可能丧失，而强势语言更加强大；另一方面语言过度多样化可能会导致人

们无法达成共识，社会缺乏凝聚力，有可能引发社会矛盾，威胁社会稳定以及语言的传承和发展。"语言作为权利"的价值取向是将语言与人权相关联，认为语言是人的基本权利，每个人都应该有使用和习得母语的权利。"语言作为资源"的价值取向是指语言成为被管理、发展和保护的重要人力资源。多样化语言被视为重要的国家、社会和个人资源，成为国家、社会和个人软实力的组成部分。语言的价值取向与语言意识有关，它构成语言意识的框架，界定面向语言可接受的语言意识，并使某些语言意识趋于合法[1]。

（一）语言作为权利的价值取向——继承语为主的语言意识

一部分族内婚姻家庭持有以继承语为主的语言意识，其形成基础是语言作为权利的价值取向。这部分家庭重视继承语的文化价值和象征功能，认为继承族裔语言既是民族文化传承的必要路径，又是维持民族身份的重要手段。他们将使用继承语和接受继承语教育视为国家和政府赋予他们的权利。中华人民共和国成立以来，国家制定了多项语言政策和规划，保障各民族群众享有使用和发展自己语言和文字的自由和权利，以及接受本民族语言教育的权利。受益于国家的各项法律、法规、政策、条例等，家长树立起语言权利的价值观，一方面充分享受宪法所赋予的语言权利，另一方面国家出台的各级各类语言规划和语言政策也为落实其语言权利提供了制度保障。在语言政策的指导下，他们坚持维护和继承继承语的标准语，愿意学习标准继承语音，不希望传统继承语书面语发生书写形式的改变。国家开展的继承语本体规划和地位规划顺应本民族语言文化历史发展规律，符合其民族心理，被这部分家庭普遍认同。他们愿意为继承语的代际传承和标准语的传播作出贡献。尽管他们也认为继承语的使用人数在减少，使用范围也在逐渐缩小，但并不认为继承

---

[1] Richard R. Orientations in language planning[J]. NABE Journal, 1984, 8（2）: 15-34.

语会消失。他们认为国家会采取措施保护继承语的未来发展，推动继承语的现代化建设发展。语言权利的价值取向有利于民族语言的代际传承和保护。

（二）语言作为资源的价值取向——国家通用语为主的语言意识或双向语言意识

持双向意识的家庭充分肯定继承语和国家通用语的习得价值，他们倾向于"语言是资源"的价值取向，并不认为双语习得会造成认知上的困难。相反，他们认为语言是一种资源，掌握的语言越多，占有的资源就越丰富，可以在生活、工作等领域占据优势。此外，原来相对封闭的乌审旗城镇家庭因城镇化、工业化或其他现代化力量（如大众媒体和社交媒体的广泛使用），"与更强大、更富裕、人口上或许更多的社区越来越多的接触，慢慢地，在少数民族语言使用者的头脑中，主流群体语言与财富、权利和机遇联系起来，因而变得更有吸引力"①。随着社会的发展，当地家庭与外界社会的联系日益频繁，大规模的人口移动逐渐将原先因地理、历史等因素区隔的单一语言环境，变为多元语言环境。这部分家长对国家通用语和国际通用语的使用价值和文化价值越了解，需求越迫切，投资越多，对国家通用语和英语的态度就越积极。语言资源的价值取向有利于缓和其他取向所面临的冲突，对减缓国家通用语与民族语言、国家通用语言和国际通用语言的张力关系有所助益。

（三）语言作为问题的价值取向——模糊的语言意识

模糊语言意识的形成基础是语言的问题取向。这部分家庭认为语言是"问题"，是他们解决不了的难题。他们秉持语言问题观的价值取向，坚持认为在家庭语言教育中平衡国家通用语言、民族语言和国际通用语言的关系是他们能力范围以外的事情，他们宁可放弃自己作为家庭语言

---

① 吉布森·弗格森.语言规划与语言教育[M].北京：外语教学与研究出版社，2018：77.

规划者的角色，遵循国家的语言政策和语言规划、学校的语言教学课程建设等，甚至将语言规划的主体转让给政府、学校、教师，甚至儿童。儿童依据自身的学习能力、兴趣爱好等自行决定语言学习的具体路径。形成语言问题取向的家长通常语言能力有限，受教育程度较低，没有多语习得经历或仅有短期的多语习得经历，且他们的多语习得经历多是自发、朴素的，没有经过学校等系统教育，不敢或不愿意承担家庭语言教育和语言规划者的角色。

综上所述，语言价值取向形成了家庭语言意识的框架。不同语言价值取向占据了语言价值连续体的两个极端，表现为语言问题观和语言权利观位于两端，而语言资源观介乎二者之中。族裔语为主的家庭语言意识体现出语言权利的价值取向，国家通用语为主的家庭语言意识和双向语言意识体现出语言资源的价值取向，模糊的家庭语言意识体现出语言问题观的价值取向。

四、家庭语言意识与语言教育者身份的互构

周明朗（2014）提出的"语言认同过程理论"，将语言认同分解为个人多重身份库、个人语码库和身份与语码匹配的过程，并认为语码的学习、储存和使用需要与语言学习者的身份认同相匹配。笔者受该理论观点的影响，提出不同的家庭语言意识会产生不同的语言教育者身份。具体可以表现为：继承语为主的语言意识建构出族裔语言教育的继承者，国家通用语为主的语言意识和双向语言意识建构出语言教育的投资者，模糊语言意识形成语言教育旁观者。语言教育者身份反过来会增强或改变语言意识，继而改变语言价值取向，家庭语言意识语与语言教育者身份呈互构关系。

（一）继承语为主的语言意识——族裔语言教育的继承者

继承语为主的语言意识将家庭看作族裔语言传承的初始场所和重要堡垒，他们对继承语有着强烈的感情，珍惜自己的民族语言和民族文化，

并将继承语视为民族身份的象征。他们从父母那里继承了民族身份，同时也认为自己继承了族裔语言教育者的身份。他们常常担忧继承语的未来发展，有强烈的不安全感和焦虑感，恐惧其他语言对继承语的侵蚀。他们对继承语能力的评价标准常常是"纯"，即完全使用继承语而排除其他语码。第一代家长（51～73岁）的继承语能力被视为最高，因为第一代家庭成员中受客观条件的限制，没有接受过或只接受过初级语言教育，未能掌握继承语的读写能力。他们通常只有单语能力，可以更熟练地使用继承语语码，较少使用外来语词汇，因而被看作继承语能力"非常好"。他们更看重继承语的象征功能，即与他者相区分的象征符号功能，形成族裔语言教育的继承者身份，并将家庭语言规划视为创建和维护族裔语言教育的重要机制。族裔语言教育继承者身份的建构，使这部分家庭更注重继承语的口头交际能力，却对继承语书面语能力并不重视。

（二）国家通用语为主的语言意识和双向语言意识——语言资源的投资者

诺顿（Norton，2000）用"投资"来阐释为了学会某种语言而花费的时间、精力、金钱等。诺顿认为学习者在二语环境中，面对不平等的权力关系、社会关系时，语言学习的投资相对复杂。尤其在自然环境中，学习者不仅需要提高"说话权"的意识，还需要调动自身的多方面资源，让使用该语言的交际对象更为全面地理解甚至接受自己，从而减少语言能力不强与缺失语言练习环境之间的矛盾。当家长建构出语言投资者的身份认同，他们认为一种语言在市场竞争中越占有利地位，越能带来经济效益，则越值得被"投资"。他们通常看重语言的交际功能，因此他们投资并在家庭中使用和学习国家通用语。家庭"投资"国家通用语，一方面可以提高家庭成员的国家通用语能力，另一方面可以减少家庭成员的教育成本，提高交际的效率。他们对于本族语之外其他语言的态度以交际价值和社会文化功能为基础，以投资为标准。语言资源投资者认为"户口""血缘"才是判断民族身份的标准，而不是语言。在族际婚姻中，语言不再是辨别民族身份的主要标志。随着国家推广普通话语言政策的实施，家长大量投资国家通用语言学习。这种投资反过来改变了他们对国家通用语的态度，使他们对国家通用语学习抱有积极的态度，从而形成以国家通用语为主的语言意识。他们不仅看重国家通用语的交际价值，也看重其象征功能和文化功能。他们认为国家通用语和继承语一样，已经互嵌于他们的家庭语言生活中，成为生活所必需的语言。语言资源投资者身份一旦建立，以国家通用语为主的家长不仅希望子女能够运用国家通用语进行口头交际，更希望国家通用语的读写能力也有所提高，甚至会将孩子送去国家通用语教学质量更好、对国家通用语要求更高的"汉授"学校接受国家通用语教育，达到和汉族学生一样的水平。他们当中的一部分人为了达到该目标，放弃继承语的使用和习得，更多地投资国家通用语，这类家庭常常发生语言转用。

持有双向意识的家长也会形成语言资源投资者身份。持继承语和国家通用语兼用双向意识的家庭，一方面认为继承语和国家通用语是生活必需语言，是"重要语言"，支持孩子掌握双语，以便在升学、就业等方面获得竞争优势。他们对继承语的理性价值评价有所降低，国家通用语的理性价值评价上升，而对英语的理性价值评价较低。另一方面，受访者学习英语的年龄通常在学龄后，对于英语亲近感不足，所以他们觉得英语"不好听""不亲切"。即便英语是国际通用语，他们依然觉得该语言资源在乌审旗"没有用处"，所以他们并不在英语等外语上"投资"。当家长将自己或孩子想象成人类命运共同体的一员，希望孩子成为拥有多语资源的语言使用者时，他们对英语的态度趋向积极，形成继承语、国家通用语和英语三语兼用的双向语言意识，然后形成语言资源投资者身份。城市多元语境家庭的交际范围、交际对象和交际目的都使他们在与其他成员交往时，不得不频繁使用除本族语外的其他语言，如普通话、英语等。家长在升学、就业等压力的驱使下，为了能够拥有同样的竞争力，自觉或不自觉地加大了对国家通用语和英语的学习投资。我国的民族教育政策对于少数民族学生的英语成绩并未提出过多的要求，"中学的英语教学就像学音乐、美术一样，想学就学，不学也不影响高考"。第一代和第二代家长没有接受或接受较短时间的英语教育，对于英语的理性价值评价不高，态度不积极，没有在英语学习方面进行大量投资。第三代家长则不同，当他们在国家通用语和英语的使用或习得上处于弱势地位时，家长和儿童会产生文化上的焦虑和自觉。他们一方面认为"我们要学三门语言，肯定不如汉族学生只学两门语言"，另一方面又肯定继承语的认知价值，"学好继承语，再学其他语言就容易了""继承语和日语、俄语的语法很像，发音也像，我们学起来比较有优势"。

（三）模糊的语言意识——语言教育的旁观者

持模糊语言意识的家长常常会形成语言教育的旁观者身份，他们的语言态度不清晰，语言教育态度较弱，并不认为自己可以影响儿童的语言学习，尤其是儿童国家通用语和外语习得。他们通常没有清晰的语言意识，会随着交际对象和交际场合转换所使用的语码。他们是教育政策的追随者和拥护者，并不认为自己有责任或有能力为儿童选择教育语言，以及提供儿童语言学习所需的资源，更不会有意识地管理儿童的家庭语言选择、使用和习得。他们遵循学校的课程设置、教师的教学要求，甚至是儿童自身的兴趣爱好和需求，提供所需的语言资源或者物质资料的支持。他们认为自己是语言教育的旁观者，自愿将家庭语言规划者和教育者角色让渡给教师或儿童自身。

王远新（2022）提出，拥有或期待拥有特定社会身份，会使某个群体倾向于选择某个特定的语言变体或语言变体项目。当该群体的语言变体使用倾向性固定下来，会形成儿童新的语言实践，继而影响儿童该语言变体的习得与使用，从而建构出新的社会身份。当家长及其子女的语言使用和语言能力发生变化时，他们的语言意识形态也会发生变化，并建构出特定的语言教育者身份，影响他们的语言教育管理和语言实践。随着家长投资的变化、儿童语言能力的发展，儿童的语言实践会发生变化，继而产生不同的语言意识，从而影响家长的语言教育者身份。可以说，家长的语言意识形态与语言教育者身份的建构密不可分，二者形成互构关系。家长语言意识会影响其语言教育者身份的建构，语言教育者身份建构反过来也会影响家庭语言意识的形成，乃至改变他们的语言价值取向。基于以上分析，我们可以发现乌审旗家庭成员的语言价值取向多样化，语言教育者身份变化多样，并且随着语言教育者身份的不断建构和改变，改变或强化其家庭语言意识乃至语言价值取向。家庭语言意识可以在浅层"表现"或"标记"出家长的语言教育者身份，也可以在深层次通过社会因素与个人主观能动性结合重构家庭成员的语言价值取向。

第三章　资本代际传递与再生产：
家庭语言管理的中介效应

　　家庭域是语言管理活动的关键点和最终点。尽管有些家庭可能根本就没有显性的、有意识的语言管理，只有一些根据语言实践和语言信念而做出的简单和无意识干预、指导或语言选择，但这些也是语言管理的表现，只是管理者本人没有意识到。

——博纳德·斯波斯基[①]

　　斯波斯基（2016）提出，语言管理指某人或某组织成员具有或者声称在一定范围内，形成语言实践或语言意识形态而做的明确和可观察的努力[②]。父母的家庭语言管理可以是显性的，也可以是隐性的。家庭语言管理的显性行为包括管理者决定对孩子说什么语言，以及将来孩子在家庭中使用什么语言，针对某种语言进行奖惩，或者为了鼓励小孩学习或使用某一语言或方言所采取某些措施，如购买某种语言的资料，指定孩子观看哪种语言的电视节目，聆听某种语言的歌曲。显性的语言管理行为可以被观察到，对十家庭语言规划的成功实施有一定的影响作用。巴尔道夫(Baldauf, 1982)认为家庭语言管理最核心的问题，是谁来管理语言或规划语言。斯波斯基(2016)认为家庭语言管理的关键是选择什么语言作为家庭语言[③]。因此，我们在进行乌审旗城镇家庭语言管理的调查研究时，首先要调查的就

① ［以］博纳德·斯波斯基.语言管理[M].张治国，译.北京：商务印书馆，2016：29.
② ［以］博纳德·斯波斯基.语言管理[M].张治国，译.北京：商务印书馆，2016：22.
③ ［以］博纳德·斯波斯基.语言管理[M].张治国，译.北京：商务印书馆，2016：22.

是谁是家庭语言的管理者，以及选择哪种语言作为家庭语言。下面从家庭语言管理者和家庭语言管理策略两个方面开展调查。

第一节　家庭语言管理主体

一、家庭的语言管理主体

家庭语言管理分为管理者和被管理者，他们之间存在着一种显性的话语过程关系，双方存在着思维和语言信念的相互影响[①]。家庭语言管理的主体，就是指"谁"负责对家庭语言进行规划，即决定家庭现在以及未来使用什么语言的决策者，也被称为语言规划者或语言管理者。斯波斯基（2009）认为家庭语言管理始于家庭中的权威人物，如父母双方或一方，他或他们对其他家庭成员的语言使用行为进行纠正与规范、对成员的语言能力进行培养、对家庭语言实践进行改正，改正自己的语言实践。他也指出家庭语言管理者因家庭结构的不同而不同。父母通常是核心家庭的语言管理者；在扩展家庭中，出现隔代教养的情况，祖父母很有可能成为家庭语言管理者；在多子女家庭中，排行较大的孩子可能会影响其他孩子的语言使用和习得，在某种程度上也会成为语言管理者，甚至在有些家庭中，会出现保姆等非家庭成员，负责照料未成年子女，他们也可能成为语言管理者。为了弄清谁是乌审旗城镇家庭的语言管理者，笔者调查了乌审旗儿童的主要抚养者、语言习得的启蒙者以及语言教育的决策者。

---

① ［以］博纳德·斯波斯基. 语言管理 [M]. 张治国，译. 北京：商务印书馆，2016：17.

（一）儿童的主要抚养者

根据表3-1-1，孩子生活和学习的主要抚养者为祖父母或外祖父母占7.94%，父母占91.24%，其他亲戚或保姆的占0.82%，排行较大的孩子（哥哥或姐姐）并未承担弟弟或妹妹生活学习的照料任务。可见，父母是儿童的主要抚养人，其次是祖父母或外祖父母，其他亲戚或保姆作为儿童主要抚养者的比例极低。

（二）儿童语言习得的启蒙者

如表3-1-1所示，儿童语言习得启蒙者为祖父母或外祖父母的为18.45%，父母占78.64%，哥哥或姐姐等排行较长的孩子占1.94%，其他亲戚或保姆占0.97%。由此可见，父母是儿童语言习得的启蒙者，其次是祖父母或外祖父母，其他亲戚或保姆也可以称为儿童语言习得的启蒙者，但是比例极低。随着计划生育政策的实施，独生子女家庭数量增加，传统家庭中排行较大的孩子作为弟妹语言习得的启蒙者的情况已经不复存在。

（三）儿童语言教育的决策者

根据表3-1-1中的数据，儿童语言教育决策者为祖父母或外祖父母的为3.67%，父母占96.33%，哥哥或姐姐等排行较长的孩子和其他亲戚或保姆占0.00%。由此可见，父母是儿童语言教育的主要决策者，其次是祖父母或外祖父母，其他亲戚或保姆和排行较大的孩子都不是儿童语言习得的决策者。

表3-1-1 家庭语言管理者调查列表

语言管理者	主要抚养者（%）	语言习得的启蒙者（%）	语言教育的决策者（%）
祖父母或外祖父母	7.94	18.45	3.67
父母	91.24	78.64	96.33
排行较长的孩子（哥哥或姐姐）	0.00	1.94	0.00
其他亲戚或保姆	0.82	0.97	0.00

综上，在众多家庭成员中，父母作为儿童的主要抚养者、儿童语言习得的启蒙者和儿童语言教育的决策者，成为家庭语言管理的管理者，也是家庭语言规划的规划者。

二、族内婚姻家庭的语言管理主体

（一）祖父母为家庭语言管理者

笔者的访谈记录如下。

个案：我爷爷、奶奶照顾我，跟我说继承语。我爷爷的普通话还不错，但是说得不多，对方说普通话，他才说普通话。我奶奶的普通话不太好，她基本不说普通话，能听懂但说得不太好，有点跑调。现在我回去，他们还是和我说继承语，爸爸回来也说继承语，他的普通话特别好，但是在家里也不说。如果我跟他们说普通话，他们就是听懂了，也还是跟我说继承语（D，女，23岁，本科，2019年1月24日访谈）。

D是家中独女，父亲在当地酒店负责采购工作，母亲是家庭主妇。小时候，父母均在牧区放牧为生，在她小学二年级时候夫妻离异。母亲改嫁，父亲在外地打工，她由爷爷奶奶负责照顾直至上大学。在D家庭中，爷爷、奶奶作为照顾D的主要抚养者，他们的语言选择影响了整个家庭的语言选择。爷爷"普通话很好"但是不在家里说，奶奶"普通话不太好"基本不说，继承语成为D的主要家庭语言。"如果我跟他们说普通话，他们就是听懂了，还是会用继承语回答我"，可见D的祖父母尽管拥有双语能力，但是在家里只使用继承语，很明显他们作为语言管理行为的管理者，承担了家庭语言规划的主体，并在家里实行单语规划。

（二）父母为家庭语言管理者

个案：我小时候是爸妈教我继承语，他俩的汉语也很好。我家就我一个儿子，爷爷奶奶他们都在牧区，离得远。我们在家说继承语。我小时候要是继承语里掺着汉语，我爸爸会说我的，让我使用纯继承语。后来，我出省上大学，普通话因为天天使用，水平提高了，继承语水平下降了。我现在讲继承语会加很多汉语。我爸妈现在也习惯了，他们两种语言掺在一起说，主要还是以继承语为主，继承语里不好说的就用普通话。但是过节和聚会的时候，我要是老讲普通话，我爸妈还是会说我的（G，男，26岁，本科，来自2019年1月28日访谈）。

在G家中，家庭语言规划的主体首先是父母，祖父母在这里并没有作为管理者出现，家庭语言使用主要还是倾向于父母的选择。在G小时候，尽管父母拥有良好的双语能力，但并不使用双语，反而以继承语作为唯一的家庭交际语言。如果G出现语码混用，G的父亲会"说"，即责备或批评他。当G成为大学生之后，"两种语言掺在一起说"成为G的家庭语言使用特征，凡是"继承语里不好说的就使用汉语""不好说的"指语际转换中出现的词汇空缺或者词汇借用。然而在"过节和聚会的时候"，父母不仅自身使用"继承语"，也会对G语码混用做出管理。因此，父母作为G家庭语言规划的主体，根据家庭语言使用的场合、时间以及交际目的，使用继承语或蒙汉语码混用。

（三）孩子为家庭语言管理者

个案：我从小到大都上蒙校，但是我的继承语不太好，从小就不好，我也不喜欢继承语。我喜欢汉语，我的汉语比继承语好。我现在回来跟家里人说话时两种语言混用，好多继承语词汇我都不会说了，我就讲普通话。家里人有时候会笑我，但是也没办法。我的继承语比他们差多了，他们跟我说的时候就会加普通话（A，女，34岁，大专，2019年1月28日访谈）。

受访者出于个人兴趣而对汉语偏好，以及继承语能力有限，使她更倾向于在家中"两种语言混用"，有别于家庭其他成员的语言选择和语言使用。因此，她对家庭语言做出管理行为，并成为家庭语言规划行为的管理者，使家庭其他成员不得不"加普通话"，改变了家庭单语制。孩子成为A家庭的语言管理者。

三、族际婚姻家庭的语言管理主体

（一）父母一方为家庭语言管理者

个案：我们家里都讲继承语。我爸妈都会讲汉语，讲得挺好。尤其是我爸，他当过兵，所以汉语很好。我爸爸不喜欢我跟他说普通话，他觉得我们在家应该讲继承语。我妈妈没事，她做生意，讲啥语言都行，但是我们在家里都说继承语。说普通话我爸会说我，继承语要是考不好，他也会生气，觉得自己的语言都学不好。不过，他也知道我就是这样，也没有特别骂我（L，女，28岁，本科，2020年2月24日访谈）。

受访者是家中老大，有一个比她小五岁的妹妹，父亲和母亲经营一家小超市维持生计。斯波斯基（2009）认为在核心家庭中，家庭语言规划的规划者要么是父母当中的一个，要么是父母两个。在她家庭中，父亲是家庭语言规划的主体，"觉得我们在家就要讲继承语""说普通话我爸会生气"，他决定孩子在家庭中使用继承语。而母亲作为家长的另一方，"说啥语言都行"。可见，L父亲在家庭中起到了规划者的作用，实行单语制。

（二）孩子作为家庭语言管理者

个案：我爸妈在家跟我都说汉语，因为我在家不说继承语。我用普通话，他们也用普通话。我从小到大都上蒙校，但要是重新选择，我肯定上汉校，一是因为教学水平高，二是因为汉语提高快，我可以承受损失继承语的代价。最好是两个都学好，要是只能保留一个，我选择汉语（HB，男，24岁，本科，2019年2月27日访谈）。

个案中受访者为家中独子，父母均为公务员。从他的叙述中可以看出，家庭语言规划的主体首先是其父母。由于受访者倾向于使用国家通用语，他的父母只好接受国家通用语作为家庭语言。他希望自己可以"上汉校"，甚至愿意承受"损失继承语"的代价，表现出了明显的文化适应性，强烈的"避蒙驱汉"的语言态度。他影响了整个家庭的语言管理，使家长不得不调整家庭语言，因为他成了家庭语言管理者。

四、家庭语言管理者的特征

乌审旗的家庭语言规划中，规划者往往是拥有多重身份的个体。乌审旗城镇家庭语言管理者也具备这样的特征，即多重身份的叠加。

（一）父母是家庭的主要语言规划者

斯波斯基（2011）认为语言规划的主体通常是国家的立法机关、州级/省级或其他地方政府机关、某个特别的利益集团、法院或行政官员、某个机构或企业、家庭成员。白娟认为宏观语言的规划者是国家或社会层面的机构、权威部门及语言专业人士，语言规划是自上而下的行动，而微观语言的规划者应是"个体和语言接受者"[①]。斯波斯基（2009）认为语言规划者为家庭中的权威人物，通常是父亲或母亲。李德鹏（2018）通过文献梳理，发现学者们普遍认为家庭语言规划主体应包括父母、家长、政府和孩子。他进一步厘清家长与父母的概念，认为父母是家庭语言规划的主体，而祖父母更倾向于听从父母的意见，因此不是主体。他还认为孩子既是家庭语言管理的客体，也是家庭语言管理的主体。孩子可以是未成年的，也可以是成年的，孩子们"有他们自己的立场，不会完全听从父母的意见或建议，往往是由孩子根据自己的意愿进行选择，这时他们成了家庭语言规划的主体[②]"。政府并未在家庭语言中扮演规划者角色。家庭语言规划者可以归纳为家长和孩子，包括祖父母、父母、父母的一方、未成年孩子和成年孩子。本文印证了斯波斯基（2009）的观点，即语言规划者或管理者，是家庭中的权威人物，通常是父亲、母亲或父母双方。

（二）语言规划的主客体身份叠加

根据笔者的研究，乌审旗蒙家庭的语言管理者主要是父母，他们是

[①] 白娟. 家庭语言规划在华文教育中具有重要的地位[J]. 语言战略研究，2017，2（6）：87.

[②] 李德鹏. 我国家庭语言规划的基本要素分析[J]. 云南师范大学学报（哲学社会科学版），2018，50（6）：32-38.

家庭语言规划的主体。与此同时，他们本身既是语言的使用者和学习者，也是家庭语言规划的客体。孩子是家庭语言规划的客体，但当他们长大成家，又会成为新的家庭语言规划者和语言管理者。如前所述，家庭语言规划也会受到孩子的影响，尤其是独生子女家庭。儿童因为有限的语言能力以及语言偏好，很可能使用不同于祖辈的语言或语言变体。有些家庭的祖辈和父母会迁就孩子的选择，此时儿童就成了家庭语言规划的主体以及家庭语言管理者，他们的语码选择和语言使用会影响整个家庭语言的选择、使用以及习得。青少年会随着知识的增加，语言能力的提高，逐步在家庭话语体系中拥有话语权。当他们返乡回家时，家庭成员也会倾向于孩子的语言选择，以便有效交流。因此，家长和孩子的主客体身份并不是变动不居的。作为家庭语言管理者，他们具备主客体身份叠加的特点。

（三）语言学习者和语言教育者的身份叠加

家庭语言管理者同时具备语言学习者和语言教育者两个身份。李德鹏（2018）认为学术界重视了年龄小的儿童和年龄大的老人，但是忽视了父母这个中年人群体。这些中年人群体的语言能力提升应该也被重视。如果不能提高他们的语言能力，那么作为客体的身份必然会影响他们作为主体的身份，如是否能形成正确的语言观、是否可以科学有效地管理家庭语言生活，是否可以纠正孩子或其他家庭成员的不当言语行为等。他们的语言能力不仅影响家庭语言管理的成果、家庭语言规划的有效性，也会影响下一代的家庭语言习得、语言使用和语言继承。语言学习者身份会直接影响他们的语言教育者身份。作为语言学习者，良好的语言能力、丰富的语言学习经历、明确的语言学习目的等，都有利于语言管理者形成正确的语言观、有能力纠正孩子或其他家庭成员的不当言语行为以及科学规划儿童的家庭语言习得，成为一个合格的语言教育者。

综上，父母既是语言规划的主体和客体，也是语言学习者和语言教育者。在不同的身份下，他们所做的语言选择可能有所不同。家庭语言规划者多重身份叠加的特点应该被研究者们所重视，这将关系到语言规划的成果和有效性。

第二节　家庭语言管理行为

斯波斯基（2016）[①]认为父母所付出的努力就是父母对家庭语言教育的管理行为，包括家庭教育语言管理、儿童语言习得管理和家庭语言教育资源管理。

一、家庭教育语言管理

（一）家庭教育语言的选择

根据问卷调查，"您的孩子在家里首先学会什么语言（话）"，我们发现 15.47% 的孩子最先学会普通话，80.85% 的孩子最先学会继承语，1.88% 最先学会本地汉语方言，0.90% 最先学会英语，0.90% 的孩子最早学会其他语言。根据上述数据，我们对得到的相关数据进行频数分析。我们可以发现，样本中选择继承语为家庭教育语言占多数，达到了 80% 以上。

（二）家庭教育语言选择的差异性分析

为了进一步分析家庭教育语言选择的差异，我们分析了多选题"您希望您的孩子（或者未来有孩子以后）学哪几种语言（话）？"986 名受访者表示选择国家通用语言，1117 名选择继承语，962 名选择英语，116 名选择本地汉语方言，224 名选择其他民族语言，297 名选择其他外语。基于该问题的多选变量频率分析得到家庭教育选择的主要分布趋势，其

---

① ［以］博纳德·斯波斯基. 语言管理 [M]. 张治国，译. 北京：商务印书馆，2016：28.

分布结果显示，继承语排名第一，国家通用语排名第二，英语排名第三，愿意学习本地汉语方言、其他民族语言和其他外语的人数较少。

接下来，我们通过家庭语言管理者的家庭代际和通婚情况两个维度，对家庭教育语言选择现状的差异情况进行分析。

1. 家庭教育语言与语言管理者家庭代际的列联表分析

根据表 3-2-1，第三代家长（21～30 岁）中 68.00% 选择继承语作为家庭教育语言，第三代家长（31～40 岁）中 75.68% 选择继承语作为家庭教育语言，第二代家长（41～50 岁）中 95.00% 选择继承语作为家庭教育语言，第一代家长（51～73 岁）中 90.48% 选择继承语作为家庭教育语言。尽管家庭语言管理者的代际不同，家庭教育语言选择呈现出一致趋势，即以继承语作为主要家庭教育语言。但是随着代际的迭代，选择继承语作为家庭教育语言的比例开始降低。

表 3-2-1　家庭教育语言与语言管理者家庭代际的列联表分析

家庭代际（年龄）	家庭教育语言			
	普通话（%）	继承语（%）	英语（%）	其他（%）
第三代（21～30 岁）	24.00	68.00	4.00	0.00
第三代（31～40 岁）	24.32	75.68	0.00	0.00
第二代（41～50 岁）	5.00	95.00	0.00	0.00
第一代（51～73 岁）	4.76	90.48	0.00	4.76

2. 家庭教育语言与语言管理者通婚状况的列联表分析

族内婚姻中，92.31% 调查对象选择继承语，占较大比例。族际婚姻调查对象中，72.50% 选择普通话作为家庭教育语言，远超过半数。这说明家庭语言管理者的通婚状况不同，家庭教育语言的选择呈显著差异。族内婚姻的家庭语言管理者选择继承语作为主要家庭教育语言，而族际婚姻家庭的语言管理者选择普通话作为主要家庭教育语言（表 3-2-2）。

表3-2-2　家庭教育语言与语言管理者居住格局的列联表分析

通婚状况	普通话（%）	继承语（%）	英语（%）	其他（%）
族内婚姻	5.13	92.31	2.56	0.00
族际婚姻	72.50	25.00	0.00	2.50

二、儿童语言习得管理

（一）儿童何时开始学习语言

问卷中"您觉得孩子何时开始学习继承语 / 汉语 / 英语最好？"的多个单选题结果表明，74.74%选择3岁前学习继承语，26.47%选择学习汉语，18.46%选择学习英语；18.95%选择幼儿园阶段学习继承语，11.76%选择学习汉语，35.38%选择英语；5.26%选择小学阶段学习继承语，29.41%选择汉语，23.08%选择英语；18.63%选择初中阶段汉语，15.38%选择英语；1.05%选择高中阶段学习继承语，10.04%选择汉语，7.11%选择英语；3.69%选择大学阶段学习汉语，0.58%选择英语。可以看出，调查对象认为学习继承语的最佳年龄集中在学前，汉语学习和英语学习分散在各个学习阶段，但在初中毕业前应完成汉语和英语的启蒙教育。也就是说，调查对象认为继承语的教育应该由家庭主要承担，而汉语和英语的教育应该由家庭和学校共同承担。

1. 族内婚姻儿童语言习得时间管理

问卷调查显示，在族内婚姻家庭中，78.05%的调查对象认为3岁以前是儿童学习继承语的最佳年龄，15.85%的家长认为是4～6岁，4.88%认为是7～10岁，1.22%认为是15岁以后。根据该数据可以发现，族内婚姻的家长认为3岁前是继承语习得的最佳年龄，学龄前就应该完成继承语启蒙教育。16.87%的调查对象认为儿童学习国家通用语的最佳年龄是3岁以前，9.64%的家长认为是4～6岁，34.94%认为是7～10岁，21.69%认为是8～14岁，16.87%认为是15岁以后。14.89%的调查对象认为3岁以前是儿童学习英语的最佳年龄，34.04%的家长认为是4～6岁，21.28%认为是7～10岁，19.15%认为是8～14岁，10.64%认为是15岁以后。根据该数据可以发现，大多数家长认为国家通用语和英语应在儿童学龄期进行启蒙，即入学后（包括幼儿园阶段）开始教育。笔者在访谈中提及孩子最佳的语言习得年龄时，有如下发现。

个案1：幼儿园应该教孩子继承语，我觉得这个年龄段的孩子学其他语言不好，应该先巩固孩子的继承语。当孩子把继承语学好了，才能学好其他语言（WRNG，28岁，大专，2020年2月13日访谈）。

个案2：孩子学语言应该早一点，孩子刚开始学说话的时候就开始双语学习。我的孩子从一岁半开始，同时学习英语和继承语。只有早期学习多种语言，才能培养孩子的多语思维。如果孩子成年后再学习多语，永远无法培养多语思维，语言也不地道（HL，34岁，本科，2019年8月15日访谈）。

个案3：为了让我的儿子学会标准继承语，我在他8个月大的时候，就把他送回正蓝旗老家，因为那里发音标准。继承语学好了，学其他语言就容易了（DX，34岁，本科，2019年8月10日访谈）。

个案4：不用太早教孩子，孩子生下来就听继承语，身边的人都说继承语，他自然就学会继承语了。长大以后进了学校，就可以学普通话，还有英语，不要给孩子太大压力，小孩的学习能力不一样。现在的学校条件那么好，肯定能学会（AQL，26岁，本科，2019年1月27日访谈）。

儿童是否应该存在最佳语言习得年龄以及是否应该进行多语启蒙，受访者的观点各异。个案1认为，学前儿童应该只学一种语言，即继承语。他认为继承语言发展到一定程度后，才可以进行多语教育，否则多种语言可能会互相干扰。个案2则相反，她相信儿童存在语言习得的最佳年龄，并认为儿童一岁半就可以开始进行双语教育。她认为成年人无法培养出"多语思维"，成年后所学的语言永远达不到"地道"的标准。个案3认为儿童应该早期开展标准继承语启蒙，他将8个月的儿子送回

2000 千米以外的正蓝旗老家，旨在帮助孩子尽早培养出标准语音。但是，他并不认为孩子早期应开展多语启蒙，他认为继承语可以为多语习得奠定语音基础。个案 4 认为不同孩子的学习能力不一样，应该遵循孩子的发展规律，让孩子自然习得族裔语言，而国家通用语和外语可以在学校进行系统性学习，并且坚信学校是孩子接受语言教育的最佳场域，"现在学校条件那么好，肯定能学会"。

2. 族际婚姻儿童语言习得时间管理

根据问卷数据，在族际婚姻家庭中，50.00% 的调查对象认为 3 岁以前是儿童学习继承语的最佳年龄，40.00% 认为 4 ～ 6 岁是最佳年龄，10.00% 认为 7 ～ 10 岁是最佳年龄，无人选择 8 ～ 14 岁或 15 岁以后。根据该数据可以发现，族际婚姻的家长认为 3 岁前和 4 ～ 6 岁是继承语习得的最佳年龄，即在小学入学前就应该完成继承语启蒙教育。68.75% 的调查对象认为 3 岁以前是儿童学习国家通用语的最佳年龄，18.75% 认为是 4 ～ 6 岁，6.25% 认为是 7 ～ 10 岁，6.25% 认为是 8 ～ 14 岁。根据该数据可以发现，族际婚姻家长认为 3 岁前应该为儿童国家通用语习得的最佳年龄，小学入学前儿童应完成国家通用语的启蒙教育。28.57% 的调查对象认为 3 岁以前是儿童学习英语的最佳年龄，28.57% 认为是 4 ～ 6 岁，35.71% 认为是 7 ～ 10 岁，7.14% 认为是 8 ～ 14 岁。根据该数据可以发现，大多数家长认为英语应在儿童学龄期进行启蒙，即入学后（包括幼儿园阶段）开始教育。

笔者在访谈中提及孩子最佳的语言习得年龄时有如下发现。

个案 1：继承语从儿童开始学说话时候，就可以学了。汉语小学一二年级开始学习，家庭没有必要提前启蒙。因为有语言大环境——电视、网络。我的小外甥们都可以用普通话跟我对话。英语没有必要提前在家里给孩子教。孩子上了小学以后，学校开了这门课再学（GX，34 岁，本科，2020 年 2 月 20 日访谈）。

个案 2：我没有系统地给孩子教继承语或汉语，孩子刚开始说话时，我教过一些继承语。我习惯跟儿子讲普通话，加上他平时听我们聊天、看电视……他自己就学会普通话了。我觉得英语口语、听力、翻译都需要报班学习，可以上学以后再学（SLS，34 岁，本科，2019 年 8 月 16 日访谈）。

个案 3：5、6、7 岁的孩子最适合学外语。英语学习主要靠老师，上外教课、看视频或报名辅导班都可以学英语。孩子从会说话时，就可以学习继承语和汉语了。家里面聊天用汉语，时间久了孩子就能慢慢学会，还可以借助老师、电子产品、书籍、碟片……继承语也可以从孩子会说话时，就能学（ZY，31 岁，本科，2020 年 2 月 19 日访谈）。

访谈中，个案 1 认为继承语习得从"刚开始学说话"开始，国家通用语习得从"小学一二年级开始"，英语"上了小学"再开始学习。个案 2 认为孩子"刚开始说话"时候，可以同时接受继承语和国家通用语言双语教育，而英语则在上学以后再开始学习。个案 3 认为继承语和国家通用语言的双语习得，可以在孩子"刚开始学说话的时候"同时进行，外语则在"5、6、7 岁"开始学习，主要依靠"老师""外教"和"视频"等方式开展英语习得活动。

（二）儿童何地开始学习语言

在问卷调查"您希望送孩子去什么样的学校？"中，69.90% 的调查对象选择将孩子送到蒙校；6.80% 选择送到汉校；21.36% 选择送到教学质量好的学校，语言无所谓；1.94% 送到离家近的学校，没有人因为费用问题而择校。

1. 族内婚姻家庭的学校教学语言选择

在调查问卷"您希望把孩子送到什么样的学校去"中，71.81% 的调查对象选择蒙校；24.94% 选择汉校；3.25% 选择"离家近的学校，无所谓语言"；没有人选择"教学质量好的学校，无所谓语言"。可见，教学语言还是族内婚姻家庭择校的主要影响因素。

笔者在访谈中，提及为子女选择学校及其教学语言时，有如下发现。

　　个案1：我让孩子上蒙校。汉校不需要学习两种语言，学习内容少，学习不累。免费上蒙校是好事，但是学费并不是决定因素。上蒙校主要是为了能够学好继承语，继承民族的文化（DX，34岁，本科，2019年8月10日访谈）。

　　个案2：我孩子上蒙校，一方面是学习民族文化，另一方面还可以学习汉语和英语，三语都可以学会。如果上汉校，继承语可能会丧失，这关系到传统文化的继承（HL，34岁，本科，2019年8月15日访谈）。

　　个案3：我不想让儿子去呼和浩特市学习，因为那里教授蒙的高校太少。大学生毕业后都想当公务员，不去企业。我给我儿子填报高考志愿时，选择了重庆大学。他现在的普通话比以前好多了，跟汉语授课有很大关系，他们都是混合班级，混合宿舍。他是师范生，以后回内蒙古自治区当老师。我们希望他毕业后回来去呼和浩特市或康巴什（MRG，男，49岁，专科，2019年8月10日访谈）。

　　个案4：我小的时候就近上学，附近有什么学校就上什么学校。如果附近只有蒙校，汉族学生也进蒙校上课，他们后来能讲流利的继承语。现在不一样，学校条件不一样了，有的家长为了能让孩子学好汉语，把孩子送到汉校读书。牧区的孩子多选择蒙校，公务员家庭现在有很多选择汉校。我们给孩子选蒙校，因为蒙校少，汉校多，汉校都是就近入学，蒙校就不管学区，只要符合条件都能上（HLR，52岁，没上过学，2019年8月9日访谈）。

　　当受访者被问及如何为孩子选择学校时，族内婚姻家庭多选择蒙校，即学校将继承语作为主要的教学语言，但是原因各异。个案1选择蒙校"继承民族文化"，认为汉语为教学语言的学校"学习内容少"，因为与蒙校相比，汉校可以少学一门语言，学起来"不累"。他认为免除学费并不是家长选择蒙校的原因。个案2则认为蒙校性价比更高，一方面可以学习和继承本民族文化，另一方面"三语都可以学会"。个案3不同于前两者，他将儿子送到蒙校学习。当儿子完成了基础教育，达到了高中毕业生水平时，他则为孩子选择了以汉语为主要授课语言的重庆大学，进入混合班级，与汉族学生接受相同的教育。因为他认为"蒙授的高校少"，他为儿子选择遥远且闷热的重庆大学，期望孩子在就业市场上能够有更大的优势。由于语言障碍和基础教育资源的差异，他的儿子在重庆大学非常辛苦，一学期有5门课程不及格，但是他依然不后悔让儿子进入重庆大学。个案4提到了"就近入学"问题，即选择离家最近的学校上学。蒙校人数少，不受学区限制。汉校生源数量多，需要学生按学区就近入学。

2. 族际婚姻家庭的学校教学语言选择

在调查问卷"您希望把孩子送到什么样的学校"中，50.00%的调查对象选择蒙校，31.25%选择汉校，6.25%选择"教学质量好的学校，无所谓语言"，12.50%选择"离家近的学校，无所谓语言"。可见，教学语言对于族际婚姻家庭择校的影响下降。笔者在访谈中，提及为子女选择学校及其教学语言时有如下发现。

个案1：我们家附近没有蒙校，我孩子在家用普通话交流，慢慢习惯不说继承语，现在学继承语有点晚了。但是，我觉得他会汉语也够用了（ZY，31岁，本科，2020年2月19日访谈）。

个案2：乌审旗对蒙校有优惠的教育政策。蒙古族幼儿园实行全部免费政策。汉族幼儿园一学期要3000～4000元，一年大约1万元学费。上小学也是一样，补助和福利都比较高。我跟孩子爸爸开始想送孩子到蒙校读书，希望享受优惠政策。我觉得孩子在蒙校毕业后，继承语和汉语都不成问题，但是蒙校知识面没有汉校广，存在落差，阅读量明显不足。我上学时，老师只要求我们读懂教材，不要求我们阅读课外书。但是，我儿子在汉校，一个学期要求读十几本书，阅读量差别非常大（SLS，34岁，本科，2019年8月16日访谈）。

个案3：我打算送孩子去市里上学，因为乌审旗的教育资源少。现在，很多家庭都把孩子送到市里的寄宿学校，一周接回来一次。我也打算孩子年龄大一点，如果自理能力比较好，就送他去市里上学。他上小学前，我把学区房都准备就绪，让他安心上学（MZ, 26 岁，中专，2019年 8 月 16 日访谈）。

访谈中，不同于族内婚姻家庭，族际婚姻家庭更倾向于选择汉校。个案 1 因家庭附近没有蒙校而被迫选择汉校，个案 2 主动将孩子送到汉校。无论是否出于主动，他们对于孩子进入汉校后可能丧失族裔语言均感到遗憾，但是并不觉得需要采取措施进行干预。乌审旗蒙校入学的优惠政策并没有影响他们的择校倾向。他们之所以选择汉校，一方面是由于"附近没有"，另一方面受访者认为汉校比蒙校阅读量大，更容易与大学接轨。对个案 3 而言，教学语言并不是择校的主要因素。她最终选择"教育资源"更好的鄂尔多斯市区，宁可让孩子住寄宿学校，"一周回来一次"，甚至愿意出巨资购买学区房。

（三）儿童因何学习语言

根据表 3-2-3，在问卷调查"您为什么让子女学习继承语 / 国家通用语 / 英语？"中，调查对象出于经商需要而让子女学习继承语的占 13.25%，学习国家通用语言的占 32.43%，学习英语的占 24.77%；出于升学需要而学习继承语的占 42.17%，学习国家通用语言的占 63.96%，学习英语的占60.36%；出于找工作需要而学习继承语的占 34.94%，学习国家通用语言的占 69.37%，学习英语的占 67.57%；为了方便与人交流而学习继承语的占48.19%，学习国家通用语言的占 77.48%，学习英语的占 73.42%。

表 3-2-3　家长语言教育动机调查列表

家长语言教育动机		继承语（%）	汉语（%）	英语（%）
工具型动机	经商	13.25	32.43	24.77
	升学	42.17	63.96	60.36
	就业	34.94	69.37	67.57
	方便与人交流	48.19	77.48	73.42

家长语言教育动机		继承语（%）	汉语（%）	英语（%）
融合型动机	个人喜好	34.94	49.10	56.31
	多了解文化	51.81	61.26	61.26
	追求时尚	19.07	25.23	23.42
	民族身份的象征	73.49	5.66	0.00
	传承民族文化	92.77	4.76	0.00
	其他	16.50	8.56	7.21

调查对象出于个人喜好而让孩子学习继承语的占 34.94%，学习国家通用语言的占 49.10%，学习英语的占 56.31%；为了多了解文化而学习继承语的占 51.81%，学习国家通用语言的占 61.26%，学习英语的占 61.26%；为了追求时尚学习继承语的占 19.07%，学习国家通用语言的占 25.23%，学习英语的占 23.42%；出于民族身份象征需要而学习继承语的占 73.49%，学习国家通用语言的占 5.66%，学习英语的占 0.00%；为了传承民族文化而学习继承语的占 92.77%，学习国家通用语言的占 4.76%，学习英语的占 0.00%；为了其他需要而学习继承语的占 16.50%，学习国家通用语言的占 8.56%，学习英语的占 7.21%。

从以上数据可以看出，国家通用语言在"经商""升学""就业""方便与人交流"方面都占据优势，继承语在"个人喜好""追求时尚""民族身份象征""传承民族文化"等方面占据优势。由此可以看出，调查对象对孩子进行国家通用语言教育和英语教育多出于工具型动机，继承语教育多出于融合型动机。

1. 族内婚姻家长的语言教育动机

笔者在访谈中，也提及家长对儿童进行语言教育时的动机。

个案 1：汉族学生因为想出国留学学英语，他们人多压力大，所以多学一门语言肯定有用。但是英语对我孩子没用，他不会在乌审旗街上碰到外国人。我觉得学校让学英语，我们就学，不然他不能考取好学校。我告诉他好好学继承语和汉语，以后工作和生活都要用。为了高考也得好好学英语，不过英语分值不高，他不喜欢就算了，回来也用不上（GYY，62 岁，小学二年级，2019 年 1 月 27 日访谈）。

个案 2：学好继承语再学其他语言就容易了，汉语和英语是必须要学的。我们理科教育不好就是跟语言教育有关。如果只用继承语教学，我们的孩子到北京这种地方无法适应，没有竞争力。判断个人的综合竞争力，一是看他的认知广度，能看多远；二是看他的能力半径，能干多少事；三是看他的执行半径，到底在做什么事。如果一个人的能力很弱，知道的东西少，就看不到很远的东西，观念上会出问题。你在北京讲电子商务，不用解释概念，人人都知道。但是你到了我们旗，你得从头到尾解释，甚至先干起来才行。交易成本非常高，要花大量时间沟通。比起南方，我们这里的语言教育弱，对信息获取和思维逻辑都有影响，所以要学汉语和英语，要加强语言教育（DX，34 岁，本科，2019 年 8 月10 日访谈）。

个案 3：有些考虑继承语未来生存的家长特别重视继承语，觉得孩子必须学继承语。但是，现在找工作、做生意都离不开汉语。家长需要考虑经济利益，生活、找工作、外面做生意还是用汉语。再加上科技发展，汉语用得越来越多。我们好多家长让孩子从小上汉校，外面还是汉语用得多。年轻人现在都进城了，不了解牧区，不知道传统文化。如果孩子们在家再不学继承语，以后继承语就消失了（DBB，48 岁，初中，2019 年 1 月 28 日访谈）。

访谈中，个案 1 认为孩子学习英语"没有用"，因为回到乌审旗"用不上"，但是"为了高考要好好学"。可见，英语教育动机是工具性动机为主，"升学"占主要地位。"继承语和汉语要好好学，以后工作和生活都用得上"，可见继承语和国家通用语的教育动机兼有工具性动机与融合性动机。个案 2 中继承语教育的动机是"学好继承语学，其他语言就容易了"，英语和国家通用语教育的动机是"对于信息的获取和思维逻辑都有影响"。可见，个案 2 中的受访者主要出于融合性动机学习继承语、国家通用语和英语。个案 3 认为国家通用语教育的动机是"找工作、做生意""考虑经济利益"。可见，个案 3 以"经商""找工作"等工具性动机为主；而继承语教育动机是"考虑继承语未来生存""再不学继承语，以后继承语就没人说了"，可见其动机以"民族身份象征"和"传承民族文化"的融合性动机为主。

根据问卷调查，族内婚姻中，13.25% 调查对象出于经商的动机给孩子提供继承语教育，42.17% 出于升学，34.94% 出于就业，50.60% 为了方便交流，37.35% 出于个人喜好，51.81% 出于多了解文化，15.66% 出于追求时尚，71.08% 出于民族身份象征，92.77% 出于传承民族文化，14.46% 出于其他动机。

调查对象中，19.28% 出于经商的动机给孩子提供国家通用语教育，38.55% 出于升学，62.65% 出于就业，77.11% 出于方便交流，12.05% 出于个人喜好，39.76% 出于多了解文化，10.84% 出于追求时尚，6.02% 出于民族身份象征，16.87% 出于传承民族文化，15.66% 出于其他动机。

调查对象中，14.46% 出于经商的动机给孩子提供英语教育，40.96% 出于升学，39.76% 出于就业，45.78% 为了方便交流，27.71% 出于个人喜好，39.76% 出于多了解文化，13.25% 出于追求时尚，9.64% 出于民族身份象征，13.25% 出于传承民族文化，24.10% 出于其他动机。

根据以上数据，族内婚姻的家长开展继承语教育时，以"传承民族文化""民族身份象征"的融合性动机为主，"方便交流"的工具性动机为辅；国家通用语教育以"方便交流"的融合性动机为主，"就业"的工具动机为辅；英语教育以"升学"的工具动机为主，以"方便交流"和"多了解文化"融合性动机为辅。

2. 族际婚姻家长的语言教育动机

笔者在访谈中，有如下发现。

个案 1：我老公一直希望孩子学会继承语，因为他觉得多学一门语言是优势。在内蒙古自治区，会继承语肯定是有优势的，国家通用语言和继承语语言兼通的人才，在他们单位特别受欢迎。英语在我们这里没用，就是为了考试学的。汉语肯定要学，中国人不会汉语怎么行（SLS，34 岁，本科，2019 年 8 月 16 日访谈）？

个案 2：我父母都希望孩子上蒙校，但是按目前情况来看，我儿子的继承语水平不行，可能跟不上学校的节奏，还是平时在家里教他一些继承语，不忘本就好。家里面跟老一辈交流用继承语更方便。普通话现在这么普及，到哪儿都用得上，不管是哪个民族的孩子，都有必要学普通话。现在英语快成了世界通用语，多一门语言，多一种选择。有条件的话，出国留学用得到英语，可以当培养爱好去学习它（GX，34 岁，本科，2020 年 2 月 20 日访谈）。

在访谈中，族际婚姻中，个案 1 认为"国家通用语言和继承语言兼通人才受欢迎"，国家通用语言和继承语言兼通在就业市场具有优势，存在工具动机。同时，学习汉语是出于"中国人"的民族身份，融合性动机与工具性动机并存。学习英语是出于"为了考试"的工具性动机。个案 2 中希望孩子学习继承语，其动机是让孩子和"老一辈人交流方便一些"。他们开展继承语教育出于交流方便的工具性动机，为了维持与家庭成员的亲密关系，以及"不忘本"的民族身份动机，属于融合性动机。这一点也在调查问卷中得到印证。

根据问卷调查，在族际婚姻中，18.75% 调查对象出于升学动机开展继承语教育，6.25% 出于就业，43.75% 为了方便交流，12.50% 出于个人喜好，31.25% 出于多了解文化，12.50% 出于追求时尚，56.25% 出于民族身份象征，68.75% 出于传承民族文化，25.00% 出于其他动机。

在调查对象中，18.75% 出于经商的动机给孩子提供国家通用语教育，75.00% 出于升学，68.75% 出于就业，68.75% 为了方便交流，25.00% 出于个人喜好，43.75% 出于多了解文化，12.50% 出于追求时尚，43.75%

出于民族身份象征，56.25%出于传承民族文化，18.75%出于其他动机。

在调查对象中，56.25%出于升学的动机给孩子提供英语教育，31.25%出于就业，50.00%为了方便交流，18.75%出于个人喜好，18.75%出于多了解文化，12.50%出于追求时尚，6.25%出于民族身份象征，12.50%出于传承民族文化，18.75%出于其他动机。

根据以上数据，族际婚姻的家长开展继承语教育时，以"传承民族文化""民族身份象征"的融合性动机为主，"为了方便交流"的工具性动机为辅；国家通用语教育工具性动机与融合性动机并存。工具性动机中以"升学""就业""方便交流"为主，融合性动机中以"传承民族文化""民族身份象征"为主；进行英语教育时，以"方便交流"和"升学"的工具性动机为主。

三、家庭语言教育资源的管理

家庭语言教育资源是特指需要语言管理者花费金钱、精力和时间，才能提供的资源，管理者自身拥有的语言资源，如掌握多门语言并未列入调查范围。家庭语言管理者对语言资源的管理主要有两方面：一是为孩子购买资料、书籍和光盘等纸质资源的管理；二是要求孩子观看节目的视听资源的管理。因此，家庭语言教育资源可以分为两类：纸质资源和视听资源。

在田野调查中，笔者看到了内容丰富的纸质资源，如儿童阅读的继承语绘本、国家通用语言和继承语言双语绘本、儿童英语字母卡片、墙上蒙汉英三语字母挂图和数字挂图、英文字母地毯等多种语言资源。在参与观察和访谈中，笔者陪伴儿童观看英语、韩语和日语的动画片，观看普通话抖音短视频以及纪录片，观看汉语方言版的短视频和电视节目。其中，动画片和抖音短视频非常受儿童的喜爱，无论是继承语、普通话、英语、日语，还是韩语，孩子们都喜欢观看并模仿其语言。

（一）家庭语言教育资源的管理

在纸质资源管理中，63.11% 的语言管理者选择国家通用语，24.27% 选择继承语，5.83% 选择英语，3.83% 选择国家通用语和继承语双语或国家通用语言、继承语和英语三语，2.96% 按照孩子的要求进行购买。在视听资源管理中，49.51% 选择国家通用语，继承语占 33.31%，英语占 9.71%，国家通用语和继承语双语或国家通用语、继承语和英语三语占 4.85%，根据孩子要求占 2.62%。

（二）家庭语言管理者与视听语言资源管理的列联表分析

家庭语言管理者因为代际的不同而呈现显著视听资源管理差异（表 3-2-4）。

表 3-2-4　家庭代际与家庭视听资源管理的列联表分析

家庭代际	国家通用语（％）	继承语（％）	英语(％)	蒙汉双语（％）	根据孩子要求（％）
第一代（51～73 岁）	52.46	27.49	0.00	17.43	2.62
第二代（41～50 岁）	54.05	29.73	4.76	6.70	4.76
第三代（31～40 岁）	82.06	10.67	5.24	0.00	2.03
第三代（21～30 岁）	66.67	13.81	9.51	4.76	5.25

第一代家长在管理家庭视听语言资源时，要求孩子主要观看国家通用语节目。第二代家庭语言管理者与第一代差别不大，也是要求孩子观看普通话电视节目，但是观看英语节目的比例比第一代家长高。第三代家长出现分歧，其中 31～40 岁的家长要求孩子观看国家通用语节目的比例远高于其他语言节目。21～30 岁的家长要求孩子观看多语种视听节目，除了观看国家通用语节目与 31～40 岁的家长目的相同，他们还增加了观看继承语节目以及蒙汉双语节目的比例。总的来说，家庭视听语言资源管理存在代际差异，但是各个代际的家庭语言视听资源管理均

以国家通用语为主。

（三）家庭代际与纸质语言资源管理的列联表分析

根据表 3-2-5 统计，家庭语言管理者的代际不同，家庭纸质资源管理呈现一致性趋势，即为孩子购买国家通用语言资料最多，其次是继承语、英语，双语或三语资料最少。只有第三代（21～30 岁）的管理者会按照孩子的要求购买资料。基于以上数据，我们可以得出语言管理者存在家庭语言教育资源的显性管理行为，其管理策略以国家通用语资源为主，随着家庭代际迭代，越来越多的语言管理者提供多语资源，同时会兼顾孩子的需求和喜好。

表 3-2-5　家庭代际与纸质语言资源管理的列联表分析

家庭代际	国家通用语（%）	继承语（%）	英语（%）	双语或三语（%）	根据孩子要求（%）
第一代（51～73 岁）	57.04	30.12	3.88	3.02	5.94
第二代（41～50 岁）	51.35	27.45	8.11	2.45	10.64
第三代（31～40 岁）	66.35	32.07	8.24	2.76	9.42
第三代（21～30 岁）	52.38	18.10	19.52	4.66	5.34

不同于上述问卷调查的结果，在访谈和参与观察中我们发现，许多家庭语言管理者希望给孩子提供继承语和英语的语言资源，包括书籍、报纸、杂志、光盘，安排孩子观看继承语的电影、电视、视频等。笔者在访谈中有如下发现。

个案 1：现在汉语教育资源特别多，想买书直接网购就行。许多好看的外语儿童动画片、纪录片都翻译成汉语了，网络现在太方便了，有各种语言的动画片，购买视频网站会员就可以，也不贵。英语教育资源也特别多，专门的网站、视频课还有一对一的培训班，但是继承语资源特别少，而且内容也比较单一，大多数是歌曲，其他内容很少（HL，女，

34 岁，本科，2019 年 8 月 15 日访谈）。

个案 2：我给孩子买的都是汉语绘本。我们这边教育还是比较落后的，没有大城市那种英语绘本，只有汉语绘本。动画片、电视节目也是汉语的。虽然有些动画片有继承语翻译，但是特别少，而且是很老的动画片。继承语节目非常少，没有好资源。孩子从小看汉语节目、动画片，慢慢就学会了汉语。继承语书籍比较少，内容也陈旧，继承语版的小说基本买不到，只能给孩子买汉语书籍（SLS，女，34 岁，本科，2019 年 8 月 16 日访谈）。

个案 3：我只能上网找继承语资源。网络上还有继承语课程、继承语歌曲，还有继承语版的抖音。现在继承语的资源越来越多，但是跟汉语和英语相比，继承语资源要少得多。继承语电视台只有新闻是新内容，其他都是 20 世纪八九十年代的东西。我在家陪我爷爷奶奶看继承语电视台节目，他们主要看新闻，我就看手机（GLF，男，24 岁，本科，2019 年 1 月 28 日访谈）。

乌审旗家长在进行家庭语言教育资源管理时，希望能够给孩子提供更多的继承语教育资源。但是由于继承语现代化的发展速度较为缓慢，"继承语版本的小说基本买不到""继承语电视台只有继承语新闻是新的，其他都是 20 世纪八九十年代的东西""继承语资源只能上网找"，家庭语言管理者迫于继承语的资源匮乏，无法在家庭中提供继承语的语言资源。相反，受益于我国的经济、文化和社会发展，国家通用语言资源丰富多样，随着互联网的普及，即便居住在交通条件不便利的乌审旗，家庭语言管理者可以获得所需的一切汉语资源，"想买什么书都可以，直接网购就行了""网络上什么动画片都有，有时候购买网站的会员就可以，也不贵"，"英语教育资源也特别多"。因此，家庭语言管理者进行语言资源管理时，以国际通用语和英语资源为主。

四、家庭语言教育管理行为的特征

（一）家庭教育语言选择呈现通婚状况的差异

家庭是儿童民族语言习得的重要语域。父母在家庭语言教育的管理始于父母对家庭教育语言的选择。根据调查，多数受访家庭选择继承语为家庭教育语言。家庭教育语言选择与家庭语言管理者通婚状况相关。族内婚姻的语言管理者多选择继承语作为家庭教育语言，而族际婚姻家庭则多选择国家通用语作为家庭教育语言。

（二）儿童语言习得管理存在通婚状况的差异

不同婚姻类型的家长进行家庭语言管理时，在儿童何时、何地、如何开展语言教育等方面存在差异。

第一，儿童何时开始语言教育。族内婚姻中家长认为3岁前是继承语习得的最佳年龄，即在学龄前就应该完成继承语启蒙教育；族际婚姻家长认为6岁前是继承语习得的最佳年龄，即在小学入学前就应该完成继承语启蒙教育。族内婚姻家长认为国家通用语应在儿童学龄期进行启蒙，即入学后（包括幼儿园阶段）开始教育；族际婚姻家长认为3岁前应该为儿童国家通用语习得的最佳年龄，学龄前儿童应完成国家通用语的启蒙教育。族内婚姻家长认为英语教育可以在孩子初中以前的各个阶段开展；族际婚姻家长认为英语应在儿童学龄期进行启蒙，即入学后（包括幼儿园阶段）开始教育，在初中毕业前完成英语启蒙教育。通过比较，可以发现，族际婚姻家庭对于儿童的语言多语习得更加重视，国家通用语和英语的语言启蒙阶段均提前至幼儿园阶段，对于继承语的启蒙相对延后，从族内婚姻的3岁以前推至幼儿园阶段。

第二，儿童何地接受语言教育。族内婚姻和族际婚姻的家长均认为家庭、学校和日常生活交际是儿童继承语习得的主要场域，其中家庭是最主要场域。教学语言是族内婚姻家庭择校的主要影响因素。族际婚姻家长选择汉校的数量增加，他们更加看重学校的教学质量，更愿意为孩子创造更好的语言教育环境，如"让孩子去市里上学""购买学区房""把一切条件准备好"，学校的教学语言对族际婚姻儿童语言教育的影响下降。

第三，儿童因何接受语言教育。不同婚姻状况的家庭开展继承语教育的动机一致，以"传承民族文化""民族身份象征"的融合性动机为主，"方便交流"的工具性动机为辅。但是不同婚姻类型家庭在国家通用语和英语教育的动机方面存在差异。具体表现为族内婚姻家庭的国家通用语教育以"方便交流"的融合性动机为主，"就业"的工具动机为辅，但是族际婚姻家庭的国家通用语教育工具性动机与融合性动机并存，其中工具性动机中以"升学""就业"为主，融合性动机以"传承民族文化""民族身份象征"为主。族内婚姻开展英语教育以"升学"的工具动机为主，以"方便交流"和"多了解文化"融合性动机为辅，而族际婚姻家庭以"方便交流"和"升学"的工具性动机为主。

（三）家庭语言资源管理以国家通用语为主

家庭语言资源可以分为纸质资源和视听资源。受访家庭语言资源管理以国家通用语为主，随着家庭代际迭代，提供外语资源和多语资源的管理者越来越多，同时家长会考虑到孩子的需求和喜好，但也会受制于宏观因素，如经济、文化和社会语言环境，国家通用语资源较多，继承语和外语资源较少。家庭语言管理者迫于继承语资源匮乏和现代化进程缓慢，无法在家庭为儿童提供丰富的继承语资源。同时，随着国家通用语的推广，国家通用语现代化程度高，互联网的普及，国家通用语资源丰富多样化，家庭语言管理者可以获得所需的国家通用语资源，进行语言资源管理时以国家通用语言资源为主。

第三节 资本代际传递与再生产：家庭语言管理的中介效应

家庭作为语言习得、语言使用和语言选择的重要场域，是儿童语言实践的重要场所，也是家长实施语言管理行为的重要场域。家庭语言管理是"有组织的管理行为"，父母作为主要的家庭语言管理者[①]，管理儿童的语言习得、语言使用和语言选择。家长的管理行为主要是通过家长对语言实践或语言意识进行干预、影响和修正的具体行为[②]，是家长在下一代语言学习和读写能力中的参与和投入。家长在进行语言管理时做出的语言要求和语言选择往往直接影响孩子的语言行为，并对家庭语言意识和家庭语言环境的形成起到导向的作用。以布迪厄和科尔曼为代表的学者提出家庭资本理论，为家庭语言管理研究提供了新思路。斯波斯基认为家庭语言管理取决于父母的权威和语言地位（Spolsky，2009），而家长的权威不仅来源于其作为家长的身份，更多地取决于其"资本"的多寡。家庭语言管理过程实质上就是一个家庭资本代际传递以及儿童文化资本再生产的过程。家长借助家庭语言管理的中介效应，将自身的经济资本、文化资本和社会资本传递给下一代，帮助儿童完成文化资本的再生产过程。

---

① 王辉. 语言管理：语言规划的新走向——《语言管理》评介 [J]. 语言政策与规划研究，2014（6）：60-64.

② 王玲. 语言意识与家庭语言规划 [J]. 语言研究，2016（1）：112-120.

一、资本的内涵与形式

（一）资本的内涵

"资本"原是经济学的概念，随着社会结构和功能的变化，人们对资本的形式有了更丰富的认识。教育领域开始引入"资本"的概念，试图揭示家庭在形成和传递代际间不平等过程中所起的作用。法国学者布迪厄首度将"资本"引入教育研究领域，不同于经济学的"资本"概念，布迪厄认为"资本是一种积累起来的劳动（它以物质化或是'肉体化'、身体化的形式存在）。当行动者或行动者群体在私有的——也就是独占排外的——前提下占有利用它时，它们便可以因此占有利用具有物化形式，或者体现为活生生的、劳动的社会能量①。"他进一步阐释，资本具备生产利润和复制自身的潜在能力。主体通过劳动以及在劳动中获取社会资源，形成个体或者群体的资本。就个体而言，资本既是个体存在与发展的积淀，也是个体进一步发展的基础和前提。从一定程度上而言，个体所积累的资本的量与质决定了个体的社会地位、生存品质与发展水平②。科尔曼（Coleman,1988）赞同布迪厄的理论主张，他认为行动者为了实现自己的利益，会与其他行动者经过各种交换，甚至转让资源的控制权，从而形成持续的社会关系。这种关系既是社会结构的组成部分，又是资本，可以通过权威关系、信任关系、规范信息网络、多功能组织等形式存在③。他们都认为造成儿童学业成就差异的主要原因不是学校资源和教育结构的差异，而是家庭资本的不平等。"家庭资本"概念的提出，给人们提供了透视儿童成长的结构性视角，家庭资本成为解释儿童成长差异的重要变量。

---

① ［法］皮埃尔·布迪厄，华康德.实践与反思[M].李康，译.北京：中央编译出版社，2004：303.

② 宫留记.布迪厄的社会实践理论[J].理论探讨，2008（6）：60.

③ Coleman J. Social capital in the creation of human capital[J]. American Journal of Sociology, 1988（94）：93-121.

（二）家庭资本的形式

布迪厄认为资本可以表现为三种基本形式：经济资本、文化资本和社会资本，后来他又增加了象征资本。他认为经济资本可以直接转化为货币，也可以制度化为产权形式，这种资本与经济学的资本概念相似。经济资本是所有资本的根源，是其他类型资本的基础。文化资本泛指任何与文化及文化活动相关的有形及无形资产。文化资本不同于经济资本那样可以被量化，也并非实体概念，而是表示文化及文化产物究竟能够发挥哪些作用的功能性概念①。因此，文化资本被分为身体化资本、客观化资本和制度化资本。社会资本指行动者凭借一个比较稳定的、在一定程度上制度化的、相互交往且彼此熟识的关系网络而积累起来的资源总和。象征资本是对主体所占据资本的符号化表达，如个体的声誉、威信、权威、荣誉等②。

科尔曼（1988）在布迪厄的基础上，将家庭资本分为物质资本、人力资本和社会资本。物质资本指能促进生产发展的物质领域资源，可以用家庭收入、财富和社会经济地位进行衡量。人力资本指人所拥有的能够改变社会的知识水平和能力，可以用家长个人受教育程度进行衡量。社会资本是存在于人际关系网络中，能够作为资产帮助实现个体目标的社会资源结构。社会资本分为家庭内的社会资本和家庭外的社会资本两种。家庭内社会资本指家庭内的亲子关系，父母对子女教育的关注、期望、支持、投入与参与，等等；家庭外社会资本指家庭所在社区内的人际关系③。家庭社会资本可以用个人的社会关系结构中（家庭中、社区和

---

① 朱伟珏.“资本”的一种非经济学解读——布迪厄“文化资本”概念[J].社会科学，2005（6）：117.

② ［法］皮埃尔·布迪厄，华康德.实践与反思[M].李康，译.北京：中央编译出版社，2004：109.

③ 薛海平.家庭资本与教育获得：基于影子教育中介效应分析[J].教育与经济，2018（4）：69-78.

家庭间）可获得社会资源的数量和范围来衡量[①]。

结合二位学者的观点，我们发现，布迪厄的"经济资本"与科尔曼的"物质资本"，布迪厄的"社会资本"与科尔曼的"社会资本"的概念基本一致，布迪厄的"文化资本"概念较科尔曼的"人力资本"概念更为全面，科尔曼的"人力资本"概念更接近于"文化资本中的""身体化资本"和"制度化资本"。因此，我们将家庭中的资本分为家庭经济资本、家庭文化资本和家庭社会资本。

二、家庭语言管理的中介效应：家庭资本的代际传递

（一）家庭语言管理与家庭经济资本的代际传递

根据布迪厄和科尔曼的定义，我们可以将家庭经济资本定义为家庭的收入与财富，即家庭的经济地位。布迪厄认为经济资本是一切资本的基础。在家庭中，家庭经济资本同样是家庭其他形式资本的基础。在田野调查中，笔者观察到调查对象的家庭住房条件普遍良好，家用电器齐全，家长们并没有因为孩子的教育经费而忧虑，有能力提供孩子学习语言所需的物质基础。可见，乌审旗的经济发展为家庭语言管理积累了一定的经济资本。

在家庭语言管理过程中，家长通过家庭教育语言的选择和儿童语言教育途径的管理，实施家庭语言教育管理。父母对儿童家庭语言习得途径的管理具体表现为：继承语习得主要依靠日常生活交际和电视、广播、网络等媒体的途径，国家通用语言和英语的习得主要依靠电视、广播、网络等媒体和书籍资料。家庭语言教育资源的管理者通过购买继承语、国家通用语和英语的教材、儿童读物、绘本、点读笔、学习机等多种资源，在"双减"政策实施之前，一部分家长给孩子购买英语网课、一对

---

① Coleman J. Social capital in the creation of human capital[J]. American Journal of Sociology, 1988（94）：93-121.

一外教口语陪练等，还有的给孩子报名参加"口才班""国学班""主持人"等国家通用语培训班，也有家长为孩子报名参加马头琴培训班、呼麦培训等与继承语言或文化相关的培训班。从上述管理行为中可以看出，社会经济地位较好的家长，可以运用家庭的收入与财富，为孩子创造学习语言的物质基础，如购买学习用具、设备、教材、教辅资料，甚至购买优质的师资服务，还可以在学习之外为孩子提供丰富的文化活动，拓宽语言学习的途径。以布迪厄（1977）为代表的学者们认为具有较高经济地位的家长会经常带孩子参加高雅的文化活动，如听音乐会、参观美术馆、博物馆、科技馆、观赏话剧等。通过这些活动，家长们可以培养孩子的学习兴趣，增加孩子的学习动机，树立孩子的学习信心。在这样的情况下，家庭的经济资本成为孩子的学习资源，继而帮助孩子取得较好的学习成绩，获得更好的受教育机会，最终转化为儿童受教育程度。家长作为家庭教育资源的管理者，通过家庭语言管理，将家庭经济资本转换为儿童的语言教育资源，完成了代际传递。

（二）家庭语言管理与家庭文化资本的代际传递

文化资本以身体化、客观化和制度化三种形式存在。"身体化的形式表现为持久存在于行动者心智和肉体的性情倾向，它是惯习的重要组成部分。一些文化资本，如行动者所具有的语言风格、审美能力、教养等，往往是在耳濡目染中获得的。①"家庭的身体化资本可以表现为家长的语言意识、语言管理策略以及语言能力等。客观化资本表现为文化商品，表现为家庭购买的图书、电脑、教材、教辅资料等。制度化资本表现为社会对资本的认可，如教育机构发放的资格证书等，具体表现为家长的教育程度。

行动者在特定场域所处的地位取决于他本人的知识能力和文化修养，

---

① 崔思凝.惯习、资本与场域：布迪厄实践理论及其对中国公共政策过程研究的启示[J].湖北社会科学，2017（9）：22.

以及这些知识素养与正统文化的吻合程度①。由于受历史传统、经济和地理条件所限，第一代家长很少有上学的经历。在游牧的生活方式使当地民众经常会随着草场迁居，中华人民共和国成立前经济条件和教育条件较差，家中子女多等多种因素的影响下，第一代家长普遍教育程度不高。笔者了解到小学五年级已经是当地牧区较高学历，没上过学，不识字的老人更是普遍现象。到了第二代家长（45～55岁），教育程度有所改善，但是大多数也只是完成了初中学业，高中毕业的人非常少。直至第三代，大学生已经非常普遍，更高学历的孩子（即博士、硕士）也并不罕见。正如D家中，爷爷、奶奶并未上过学，父亲为高中肄业；H家中父母为中专毕业，祖父母小学文化；A家中父亲为高中中专学历，母亲高中肄业，祖父母未上过学。他们本身拥有的文化资本，与孩子相比较少。他们在语言教育和语言使用上，不能维持足够的权威。此外，由于他们都在本地出生、上学、工作，所拥有的社会网络也是以本地的亲朋好友为主，多为同民族，对内蒙古自治区以外的省份并不熟悉，无法给孩子以指导，对于孩子出国留学等事宜知之甚少。例如在访谈过程中，D的奶奶仍然以为大学要给学生们分配工作。但是在第二代和第三代家长中，拥有本科教育学历的家长比例大大增加，还有一部分家长有研究生学历或出国留学经历，他们当中，会运用自身的文化资本优势，"生产出"更多的语言教育资源。如DX（34岁，男，本科）在武汉完成大学教育，曾在校期间组乐队在武汉、上海、西安等多所城市巡演。当他回到乌审旗成家立业后，他为自己3岁的孩子教授继承语标准语音（正蓝旗语音），每周带儿子观看马头琴表演或民歌表演，并讲解表演中涉及的传统民族文化和语言知识。HL（31岁，女，本科）曾留学德国，本科专业为英语语言文学，在孩子两岁的时候，开展蒙英双语教学，给孩子

---

① 朱伟珏."资本"的一种非经济学解读——布迪厄"文化资本"概念[J].社会科学，2005（6）：117.

的国家通用语绘本上标注英文，在家中粘贴英语单词卡片，为孩子营造英语学习的语言环境。在家庭语言管理过程中，家长作为语言教育资源的生产者通过家庭语言管理，完成了家庭文化资本的代际传递。

（三）家庭语言管理与家庭社会资本的代际传递

社会资本指"一个社会或群体所具有的现实或潜在的资源集合体，它主要由确定社会或群体成员身份的关系网络所构成。行动者拥有的社会资本规模主要取决于他能够有效动员的网络规模以及他凭借自身所拥有的经济、文化或象征资本[①]"。社会资本内嵌于人与人的社会关系结构中，既不依附于独立的个人，也不存在于物质生产结构中。科尔曼认为个人社会资本应从社会团体、社会网络和网络摄取3个方面衡量。家庭的社会资本主要表现为家长参与社会团体的数量、个人社会网络的规模以及社交网络中每个成员占有的各种形式的资本数量。家庭社会资本主要体现在家庭内部家长与儿童的关系以及家长和老师、其他学生家长等形成的人际交往圈。

家长拥有的社会资本越多，他就越能有效地整合语言教育资源。如访谈中发现 MRG（48 岁，男，大专）是内蒙古自治区第三批大学生。他早年学习继承语语言文学专业，后来因为工作需要，又继续学习了俄语语言文学专业。在他的家庭中，他为儿子挑选《继承语辞典》《苏东坡诗集》等语言学习资源，并鼓励孩子选择英语而不是俄语。"尽管俄语的语法和继承语近似，学习起来比英语容易，但是俄罗斯现在经济不行了，影响力不如以前了，还是英语好，全世界都用"。由于他长期在旗政府工作，对国家语言政策和民族教育政策比较了解。当他了解到省人大代表在国家两会上提交的改进内蒙古自治区高等教育质量的提案后，他就开始关注高考政策的变化，并通过社会关系，与多名高中一线教师和校

---

① 崔思凝.惯习、资本与场域：布迪厄实践理论及其对中国公共政策过程研究的启示[J].湖北社会科学，2017（9）：23.

长交流，最终为儿子选择了重庆大学的物理实验班作为高考志愿。他的儿子即将大学毕业，根据招生协议，他将回到乌审旗的学校承担教学工作，会与 MRG 的社交圈有所交集。他整合了所有的语言教育资源，帮助孩子获得机会去"985"高校接受教育，并进行了社会资本传递。因此，家长作为语言教育资源的整合者，通过家庭语言管理，完成了社会资本的代际传递。

三、家庭语言管理的中介效应：儿童文化资本的再生产

（一）文化资本的再生产

布迪厄认为，资本具有再生产的特性[①]。"再生产"并不意味着从无到有，或者是简单、机械地重复。资本的再生产有两种方式：一种是直接再生产，如经济资本就是通过家庭内部财产的代际继承而实现经济资本的再生产；另一种是间接再生产，如文化资本通过学校教育或家庭教育等媒介，完成代际资本传递，完成文化资本的再生产过程。由于不同资本获得的劳动时间不同，传递的难易程度不同，再生产的难度也不同。在众多形式的资本中，文化资本的传递性更为隐秘、风险更大、难度更大，文化资本的再生产也较困难。文化资本主要通过两种方式进行再生产：第一，通过年幼时期的早期家庭体验获得；第二，从较晚时期系统的、速成的学习方式获得[②]。文化资本的代际传递受到时间、转换和实践行为三大因素制约，文化代际传递与再生产有一定的风险性。

（二）家庭语言管理的中介效应：儿童文化资本的再生产

家庭作为一个充满活力的实体，将父母各种形式的资本转变为孩子

---

① 李全生.布迪厄的文化资本理论[J].东方论坛（青岛大学学报），2003（1）：8-12.
② ［法］皮埃尔·布迪厄，华康德.实践与反思[M].李康，译.北京：中央编译出版社，2004：160.

的受教育程度①，使儿童获得身体化文化资本。由于文化资本的再生产需要借助一定的媒介，并具备一定的风险性，子代不一定能够传承父辈的文化资本，文化资本在代际传递和再生产过程中可能被磨蚀。因此，儿童文化资本需要借助一定的中介机制，才能完成再生产过程。布迪厄再三强调教育在资本代际传递的作用，是文化资本再生产重要且隐秘的渠道。家庭作为文化资本最初也最主要的再生产场所，通常是以第一种继承方式进行的。家庭教育成为文化资本再生产的重要媒介。在充分反映父母文化素质和兴趣爱好的家庭环境中，他们的一举一动都将成为孩子们竭力仿效的对象。孩子们正是通过这种无意识的模仿行为，来继承父母的文化资本并将其身体化的②。

纵观乌审旗家庭语言管理，我们发现在家庭语言教育中，父母作为家庭语言资源的管理者，将自身经济资本转换为儿童语言习得的物质资源，如提供家庭内语言学习的固定场所、辅助学习的资料、从事各种文化互动的经费、参加课外语言学习培训的经费等。父母作为家庭语言资源的生产者，其自身是以语言能力、语言意识为代表的文化资本，为儿童提供了语言认知和使用的潜在环境。父母作为家庭语言资源的整合者，其社交网络、亲子关系、与老师的互动等社会资本，促进和增强了家庭经济资本和文化资本对子女教育成就的影响。父母拥有的文化资本如果没有通过嵌入在家庭联系中的社会资本来补充，如果他们的文化资本只是单独地运用在工作中或者家庭之外的某些地方，父母的文化资本可能与孩子的学习结果没有任何关联③。正如前文所述，家庭语言管理者具有

---

① Coleman J. Social capital in the creation of human capital[J]. American Journal of Sociology, 1988（94）: 93-121.

② 朱伟珏."资本"的一种非经济学解读——布迪厄"文化资本"概念 [J]. 社会科学，2005（6）: 118.

③ 蒋国河，闫广芬. 城乡家庭资本与子女的学业成就 [J]. 教育科学，2006（4）: 26-30.

身份叠加的特点。他们既是家庭语言规划的主体，又是家庭语言规划的客体；既是家庭语言教育的管理者，又是家庭语言教育的接受者，是语言教育资源的生产者、管理者和整合者，在家庭语言管理的过程中完成了家庭经济资本、文化资本和社会资本的代际传递，通过家庭语言管理的中介效应，让儿童们在耳濡目染中获得身体化文化资本，完成儿童文化资本再生产。

第四章 个体语库的建构：家庭语言实践的目标取向

　　语言实践的变化常常不是由任何显性的政策或决定导致的，而是由人们所处的情景、环境和压力的改变引起的，这种改变甚至连当事人自己也没有意识到。

————博纳德·斯波斯基[①]

　　斯波斯基（2016[②]）指出，语言实践是可观察的语言行为和语言选择，即人们在语言方面所表现出的实际行为。他认为语言实践是真实语言规划的体现，具有经常性和可预测性的特点。因此，家庭语言实践是指家庭成员在家庭语言生活中，可观察到的语言行为和语言选择。家庭语言实践对于青少年语言习得至关重要，为个人语言习得提供语言环境，儿童的语言习得很大程度上取决于儿童所处的语言实践。家庭语言实践的研究也不能仅限于家庭内部的言语互动过程。按照斯波斯基（2011）和张晓兰（2019）的理论模型，本章将家庭语言实践分为家庭内部语言实践调查和家庭外部语言实践调查。

---

① ［以］博纳德·斯波斯基. 语言政策：社会语言学中的重要论题[M]. 张治国译. 北京：商务印书馆，2011.

② ［以］博纳德·斯波斯基. 语言管理[M]. 张治国译. 北京：商务印书馆，2016：11.

第一节　家庭内部语言生活代际差异

家庭内部语言的使用通常是较自然的语言选择，直接关系到个人的语言能力，对个人语言发展具有至关重要的作用。代际差异调查是语言使用调查的一项非常重要的内容。语言使用的代际差异主要体现在不同的语言在同一年龄段和不同年龄段的调查对象使用不同语言的比例差别，使用语言的丰富程度，各种语言使用频率的差距和变化。社会语言学常常用历时和共时的研究方法，开展语言使用的代际差异研究，如选取祖孙三代及每代不同年龄的调查对象，调查他们的语言变异，从而得到研究数据。本章主要通过问卷调查法，开展乌审旗城镇家庭语言使用代际差异调查，通过统计分析软件（statistic package for the social sciences，SPSS）软件对问卷数据进行统计分析。

在调查问卷中，调查对象是三代成员：第一代家庭成员（祖父母）集中在 51～73 岁，第二代家庭成员（父母）集中在 41～50 岁，第三代（孙辈，但是已婚已育，兼具孙辈和父母双重身份。这一代较为复杂，且代际差异十分明显）分为两个年龄段 21～30 岁和 31～40 岁。第三代际多样化显著，是研究的重点，因此将这一代分为两个年龄段，以便区别。本问卷侧重于对家庭语言管理者行为的分析，未将儿童列入问卷调查范围，问卷中所有的调查对象均是已婚已育的家长。通过对调查问卷的年龄统计，最低年龄为 21 岁，最高年龄为 73 岁。此外，50 岁以上的调查对象人数较其他年龄段少，且多集中在 51～65 岁，故归为"51～73 岁"选项。在调查对象中，第一代（51～73 岁）249 人，占调查对象的 20.39%；第二代（41～50岁）237人，占调查对象的19.42%；第三代（21～30岁）297人，占调查对象的24.27%；第三代（31～40岁）439人，占调查对象的35.92%。第三代中21～30岁和31～40岁调查对象的语言使用差异较大，因而将第三代分为两个部分来统计。

为了进一步调查和研究乌审旗城镇家庭内部生活的日常语言实践，笔者对家庭内部语言生活进行分类。社会语言学关注语言行为和社会生活的相互关联，认为"人在生活中进行的各种语言行为[①]"构成人们的语言生活。马克思和恩格斯在《资本论》中将人类生活划分为物质生活领域和精神生活领域，并将人类的自由时间分为受教育的时间、履行社会职能的时间、进行社交活动的时间、发展智力的时间、自由运用智力和体力的时间和休息时间。涂尔干则将人类生活划分为两大领域：日常生活领域和神圣生活领域。安超（2021）在马克思、恩格斯以及涂尔干的论述基础上，将家庭生活分为基于生计的劳动领域，基于休闲、娱乐和创造的闲暇领域以及基于神秘生活的神圣生活领域。受安超家庭生活领域分类的影响，笔者根据家庭生活的特点和家庭语言域的特点，将家庭日常语言活动分为：家庭交际活动和休闲活动。

一、交际活动语言使用的代际差异

家庭内部交际活动语言使用的代际差异具体表现为调查对象在家庭中与长辈（包括父母、祖父母、外祖父母等）、同辈（兄弟姐妹、配偶等）和晚辈（孩子）日常生活交际中所采用的语言。我们将对不同代际调查对象对家庭内部不同辈分人使用的语言，即普通话、继承语、国家通用语和继承语兼用、本地汉语方言、其他语言等语言，进行具体分析。

根据问卷调查，我们对所获得数据进行SPSS统计，得到数据。

---

① 席红英．呼伦贝尔市蒙古族日常生活领域语言生活调查研究[D].呼和浩特：内蒙古大学，2020：4.

（一）与长辈交际时语言使用的代际差异的列联表分析

根据表 4-1-1，我们可以发现不同代际调查对象在与长辈交际时：

调查对象为长辈交际时，语言使用呈现明显的代际差异。除了第三代（21～30岁）调查对象，其他年龄段调查对象使用继承语的比例均超过 50%，可见继承语是这三组调查对象与长辈交际的主要语言，但是使用比例随着年龄降低和家庭代际迭代有所下降。第三代中，31～40岁的调查对象使用普通话的比例最高，但未超过 50%，可见普通话不是调查对象与长辈交际的主要语言，但随着家庭代际迭代，普通话使用的比例有所增加。不同代际调查对象国家通用语和继承语兼用比例均不超过 50%，可见国家通用语和继承语兼用不是调查对象与长辈交际的主要语言，国家通用语和继承语兼用的比例呈上升的趋势。调查对象使用本地汉语方言和其他语言的比例较低，二者均不是调查对象与长辈交际时的主要语言。

表 4-1-1　交际对象（长辈）语言使用代际差异的列联表分析

交际语言及语言变体	第三代（%）		第二代（%）	第一代（%）
	21～30岁	31～40岁	41～50岁	51～73岁
普通话	22.00	24.32	5.05	0.00
继承语	34.28	54.05	80.00	85.72
本地汉语方言	7.72	0.00	0.00	0.00
国家通用语和继承语兼用	32.67	21.63	14.95	9.52
其他语言	3.33	0.00	0.00	4.76

（二）与同辈交际时语言使用的代际差异

接下来，我们进行调查对象与同辈交际语言使用的列联表分析。

根据表 4-1-2，调查对象与同辈交际时候，语言使用呈现代际差异：第一代调查对象继承语使用比例最高，第三代（31～40岁）使用普通话比例最高，第三代（21～30岁）国家通用语和继承语兼用使用比例最高。随着家庭代际迭代，继承语使用比例下降，普通话和国家通用语和继承语兼用的使用比例呈上升趋势，第三代（21～30岁）的调查对象使用的语言的种类最丰富。

表4-1-2 交际对象（同辈）与语言使用代际差异的列联表分析

交际语言及语言变体	第三代（%）		第二代（%）	第一代（%）
	21～30岁	31～40岁	41～50岁	51～73岁
普通话	28.00	32.44	10.00	4.76
继承语	44.00	54.05	85.00	76.19
本地汉语方言	4.86	0.00	0.00	14.29
国家通用语和继承语兼用	18.90	13.51	5.00	4.76
其他语言	4.24	0.00	0.00	0.00

（三）与晚辈交际时语言使用的代际差异

从表4-1-3可以看出，不同代际调查对象在与晚辈交际时，第三代的调查对象普通话、国家通用语和继承语兼用的使用比例最高。第一代继承语使用比例最高，使用的语言种类最丰富。随着代际的迭代，继承语使用比例下降，普通话使用比例上升，国家通用语和继承语兼用比例上升。除第一代调查对象，其他代际均不使用本地汉语方言。

表4-1-3 交际对象（晚辈）与语言使用代际差异的列联表分析

交际语言及语言变体	第三代（%）		第二代（%）	第一代（%）
	21～30岁	31～40岁	41～50岁	51～73岁
普通话	28.00	21.41	15.00	9.53
继承语	44.00	56.97	59.49	66.67
本地汉语方言	0.00	0.00	0.00	9.52
国家通用语和继承语兼用	28.00	21.62	25.51	14.28
其他语言	0.00	0.00	0.00	0.00

二、休闲活动语言使用的代际差异

根据访谈和参与式观察，我们发现乌审旗城镇家庭内部主要开展的休闲活动有观看电视、电影、短视频，听音乐等，阅读报刊书籍，上网浏览网页、查询信息，运用手机打游戏、登录社交平台等。基于此，我们运用问卷对乌审旗城镇家庭内部休闲活动中语言使用情况进行了深入的调查与研究，对不同代际调查对象在家庭内部进行休闲活动时所使用的语言——国家通用语言、继承语、英语、其他语言的代际差异开展调查。

（一）家长观看/聆听节目时语言使用的代际差异

在问卷调查中，"您常观看/聆听哪种语言的电视、电影、短视频、音乐等节目？"根据表4-1-4分析发现，调查对象观看/聆听电视、电影、短视频、音乐等节目时，近半数会选择国家通用语。可见，国家通用语言是调查对象观看或聆听节目的主要语言。随着家庭代际迭代，国家通用语使用比例逐渐上升，继承语使用比例逐渐下降，开始使用英语但比例较低。

表4-1-4　家庭代际与观看/聆听节目语言使用的列联表分析

代际	国家通用语（%）	继承语（%）	英语（%）	其他语言（%）
第三代（21～30岁）	59.22	26.85	12.04	1.89
第三代（31～40岁）	59.46	24.32	16.22	0.00
第二代（41～50岁）	55.00	45.00	0.00	0.00
第一代（51～73岁）	42.86	52.38	0.00	4.76

（二）家长阅读报刊等使用语言的代际差异

根据表4-1-5分析，不同代际的调查对象阅读报纸、杂志等时，国家通用语的比例均超过50%。可见，国家通用语为主要语言。随着家庭代际迭代，国家通用语的使用上升，继承语的使用下降，并开始使用英语但比例较低。在第三代中 21 ～ 30 岁的调查对象使用的语言种类最为丰富。

表 4-1-5 　家庭代际与阅读报刊等语言使用的列联表分析

代际	国家通用语(％)	继承语（％）	英语（％）	其他语言（％）
第三代（21 ～ 30 岁）	60.00	22.48	9.52	8.00
第三代（31 ～ 40 岁）	51.35	40.54	8.11	0.00
第二代（41 ～ 50 岁）	55.24	44.12	0.64	0.00
第一代（51 ～ 73 岁）	52.38	47.62	0.00	0.00

（三）家长上网浏览信息等时使用语言的代际差异

如表 4-1-6 所示，不同代际调查对象在上网浏览信息等时，主要使用国家通用语，其次是继承语，英语和其他语言使用的比例较低。随着家庭代际迭代，国家通用语使用的比例呈上升趋势，继承语使用的比例有所下降。在第三代中，21 ～ 30 岁调查对象开始使用英语和其余语言，但比例较低。

表 4-1-6 　调查对象上网浏览信息语言使用的列联表分析

代际	国家通用语（％）	继承语(％)	英语（％）	其他语言（％）
第三代（21 ～ 30 岁）	88.46	6.63	3.05	1.86
第三代（31 ～ 40 岁）	86.49	13.51	0.00	0.00
第二代（41 ～ 50 岁）	94.28	5.72	0.00	0.00
第一代（51 ～ 73 岁）	90.47	9.53	0.00	0.00

三、家庭内部语言生活的代际差异

（一）交际活动语言使用代际差异

调查对象在进行家庭内部交际活动时，语言使用呈现显著的代际差异。继承语是调查对象对长辈的主要交际语言，但随着家庭代际迭代，继承语使用比例有所下降，第三代中 21～30 岁调查对象的继承语使用比例最低，未超过 50%。可见，继承语已经不是该年龄段调查对象的主要交际语言。第三代中 31～40 岁的调查对象使用普通话的比例最高，但未超过 50%。可见，随着家庭代际迭代，普通话使用的比例有所增加。不同代际调查对象国家通用语和继承语兼用比例均不超过 50%，但随着家庭代际迭代，国家通用语和继承语兼用的比例呈上升趋势。调查对象与同辈交际时候，第一代调查对象继承语使用比例最高，第三代（31～40 岁）使用普通话比例最高，第三代（21～30 岁）国家通用语和继承语兼用使用比例最高。随着家庭代际迭代，继承语使用比例下降，普通话和国家通用语和继承语兼用的使用比例呈上升趋势，第三代（21～30 岁）调查对象使用的语言种类最丰富。调查对象在与晚辈交际时，第三代的调查对象普通话和国家通用语和继承语兼用的使用比例最高。第一代继承语使用比例最高，使用的语言种类最丰富。随着年龄下降，继承语使用比例下降，普通话使用比例上升，国家通用语和继承语兼用比例上升。综上所述，第一代、第二代以及第三代中 31～40 岁调查对象使用继承语作为主要的家庭语言，但是第三代中 21～30 岁调查对象的主要家庭语言已经不再是继承语；普通话和国家通用语和继承语兼用的使用比例，随着家庭代际迭代上升，第三代调查对象语言使用种类最丰富且主体间性凸显。

（二）休闲活动语言使用特征

调查对象在进行家庭休闲活动时，语言使用呈现显著的代际差异。不同代际调查对象观看／聆听电视、电影、短视频、音乐等节目时，近半数会选择国家通用语。可见，国家通用语言是调查对象观看或聆听节目的主要语言。随着家庭代际迭代，国家通用语使用比例逐渐上升，继承语使用逐渐下降，开始使用英语但比例较低。不同代际的调查对象阅读报纸、杂志等时，国家通用语的使用比例均超过 50%。可见，国家通用语为主要语言。随着家庭代际迭代，国家通用语使用上升，继承语使用下降并开始使用英语但比例较低，第三代中21～30岁的调查对象使用的语言种类最丰富。不同代际调查对象在上网浏览信息等时，主要使用国家通用语，其次是继承语，英语和其他语言使用的比例较低。随着家庭代际迭代，国家通用语使用的比例呈上升趋势，继承语使用比例有所下降。第三代中21～30岁调查对象开始使用英语和其余语言，但比例较低。综上所述，不同代际的调查对象在家庭内部休闲活动时主要使用国家通用语言，且随着家庭代际迭代，普通话使用比例呈上升趋势；继承语使用比例低于汉语且呈现递减趋势；英语开始出现在家庭内部休闲活动，但是比例较低。第三代中21～30岁的调查对象在家庭内部休闲活动时使用的语言种类最为丰富，语言使用主体间性凸显。

第二节　家庭外部语言生活代际差异

根据访谈和参与式观察，我们发现乌审旗城镇家庭外部语言生活主要由社会交往活动构成。具体可以表现为两大类：第一类为面对面的直接社交活动，第二类为使用社交媒体进行的间接社交活动。根据参与者、场所和话题，第一类面对面的直接社交活动被分为生活场域、工作场域和公共场域，然后细化为生活场域（节假日聚会、与朋友交往、与邻居交往、与陌生人交往），工作场域（与同事交往），公共场域（与陌生人交往）。第二类社交媒体间接社交活动分为社交媒体设置语言、社交媒体口语交际、社交媒体文字交际。

一、直接社交活动语言使用的代际差异

（一）生活场域语言使用的代际差异

1. 节假日聚会语言使用的代际差异

根据表 4-2-1 发现，第三代（21～30 岁）调查对象 28.57% 使用普通话，49.64% 使用继承语，21.79% 使用国家通用语和继承语兼用。第三代（31～40 岁）调查对象 57.14% 使用普通话，12.09% 使用继承语，30.77% 国家通用语和继承语兼用。第二代调查对象 9.52% 使用普通话，67.40% 使用继承语，23.08% 国家通用语和继承语兼用。第一代调查对象 4.76% 使用普通话，70.88% 使用继承语，24.36% 国家通用语和继承语兼用。

表 4-2-1　节假日聚会语言使用代际差异的列联表分析

代际	普通话(%)	继承语(%)	国家通用语和继承语兼用（%）	本地汉语方言(%)	英语(%)
第三代（21～30 岁）	28.57	49.64	21.79	0.00	0.00
第三代（31～40 岁）	57.14	12.09	30.77	0.00	0.00
第二代（41～50 岁）	9.52	67.40	23.08	0.00	0.00
第一代（51～73 岁）	4.76	70.88	24.36	0.00	0.00

根据列联表分析发现，第三代（31～40 岁）普通话的使用比例最高，继承语的使用比例最低。第一代调查对象使用普通话的比例最低，使用继承语比例最高。随着家庭代际迭代，普通话使用比例呈曲线上升的趋势，继承语使用比例呈曲线下降。第三代（31～40 岁）国家通用语和继承语兼用比例最高，但三个代际相差不大。调查对象均不使用英语和本地汉语方言。

2. 与邻居交往语言使用的代际差异

根据表 4-2-2，第三代（21～30 岁）的调查对象 48.89% 使用普通话，26.67% 使用继承语，24.44% 使用本地汉语方言。第三代（31～40岁）调查对象48.33% 使用普通话，27.78% 使用继承语，23.89% 使用本地汉语方言。第二代调查对象36.67% 使用普通话，33.33% 使用继承语，30.00% 使用本地汉语方言。第一代调查对象17.78% 使用普通话，42.50% 使用继承语，39.72% 使用本地汉语方言。

表4-2-2　与邻居交往语言使用代际差异的列联表分析

代际	普通话（%）	继承语（%）	本地汉语方言（%）	英语（%）	国家通用语和继承语兼用（%）
第三代（21～30岁）	48.89	26.67	24.44	0.00	0.00
第三代（31～40岁）	48.33	27.78	23.89	0.00	0.00
第二代（41～50岁）	36.67	33.33	30.00	0.00	0.00
第一代（51～73岁）	17.78	42.50	39.72	0.00	0.00

根据列联表分析，不同代际调查对象与邻居社交时，普通话使用比例最高，继承语其次，本地汉语方言使用较少；随着年龄的增长，普通话和本地汉语方言使用下降，继承语使用增长，不使用英语和国家通用语和继承语兼用。

3. 与朋友交往语言使用的代际差异

第三代（21～30岁）调查对象36.67% 使用普通话，35.74% 使用继承语，27.59% 国家通用语和继承语兼用。第三代（31～40岁）调查对象37.93% 使用普通话，28.07% 使用继承语，34.00% 国家通用语和继承语兼用。第二代调查对象17.24% 使用普通话，49.43% 使用继承语，33.33% 国家通用语和继承语兼用。第一代10.00% 使用普通话，56.83% 使用继承语，33.17% 国家通用语和继承语兼用。本研究利用列联表分析去研究不同年龄的调查对象与朋友交往时语言使用是否存在显著的代际差异关系，并得到表4-2-3。

表 4-2-3 与朋友交往语言使用代际差异的列联表分析

年龄	普通话(%)	继承语(%)	国家通用语和继承语兼用(%)	本地汉语方言(%)	英语(%)
第三代(21～30 岁)	36.67	35.74	27.59	0.00	0.00
第三代(31～40 岁)	37.93	28.07	34.00	0.00	0.00
第二代(41～50 岁)	17.24	49.43	33.33	0.00	0.00
第一代(51～73 岁)	10.00	56.83	33.17	0.00	0.00

不同代际的调查对象与朋友交往时，第一代和第二代家庭成员使用继承语比例均最高，超过或接近 50%，继承语成为主要交际语言。第三代普通话使用比例超过继承语，普通话成为主要交际语言。随着家庭代际迭代，继承语和国家通用语和继承语兼用呈直线下降趋势，普通话呈直线上升趋势，不使用本地汉语方言和英语。

4. 与陌生人交往语言使用的代际差异

根据调查可以发现，调查对象在当地集市购物，与陌生人交往时，第三代（21～30 岁）的调查对象 60.71% 使用普通话，16.67% 使用继承语，6.43% 使用本地汉语方言，16.19% 国家通用语和继承语兼用。第三代（31～40 岁）调查对象中 50.00% 使用普通话，34.64% 使用继承语，2.10% 使用本地汉语方言，13.26% 国家通用语和继承语兼用。第二代中 46.07% 使用普通话，30.07% 使用继承语，6.07% 使用本地汉语方言，17.79% 国家通用语和继承语兼用。第一代调查对象 45.00% 使用普通话，26.67% 使用继承语，8.33% 使用本地汉语方言，20.00% 国家通用语和继承语兼用。本研究利用列联表分析调查对象在本地集市购物时，与陌生人交际语言使用是否存在显著的代际差异关系，得到表 4-2-4。

表4-2-4　与陌生人交际语言使用代际差异的列联表分析

年龄	普通话（%）	继承语（%）	本地汉语方言（%）	国家通用语和继承语兼用（%）
第三代（21～30岁）	60.71	16.67	6.43	16.19
第三代（31～40岁）	50.00	34.64	2.10	13.26
第二代（41～50岁）	46.07	30.07	6.07	17.79
第一代（51～73岁）	45.00	26.67	8.33	20.00

根据表4-2-4可知，不同代际的调查对象与陌生人交往时，普通话使用比例最高，本地汉语方言使用比例最低。随着年龄增长，普通话使用呈下降趋势，继承语呈上升趋势，国家通用语和继承语兼用使用比例呈直线上升趋势，本地汉语方言使用比例极低，第三代（21～30岁）调查对象使用的语言种类最为丰富。

（二）工作场域语言使用的代际差异

第三代（21～30岁）调查对象与同事交往时使用普通话的比例为40.00%，使用继承语的比例为27.27%，使用本地汉语方言的比例为7.15%，国家通用语和继承语兼用的比例为25.58%。第三代（31～40岁）调查对象与同事交往时50.00%使用普通话，24.24%使用继承语，8.54%使用本地汉语方言，17.22%国家通用语和继承语兼用。第二代59.72%使用普通话，21.21%使用继承语，10.47%使用本地汉语方言，8.60%国家通用语和继承语兼用。第一代调查对象37.27%使用普通话，30.56%使用继承语，22.87%使用本地汉语方言，9.30%国家通用语和继承语兼用。

本研究利用列联表分析不同代际的调查对象与同事交往时语言使用是否存在显著的代际差异，得出表4-2-5。

表4-2-5 与同事交往语言使用代际差异的列联表分析

家庭代际	普通话（%）	继承语（%）	本地汉语方言（%）	国家通用语和继承语兼用（%）
第三代（21～30岁）	40.00	27.27	7.15	25.58
第三代（31～40岁）	50.00	24.24	8.54	17.22
第二代（41～50岁）	59.72	21.21	10.47	8.60
第一代（51～73岁）	37.27	30.56	22.87	9.30

从表4-2-5可以看出，不同代际调查对象与同事交往时，普通话使用比例均最高，随着家庭代际迭代，普通话、本地汉语方言的使用呈曲线下降趋势，国家通用语和继承语兼用呈现上升趋势，继承语使用比例相差不大。

（三）公共场域语言使用的代际差异

在公共场合，第三代（21～30岁）调查对象54.59%使用普通话，2.23%使用继承语，23.07%使用本地汉语方言，20.11%国家通用语和继承语兼用。第三代（31～40岁）52.62%使用普通话，7.69%使用继承语，20.00%使用本地汉语方言，19.69%国家通用语和继承语兼用。第二代中48.03%使用普通话，14.75%使用继承语，23.33%使用本地汉语方言，13.89%国家通用语和继承语兼用。第一代44.75%使用普通话，18.03%使用继承语，26.15%使用本地汉语方言，11.07%国家通用语和继承语兼用。

接下来，本研究进行列联表分析并得出表4-2-6。调查对象在银行、医院和政府机关等公共场合，普通话使用比例均最高，接近或超过50%，普通话成为主要交际语言。继承语使用比例最低，即随着年龄的降低，家庭代际迭代，普通话使用呈直线上升趋势，继承语呈直线下降趋势，国家通用语和继承语兼用使用比例呈下降趋势，国家通用语和继承语兼用和本地汉语方言变化不大，使用比例低。

表4-2-6 公共场合语言使用代际差异的列联表分析

家庭代际	普通话（%）	继承语（%）	本地汉语方言（%）	国家通用语和继承语兼用（%）
第三代（21～30岁）	54.59	2.23	23.07	20.11
第三代（31～40岁）	52.62	7.69	20.00	19.69
第二代（41～50岁）	48.03	14.75	23.33	13.89
第一代（51～73岁）	44.75	18.03	26.15	11.07

二、间接社交活动语言使用的代际差异

间接社交活动主要指以社交媒体为主体，不受时空限制的交际活动。社交媒体交际包括社交媒体常用设置语言，发语音信息、打电话、发布短视频等社交媒体口语交际活动和发文字信息、发布文字博客、文字评论等社交媒体文字交际活动。

（一）社交媒体常用设置语言的代际差异

笔者发现，不同代际调查对象社交媒体设置常用语言中，第一代调查对象95.24%使用国家通用语，4.76%使用继承语。第二代94.05%使用国家通用语，5.95%使用继承语。第三代中21～30岁调查对象63.24%使用国家通用语，21.67%使用继承语，4.28%使用英语，10.81%使用其他语言；31～40岁中83.78%使用汉语，10.81%使用继承语，5.41%使用英语。本研究进行列联表分析得到表4-2-7。

表4-2-7 不同代际调查对象手机常用语言列联表分析

代际	国家通用语（%）	继承语（%）	英语（%）	其他语言（%）
第三代（21～30岁）	63.24	21.67	4.28	10.81
第三代（31～40岁）	83.78	10.81	5.41	0.00
第二代（41～50岁）	94.05	5.95	0.00	0.00
第一代（51～73岁）	95.24	4.76	0.00	0.00

根据表 4-2-7 分析可得，不同年龄段的调查对象手机常用设置语言主要使用国家通用语，其次是继承语，英语和其他语言的使用比例极低。随着家庭代际迭代，国家通用语使用比例呈曲线下降的趋势，继承语使用的比例呈直线上升趋势，英语和其他语言只在个别代际中使用，且使用比例极低。第三代（21～30 岁）使用的语言种类最为丰富。

（二）社交媒体口语交际语言使用的代际差异

根据表 4-2-8 可以发现，第三代（21～30 岁）调查对象 50.70% 使用普通话，49.30% 使用继承语。第三代（31～40 岁）调查对象 43.16% 使用普通话，56.84% 使用继承语。第二代调查对象 38.95% 使用普通话，61.05% 使用继承语。第一代调查对象 16.67% 使用普通话，72.81% 使用继承语，10.52% 使用本地汉语方言。

表 4-2-8　社交媒体口语交际语言使用列联表分析

家庭代际	普通话(%)	继承语(%)	国家通用语和继承语兼用(%)	英语(%)	本地汉语方言(%)
第三代（21～30 岁）	50.70	49.30	0.00	0.00	0.00
第三代（31～40 岁）	43.16	56.84	0.00	0.00	0.00
第二代（41～50 岁）	38.95	61.05	0.00	0.00	0.00
第一代（51～73 岁）	16.67	72.81	0.00	0.00	10.52

根据表 4-2-8 可以发现，调查对象运用社交媒体进行口语交际时，第一代和第二代中继承语使用比例最高，超过 50%，继承语是主要交际语言，普通话使用比例较低。第三代调查对象使用普通话比例和继承语相差不大，均在 50% 左右，普通话和继承语都是主要交际语言。随着家庭代际迭代，普通话使用呈直线上升趋势，继承语使用呈直线下降趋势。不使用本地汉语方言、英语和国家通用语和继承语兼用。

（三）社交媒体文字交际语言使用的代际差异

我们根据调查的数据得出表 4-2-9：调查对象使用社交媒体进行文

字交际时，第三代（21～30岁）的调查对象59.77%使用国家通用语，38.46%使用继承语，0.70%国家通用语和继承语兼用，1.07%使用英语。第三代（31～40岁）中70.57%使用国家通用语，28.46%使用继承语，0.97%使用英语。第二代中82.09%使用国家通用语，17.69%使用继承语，0.22%使用英语。第一代中84.62%使用汉语，15.38%使用继承语。

表4-2-9　家庭外部社交媒体文字交际语言使用列联表分析

代际	国家通用语（%）	继承语（%）	国家通用语和继承语兼用（%）	英语（%）
第三代（21～30岁）	59.77	38.46	0.70	1.07
第三代（31～40岁）	70.57	28.46	0.00	0.97
第二代（41～50岁）	82.09	17.69	0.00	0.22
第一代（51～73岁）	84.62	15.38	0.00	0.00

根据表4-2-9，调查对象在运用社交媒体进行文字交际时，国家通用语言文字使用比例均最高，超过50%，是主要交际语言。随着家庭代际迭代，国家通用语言文字的使用略有下降，继承语的使用稳中有升。第三代（21～30岁）调查对象使用的语言种类最为丰富。英语和国家通用语和继承语兼用只出现在个别代际中，且使用比例极低。

三、家庭外部语言生活的代际差异

家庭外部社交活动分为面对面直接社交和社交媒体间接社交，其特征如下。

（一）直接社交

在生活场域中，调查对象参加节假日聚会时，继承语是节假日聚会主要语言。随着家庭代际迭代，继承语使用比例呈曲线下降的趋势，普通话使用比例呈曲线增加的趋势。与邻居、交往时，普通话逐渐成为主要交际语言，且使用比例随家庭代际迭代呈上升趋势，继承语和本地汉语方言呈下降趋势。与朋友交往时，随着家庭代际迭代，继承语使用比例下降，普通话使用上升；在第一代和第二代中继承语是主要交际语言，但在第三代中，普通话成为主要交际语言。与陌生人交往时，调查对象的普通话使用比例最高，本地汉语方言使用比例最低，即随着家庭代际迭代，普通话使用呈上升趋势，继承语呈下降趋势，第三代（21～30岁）调查对象使用的语言种类最为丰富。在工作场域中，调查对象与同事交往时，普通话成为主要工作语言。随着家庭代际迭代，普通话使用呈上升趋势，继承语使用比例变化不大。第三代中，21～30岁调查对象使用的语言种类最丰富。在公共场域中，调查对象在银行、医院和政府机关等公共场域与陌生人交往时，普通话成为主要交际语言，继承语的使用比例最低，即随着家庭代际迭代，普通话使用呈上升趋势，继承语使用呈下降趋势。

（二）间接社交

在间接社交中，国家通用语逐渐成为主要的社交媒体设置语言。随着家庭代际迭代，使用汉语的比例呈下降趋势，继承语使用呈上升趋势，英语和其他语言只在个别代际中使用，且使用比例极低，第三代（21～30岁）使用的语言种类最为丰富。在社交媒体口语交际中，第一代和第二代中继承语是主要交际语言，普通话使用比例较低；第三代调查对象主要使用普通话和继承语，二者相差不大。随着家庭代际迭代，普通话使用呈上升趋势，继承语呈下降趋势。在社交媒体文字交际中，调查对象主要使用国家通用语，随着家庭代际迭代，国家通用语言文字使用略有下降，继承语使用较为稳定，第三代（21～30岁）调查对象的语言变体最为丰富。英语只出现在个别代际中且使用比例极低。

第三节　个体语库的建构：家庭语言实践的目标取向

一、语库的定义

斯波斯基（2011）认为语言库（简称语库）是由社会语库和个人语库共同构成的。社会语库指某一个社会所使用的各种语言及其语言变体的综合。个体语言库（简称个体语库）指个人所使用的各种语言及其变体的总和。个体语库的形成建立在语言能力、语言模式和对语言使用恰当性理解的基础之上。人们通过对语言模式的了解，不断习得语言，从而形成一定的语言能力，并形成对语域中恰当使用语言的理解。个体语库不是简单的语码堆砌，而是语言使用者逐步具备使用和选择语码的能力。

二、家庭的个体语言使用情况

（一）个人日常交际使用的语言及变体

语言变体是指具有相似特征的人在相同的社会环境中普遍使用的某种语言表现形式，既可以指语言、方言或语体，也可以指单个的语音、语法和词汇。

根据访谈和问卷调查，调查对象在家中与长辈交际时（表4-3-1），61.17%以继承语为主。除继承语外，调查对象对长辈语言变体使用比例从高到低依次是国家通用语和继承语兼用（20.39%）、普通话（14.56%）、本地汉语方言和其他语言（1.94%）。调查对象与在家中与同辈交际时

62.11% 以继承语为主。除继承语外，调查对象对长辈语言变体使用比例从高到低依次是普通话（21.36%）、国家通用语和继承语兼用（11.70%）、本地汉语方言（3.85%）、其他语言（0.98%）。调查对象在家中与晚辈交际时，56.30% 以继承语为主。除继承语外，调查对象对长辈语言变体使用比例从高到低依次是国家通用语和继承语兼用（20.38%）、普通话（19.40%）、本地汉语方言（1.96%）。调查对象日常交际使用的语言变体有：普通话、继承语、本地汉语方言、国家通用语和继承语兼用、其他语言。

表 4-3-1　调查对象日常交际时语言及变体使用调查列表

语言及变体	与长辈交际		与同辈交际		与晚辈交际	
	人数	比例(%)	人数	比例(%)	人数	比例(%)
普通话	178	14.56	261	21.36	237	19.40
继承语	747	61.17	759	62.11	688	56.30
本地汉语方言	24	1.94	47	3.85	24	1.96
国家通用语和继承语兼用	249	20.39	143	11.70	249	20.38
其他语言	24	1.94	12	0.98	24	1.96

（二）个人休闲活动使用的语言及变体

根据访谈和问卷调查，我们发现，调查对象在观看 / 聆听电视、电影、短视频、音乐等节日中，49.51% 使用汉语，35.92% 使用继承语，9.71% 使用英语，4.85% 使用其他语言；阅读报纸、杂志等 63.11% 使用汉语，24.27% 使用继承语，5.83% 使用英语，6.80% 使用其他语言；上网浏览信息时，60.19% 使用汉语，33.98% 使用继承语，0.97% 使用英语，4.85% 使用其他语言。手机常用设置语言时，82.52% 使用汉语，11.65% 使用继承语，3.88% 使用英语，1.94% 使用其他语言。因此，调查对象休闲活动使用的常用的语言变体有：汉语、继承语、英语还有其他语言（包括日语、汉语、德语等）。

（三）个人社会交往使用的语言及变体

笔者发现乌审旗城镇家庭社会交往主要为面对面的交往活动以及凭借社交媒体等开展的交往活动。具体可以表现为：节假日参加聚会，与邻居打招呼和聊天，与朋友聊天，在社交媒体上进行社交（包括使用文字和语音两种形式）活动（表4-3-2）。

表4-3-2　家庭社会交往语言及变体使用情况调查表

家庭外部社会交往	普通话/汉字（%）	继承语（%）	本地汉语方言（%）	国家通用语与继承语兼用（%）	英语（%）	小计（%）
节日聚会时使用的语言/话	21.36	75.73	0.00	2.91	0.00	100.00
与邻居交往常说的语言/话	63.10	29.13	7.77	0.00	0.00	100.00
与朋友交往常说的语言/话	34.66	52.43	0.00	12.91	0.00	100.00
社交媒体发语音信息，进行语音聊天或打电话时使用的语言/话	43.69	55.34	0.00	0.97	0.00	100.00
在社交媒体常用的文字	84.47	12.62	—	0.00	2.91	100.00

调查对象个体社会交往的常用语言及语言变体为普通话、继承语、本地汉语方言、国家通用语和继承语兼用和英语。调查对象在家庭外部参加节假日聚会社交活动时，21.36% 使用普通话，75.73% 使用继承语，2.91% 国家通用语和继承语兼用。这说明，调查对象在参加朋友聚会时继承语使用比例最高，普通话其次。调查对象在与邻居打招呼和聊天时，63.10% 使用普通话，29.13% 使用继承语，7.77% 使用本地汉语方言。这说明调查对象与邻居进行社交活动时，普通话使用比例最高，继承语其次。调查对象与朋友聊天社交时，34.66% 使用普通话，52.43% 使用继承语，12.91% 国家通用语和继承语兼用。这说明调查对象在与朋友聊天社交时继承语使用比例最高，普通话其次。调查对象在社交媒体开展社交

活动时，84.47% 使用汉语，12.62% 使用继承语，2.91% 使用英语。这说明调查对象在社交媒体开展社交活动时，汉语使用比例最高，继承语次之，英语使用比例最少。

（四）个人公共场合交际活动的语言变体使用情况

根据问卷调查，我们得到表 4-3-3。

表 4-3-3 家庭外部公共场合语言使用情况调查表

公共场合	普通话(%)	继承语(%)	本地汉语方言(%)	国家通用语和继承语兼用(%)	小计(%)
本地集市买东西时使用频率最高的语言/话	54.37	14.56	9.71	21.36	100.00
银行、医院、政府机构时常说的语言/话	59.22	8.74	9.71	22.33	100.00

在当地集市，调查对象 54.37% 使用普通话，14.56% 使用继承语，9.71% 使用本地汉语方言，21.36% 国家通用语和继承语兼用。在银行、医院、政府机构时，调查对象 59.22% 使用普通话，8.74% 使用继承语，9.71% 使用本地汉语方言，22.33% 国家通用语和继承语兼用。由此可见，调查对象在公共场合开展交际活动时，以普通话为主。

三、家长个体语库的目标取向

（一）家长个体语库的特征：语言多元化

斯波斯基（2011）提出"语言多元化"是指多语社区中，社员所掌握的、水平各不相同的几门语言。中华人民共和国成立后，中国共产党的民族政策和民族区域自治制度得到了人民群众的热烈拥护，语言教育也获得了重视和发展。根据个人语库和语言能力的问卷调查和访谈，笔者发现调查对象的个人语库最少拥有两种语言变体——国家通用语和继承语。受益于我国经济社会发展、语言教育政策的扶持、大众媒体的传播，无论是问卷调查、访谈，还是参与式观察，受访者均具备一定的普通话沟通能力，继承语也得到了保护和发展。随着三语教育在内蒙古自治区的开展，调查对象开始具备英语能力，他们当中还有人使用日语、俄语，本地汉语方言也被广泛使用。

（二）家庭语言实践的目标取向：个体语库的建构

人们的语言实践与个体的语言水平、语言模式和对语域中语言使用恰当性的理解密不可分。斯波斯基认为人们在进行语言选择时，通常与三个因素有关：语言模式、语言水平以及对该语域中语言恰当性的理解。这三个影响因素与语言实践紧密相连，语言水平决定语言行为，语言模式有助于解释人们的语言学习并为语言选择设置必要的条件。没有语言实践，就谈不上语言模式和语言水平，更无法形成人们对语言使用恰当性理解。

费什曼认为语言域应该由三个部分构成，即参与者、地点和话题。斯波斯基（2016）认为：第一，语言域都有参与者，它们不是作为个体参与者，而是以社会角色和社会关系来表现其参与特点。家庭域中参与者表现为一定的亲属关系。第二，语言域有自己的典型地点。语言域与社会现实和物理现实联系密切。前者表现为人物（即参与者），后者体现为场所（即地点）。参与者与地点间的不协调容易带来人际交流的不快，这意味着语言域中存在一些语言使用的规范。地点的各个物理特性是相互关联的，但在地点的这些物理特性中，地点的社会含义和社会理解是影响人们选择的最大因素。第三，语言域的话题，即一个语言域中谈论哪些内容是合适的。语言域中话题成分的内涵将得以扩大，它还将包含语言的交际功能，即人们为何要说话或写字。语言恰当性理解就是根据语言域的话题、地点以及参与者，选择合适的语码进行交际。语言恰当性理解是个人语言能力的表现，也是语言模式有机组成部分。同时，人们在学习语言时，通过了解语言模式，具备一定语言水平之后，才可以形成对语言恰当性的了解。在家庭语言实践中，语言多元化特征既表现为家庭成员具备多语能力，又表现为他们可以根据语域做出恰当的语言选择。在儿童的家庭语言实践中，家长希望通过家庭语言实践，帮助孩子建立族裔语言的语言规范、了解语言模式并具备恰当使用语言的能力。如果希望达到上述目的，个体语库的建构就至关重要。如果不具备语言水平、语言模式和对语言恰当使用的理解，个体的语言能力表现为是简单语码堆砌，就不能建构出个体语库。因此，家庭语言实践的目的是建构个体语库。

第五章　互动、调适与驱动：
家庭语言规划的科学建构

处理语言的关系，往往就是处理语言使用者之间的关系，就是处理语言的"社会关系"。在当今的语言规划中，要树立"语言生活""语言资源"意识，秉持"多语主义"，既要不断巩固普通话的主体地位，又要发挥其他语言及其变体的作用，保护好国家的语言资源，通过语言生活的和谐来促进社会和谐。

——李宇明（2019）①

斯波斯基（2016）提及语言规划理论旨在阐释个体语言使用者如何根据自己所属言语社区认可的语言规范做出的适当的语言选择。他受生态语言学的影响，认为语言规划分为宏观、中观和微观三个层面，涵盖家庭域、学校域、政府域等九大语域。每一个语域都有自己的语言规划，但也同样面临来自语域内部和外部的压力。高层级的语言规划会对低层级语域产生影响，低层级语域既是高层级语域语言规划的体现，也会影响高层级语言规划的实施效果。就家庭语言规划而言，家庭语言规划是一个从高度计划和协调到无形的、自由放任的连续体，在两者之间的地方发现了家庭在社会语言语境中使用的实用语言策略，使家长对孩子产生影响，继而改变孩子的语言实践。政府颁布的法律、政策以及监督措施，会影响公民个体的语言选择，同样如果某项家庭规划背离了语言发

① 李宇明.语言生活绿皮书——中国语言生活状况报告（2019）[M].北京：商务印书馆，2019：5-12.

展规律或违背了家庭利益、脱离了社会环境和社会结构，该家庭语言规划有可能对家庭成员，尤其是青少年儿童的语言实践造成负面影响。因此，国家通用语言文字的语言政策推广和实施离不开少数民族家庭语言规划的配合，而家庭语言规划的建构，离不开对其内外部影响因素的深入了解，离不开科学理论的指导。本章围绕着家庭语言规划的内外部影响因素，探讨民族地区家庭语言规划的建构路径。

第一节　家庭语言规划与家庭域内微观因素的互动影响

一、家庭语言规划与家庭结构类型的互动

（一）乌审旗家庭的结构类型

我国于 20 世纪 70 年代末 80 年代初开始严格执行计划生育政策，给中国的人口结构和家庭结构带来巨大的变化。乌审旗的家庭结构也发生了很大的变化，具体体现在家庭人口数量和每户生育孩子的数量。

1. 乌审旗家庭人口数量

笔者经过调查，得到表 5-1-1 中的数据。如表所示，乌审旗城镇家庭中第一代与孩子在一起共同生活的数量大大减少。第二代（41～50岁）和第三代（31～40岁）两个年龄段的调查对象正处在计划生育政策实施和快速城镇化发展的阶段，父母和孩子一起构成的核心家庭比例增加，扩展型家庭减少，祖辈与子孙辈、父辈与子辈分开居住的情况增加。

表5-1-1　乌审旗家庭人口数量（以居住在一起为标准）调查表

家庭代际	1人（%）	2人（%）	3人（%）	4人及以上（%）	小计（%）
第三代（21～30岁）	0.00	0.00	46.00	54.00	100
第三代（31～40岁）	0.00	5.41	35.14	59.45	100
第二代（41～50岁）	0.00	8.00	45.00	47.00	100
第一代（51～73岁）	4.00	42.86	19.05	34.09	100

2. 乌审旗家庭生育孩子数量

根据表5-1-2我们可以发现，家庭生育子女数量逐渐减少，独生子女占主要比例，但是受二胎政策的影响，第三代（21～30岁）中独生子女的数量有所减少，二胎的出生率有所增加。在访谈中，我们发现了城镇化和国家的计划生育政策都对乌审旗的家庭人数和子女数量产生影响，传统的大家庭已经被核心家庭逐渐取代。计划生育政策导致的少子化、城镇化改变了当地群众以游牧或农业为主的传统生计方式，大批农牧民或自愿或被迫离开了他们熟悉的牧场和农村，来到了城市。城市有限的面积导致乌审旗城镇居民的居住环境发生变化，三代甚至四代同堂的传统大家庭解体，取而代之的是核心家庭。随着国家全面二胎政策的实施，第三代（21～30岁）的家庭迎来了二胎的高峰期。在笔者调研的时候，多名第三代（21～30岁）的受访者表示正在或即将生育第二个甚至第三个孩子。

表5-1-2　家庭生育子女数量调查表

家庭代际	一个（%）	两个（%）	两个以上（%）	小计（%）
第三代（21～30岁）	56.00	36.00	8.00	100
第三代（31～40岁）	67.57	29.73	2.70	100
第二代（41～50岁）	65.00	35.00	0.00	100
第一代（51～73岁）	42.86	42.86	14.28	100

（二）乌审旗家庭语言规划与家庭结构类型的互动

1. 核心家庭增加，父母成为家庭语言规划的主体

随着城镇化进程加速，计划生育政策的实施，传统大家庭的解体，核心家庭数量不断上升。由于人口结构和家庭类型的变化，乌审旗城镇家庭中承担语言管理的主体不是祖辈、排行较长的兄姐或其他亲戚与保姆，而是父母。独生子女家庭的增加，传统上排行较大的孩子对弟妹的语言管理几近于无。生活和学习的主要抚养者和语言习得的启蒙者均是父母。父母作为儿童的主要抚养者、语言教育的决策者和启蒙者，成为家庭语言规划的主要规划者。我们在访谈和参与观察中发现，即便在隔代抚养的家庭或几代同堂的扩展家庭中，祖父母即便承担儿童的抚养责任和儿童语言习得的启蒙责任，他们也更愿意选择分开居住，也更倾向于听从父母的意见。

2. 父母进行家庭语言规划时，尊重孩子的意愿与兴趣

由于子女数量的减少，在乌审旗城镇家庭语言规划中，父母会考虑孩子的兴趣爱好与语言习得意愿。受当地传统文化的影响，当地居民以大自然为生活背景。他们的家庭生活随着气候、地理位置等自然环境的变化而变化，生活节奏张弛有度，不需要追求快节奏的生活，合作大于竞争。人际交往中更关注团结合作，不鼓励竞争。在家庭教育中，家长更关注孩子的生活舒适度，追求悠闲的、接近大自然的生活方式，并不鼓励孩子从事高压、快节奏生活，也没有要求孩子"出人头地""学而优则仕"的教育观。传统"逐水草而居"的生活方式让他们形成了崇尚自然、爱护生态环境的意识。这种意识深深地扎根在当地群众的价值观和人生观中，也融入了他们的家庭教育。家长在教育孩子的过程中，循序渐进，顺其自然，少说教强制，多榜样示范，不在意孩子的成败，认为只要尽力就可以，给孩子较多的自主权和选择权。在访谈和问卷调查中都发现了，无论是族际婚姻家庭，还是族内婚姻家庭，父母都提及了"看孩子喜欢什么""他爱学什么就学什么"。

3.儿童语言成人化，同伴互动缺失，语言习得途径发生变化

李嵬等（2016）认为计划生育政策对于语言使用产生的影响具体表现为：儿童语言缺乏"同胞模式"，造成语言早熟现象，以及祖父母"隔代教养"，在语言传播、语言保持和语言转换上起着至关重要的作用。在访谈中，笔者也发现下面情况。

个案1：

孩子：……找到了一个大的，嗯，一群大的，侦塔机（侦察机），侦察机发现了它们，然后就打沉了它们。"大和号"上面没有救生艇，"泰坦尼克号"上面有十条救生艇，所以"泰坦尼克号"上面的救生艇坐了一群人，嗯……是十个人。"大和号"被轰炸了，最后就粉身碎骨……那个小船被吃掉了，船里面有鲸鱼、虎鲸、大卡车、章鱼、乌贼、宇宙……（CML，男，5岁，2021年7月6日访谈）

母亲：我爸爸妈妈他们帮我们带孩子，主要负责让孩子吃好，生活上管好。教育的事还是我来做，因为我的学历高，我父母认为我教孩子会教得好，他们教不了，但是我要让他们帮我给孩子放英语歌或者看纪录片什么的，他们会照做。我们一点普通话也没教。现在语言环境好，我觉得他大了自己就会了。他的普通话是看抖音学的（LXR，女，36岁，2021年7月6日访谈）。

个案2：

孩子：（指着汽车卡片）这是呜嘀嘀，（指着白鹤卡片）这是呜嘀嘀，（指着金鱼卡片）这也是呜嘀嘀。（笑起来，被妈妈拉回来重新坐到沙发上）这是卡车，嗯……轮船、坦克、嗯……白鹤、金鱼……（WML，男，4岁，2019年8月6日访谈）

父亲：我老婆在下面（镇）上班，平常回不来，周末才能回来。我家里请了保姆管孩子吃饭，教东西是我自己。我下班回去给他讲故事，陪他看电视。也没有怎么教，我觉得大了去幼儿园就都学了，现在就是陪他玩。我们没有教他普通话，家里没人讲普通话。他是看电视学的

（DYF，男，31 岁，2019 年 8 月 6 日访谈）。

个案 1 和个案 2 均为族内婚姻家庭。个案 1 中有三个孩子，CML 是 5 岁的长子，他还有一个 3 岁的妹妹和一个 1 岁的弟弟。个案 2 中的 WML 为独子，4 岁。个案 1 和个案 2 的父母均忙于工作，日常照料由祖辈或保姆承担。个案 1 和个案 2 中的孩子在接受幼儿园教育之前，并未在家庭通过父母接受普通话的启蒙教育，而是通过书籍、电视、电子产品、游戏、手机 App 等进行国家通用语言习得教育。他们不会讲乌审旗方言，也没有与之日常互动讲普通话的小朋友。他们接受语言的模式在很大程度是"成人的""书面的"。如个案 1 中"侦察机""救生艇""鲸鱼、虎鲸、大卡车、章鱼、乌贼、宇宙""粉身碎骨"，个案 2 中"卡车、轮船、坦克、白鹤、金鱼"等词汇都是通过抖音短视频和电视教育节目习得的国家通用语言书面词汇。在参与观察中，笔者发现个案 1 和个案 2 中的父母均对孩子的国家通用语言能力表示惊讶。在笔者开展参与观察之前，他们跟孩子互动均以继承语言为交际工具，并未意识到孩子已经掌握了大量的国家通用语言词汇，尤其是一些专业领域词汇，如海洋动物词汇、军事词汇等，有些词汇已经超出了家长自身的国家通用语言的语库。儿童语言成人化趋势明显，而且儿童语言习得途径从与父母语言互动为主逐渐扩展到阅读绘本、观看电视、网络等视听资源以及社交媒体等。

综上所述，家庭语言规划与家庭结构类型发生互动，具体表现为传统的大家庭迅速解体、核心家庭日益增加、独生子女现象非常普遍。儿童语言发展缺乏"同胞模式"、被家庭成员过度关注、语言和心理早熟。在乌审旗城镇家庭结构类型与家庭语言规划的互动下，父母成为乌审旗城镇家庭规划的主要规划者，孩子作为家庭的重心，受到关注和尊重。其能动性被家长承认，并存在儿童语言成人化，同伴互动缺失、语言习得途径发生变化。父母与子女之间代际互动的结果可能是两个非常不同的发展方向——聚合或离散。当两代人相互学习并适应对方时，会发生聚合，反之则离散①。家庭语言规划与家庭结构类型的互动关系导致父母与子女的语言发展发生离散。家长的语言模式和语言能力对孩子语言习得影响减弱。

二、家庭语言规划与家长教育经历的互动

（一）内蒙古自治区语言教育体系完备，受教育程度大幅提高

根据内蒙古自治区统计局发布的第七次人口普查数据，内蒙古自治区具有大学（指大专及以上）文化程度的人口为449.4308万人。与2010年相比，每10万人中拥有大学文化程度的由10208人上升为18688人，15岁及以上人口的平均受教育年限由9.22年提高至10.08年，文盲率由4.07%下降为3.30%。根据内蒙古自治区政府官方数据，截至2018年，内蒙古自治区学前教育毛入园率达到94.1%，小学入学率实现100%，初中入学率增长到98.88%，义务教育普及程度保持较高水平。高中阶段毛入学率达到92.70%，提前完成国家"十三五"期间基本普及要求，进入优质特色多样化发展新阶段。2020年第七次人口普查中，乌审旗常住人口中，15岁以上人口的平均受教育年限由9.17年提高至10.06年，文盲率由4.33%下降到4.25%。各种受教育程度人口和文盲率的变化，反映了内蒙古自治区普及九年制义务教育、大力发展高等教育等措施取得了积极成效，人口素质不断提高。内蒙古自治区语言教育继续保持全国领先水平，全区独立设置的民族中小学校有493所，实行双语教学的有441所，建立了从学前到中小学和高等学校各阶段有效衔接的双语教育体系。在问卷调查中，调查对象的受教育程度在大专及以上的有914人，占74.76%；高中或中专的有166人，占13.59%；初中的有36人，占2.91%；小学的有47人，占3.88%，未接受过教育的有59人，占4.85%。

（二）家长教育经历影响家庭语言意识

笔者在族内婚姻家庭访谈中，发现如下情况。

个案1：汉族学生学英语是因为他们想出国。他们压力大，所以得好好学，多学一门语言肯定有用，但是对我的孙子没用，因为他不会在乌审旗街上碰到外国人。但是学校让学英语就学吧，不然考不了好学校。我告诉他好好学继承语言和普通话，以后工作生活都用得上。英语为了高考也得好好学，不过英语分值不高，如果他实在不喜欢就算了，回来也用不上（GYY，女，62岁，小学二年级，2019年1月27日访谈）。

个案1接受过小学二年级教育，然后辍学务农。她认为孩子学习英语"没用"，因为回乌审旗"用不上"，但是"学校让学"不然"考不了好学校"。可见，她认为英语学习动机以"升学"的工具性动机为主，但是国家通用语和继承语言的学习是为了"以后工作和生活都用得上"，工具性动机与融合性动机兼有。第一代家长大多数教育程度不高，仅接受过小学教育，或者为未接受过教育。他们通常没有明确的语言教育态度，比较崇尚继承语言的自然代际传承。他们在家庭开展继承语言教育多出于民族身份和民族文化的融合性动机，更看重继承语言的象征功能。除了继承语言，他们并不刻意要求孩子学习其他语言，通常以学校教育为标准，遵循国家教育政策，将国家通用语言教育和外语教育与升学和就业等动机相挂钩。

个案2：年轻人现在都进城里了，对牧区什么都不了解，对传统文化都不知道。他们再不学继承语，以后继承语就没人说了。普通话现在那么普及，到哪儿都用得上，肯定要学。英语没用，留在外面可能有用，回内蒙古自治区没用（DBB，男，48岁，中专，2019年1月28日访谈）。

个案3为初中学历，他害怕年轻人不学习继承语言，以后"继承语言没人说了"。可见，他认为继承语言学习是传承民族文化和保护民族语言。个案2的语言教育态度较个案1更为清晰，他对继承语言的未来发展有忧虑感，多出于情感因素学习继承语言，为了更好地保护和继承族裔语言而明确要求子女学习继承语言，但是他们也承认继承语言交际功能日益受限。他们要求孩子学习继承语言的同时，也明确要求子女学好国家通用语言，将国家通用语言与经商、就业、升学等工具性动机相连，充分肯定国家通用语言的交际功能。

个案3：继承语肯定要学好，学好继承语，学其他语言就容易了。中文和英语必须要学。我们的理科教育不好就跟语言教育不好有关。用继承语教学如果真正到北京这种地方去，是无法适应的，没有竞争力。我们这里的语言教育弱，对于信息的获取和思维逻辑都有影响，所以要学汉语和英语，要加强语言教育（DX，女，34岁，本科，2019年8月10日访谈）。

个案4：家里面跟老一辈的人交流用继承语言更方便一些，我老公一直希望孩子能够学会继承语，因为他觉得多学一门语言是优势，在内蒙古自治区，会继承语肯定是有优势的。在他们单位，双语兼通的人才特别受欢迎。但是按目前情况来看，我儿子现在学继承语可能有点晚。英语在我们这没用，就是为了考试学的。汉语肯定要学，中国人不会汉语怎么行（SL，女，30岁，本科，2019年8月16日访谈）！

个案5：我儿子现在学继承语言，平时就教他一些，不忘本就好。汉语现在那么普及，到哪儿都用得上，肯定要学。不管是哪个民族的孩子都有必要学英语，现在英语也快成为世界通用语了，多一门语言多种选择，有条件出国留学的话都用得到，哪怕是培养自己的兴趣爱好也行（GX，女，34岁，本科，2020年2月20日访谈）。

个案3、个案4和个案5的受访者均为本科学历。但是三个人的教育经历不同，个案3在内蒙古自治区以外完成本科教育，个案4在内蒙古自治区上大学，个案4在美国获得本科学历。个案3的继承语言教育的动机是"学其他语言就容易了"，英语和国家通用语教育的动机是"对于信息的获取和思维逻辑都有影响"。他认为继承语言学习不仅仅是民族语言和文化的传承，也是一种获取资源的方式，继承语言的语音和语法将有助于他们学习其他语言。他给孩子进行继承语言教育的目的不仅仅是传承民族文化，继承族裔语言，还要为其他语言教育奠定基础和创造有利条件。同时，他们也认为国家通用语和外语的学习可以改变他们的思维方式，尤其是"信息获取和思维逻辑"，节省交易成本，大大减少沟通时间。个案 4 希望孩子学继承语言"与老一辈人交流方便一些"以及"双语兼通人才受欢迎"，学习英语"为了考试"，而学习国家通用语言是因为"中国人"的民族身份。她进行继承语言教育的目的不仅仅是出于维持民族身份，还是为了能够和年长的家庭成员交流，维持家庭亲密关系。同时，她看重国家通用语言的象征功能，国家通用语言已经成为中国人身份的象征。个案 5 认为儿童接受继承语言教育，为了"不忘本"，即维持民族身份。但是，她充分肯定国家通用语的和英语的习得价值。在调研中发现，未接受外语教育或未离开内蒙古自治区的家长对英语的交际价值评价较低，认为没有必要学习，即便学习英语，其动机也仅限于升学、旅游、留学或就业。但有过外语学习经历或出省接受高等教育的家长出于文化猎奇心理、了解世界、开阔视野等动机学习英语，动机更加多元，也更支持孩子学习英语。教育程度越高、教育经历越丰富的家长，语言教育态度更多元化，主体间性凸显。

（三）家长教育经历影响家庭语言管理行为

如第三章所述，父母是家庭语言规划的主体，具有身份叠加的特点。父母既是语言教育者，又是语言学习者。他们的语言学习者身份会直接影响他们的语言教育者身份。作为语言学习者，良好的语言能力、丰富的语言学习经历、明确的语言学习动机等都有利于语言管理者形成正确的语言观、有能力纠正孩子或其他家庭成员的不当言语行为以及科学规划儿童的家庭语言习得，成为一个合格的语言教育者。他们的教育程度会影响他们的语言能力，而他们的语言能力会影响他们的家庭语言管理。家庭对家庭语言环境的管理主要通过家庭语言选择来实现。随着教育程度的增加，父母对孩子语言选择的管理程度升高，对家庭语言环境的管理越强。60%没上过学的调查对象对孩子的家庭语言选择不干涉，迁就孩子的语言选择；但是到了大专以上教育程度，只有10.39%的调查者对孩子的家庭语言选择不加以管理。他们的教育程度直接关系到他们能否形成正确的语言观、是否可以科学有效地管理家庭语言生活，是否可以纠正孩子或其他家庭成员的不当言语行为等。他们不仅影响到家庭语言管理的成果、家庭语言规划的有效性，也会影响到他们下一代的家庭语言习得、语言使用和语言继承。

三、家庭语言规划与家庭读写环境的互动

（一）当代家庭语言读写环境日益复杂

中华人民共和国成立70年以来，语言生活的显著变化之一就是双语双言人的大量涌现[①]。70年前，多数中国人都是单语人，要么会说汉语的一种方言，要么会说一种民族语言，如今双语双言人（包括多语多言人）已经成为中国人民群众的主体。随着教育程度的增加，第二代家长和第三代家长不仅具备国家通用语言的口语和书面语能力，也具备继承语言的听说读写能力，甚至相当一部分也掌握了英语或其他外语的听说和读写能力。因为家长教育经历各异，教育程度有所不同，教育动机和教育目的也随之不同，家庭语言读写环境异质性凸显。有的家庭要求儿童全面掌握国家通用语的听说读写能力，有的认为儿童只需掌握国家通用语的听说能力即可，有的希望自己的孩子达到和汉族学生一样的国家通用语能力。亲子共读、诵读、写作训练班、口才与演讲等各种教育培训活动兴起，家庭语言读写环境日益复杂。儿童是否会遵从家长、教师和社会认同的语言规范[②]？家长们如何合理规划儿童的语言发展，以何种规范为标准？家庭对待新词语、网络词语、方言、外语采取何种态度？这些

---

① 李宇明.中国语言生活的时代特征[J].中国语文，2012（4）：367–375，384.
② 李宇明.论语言生活的层级[J].语言教学与研究，2012（5）：1–10.

问题一旦处理不当，会对社会安定造成负面影响。

（二）乌审旗家长重视语言的听说能力超过读写能力

纵观当地语言教育的发展历史，"逐水草而居"的游牧生活方式使当代人民群众不断变化生活环境，不断适应新的自然环境和社会环境，不断与新的部落或民族交流、交往、交融。他们善于总结生活中的经验，也善于学习其他民族的优点，并运用到自己的生活生产实践中，体现出极强的实用性。当地群众在有文字之前，在相当长的历史时期都是通过口承的方式自然代际传承民族语言，能够读写继承语言文字的人更是寥寥无几。在传统文化的影响下，他们多关注语言的交际性和语言教育的实用性，认为能够用语言进行有效交际是衡量语言能力的标准，家庭语言使用频率并未影响个体语言读写能力的发展。因此，家庭并不是语言读写能力发展的主要场域。

（三）乌审旗家长主要采取积极策略，管理家庭读写环境

受访者通过管理家庭语言资源、管理家庭语言环境，邀请孩子的朋友来家做客等策略来管理家庭语言实践。家庭语言管理者们主要采取正面、积极的管理策略，以鼓励、引导为主，不回应、不允许族际通婚、对不讲继承语言的孩子实施惩罚等管理策略较少。家庭语言管理者对家庭语言资源存在显性管理行为，其管理策略都是以国家通用语资源为主，继承语言资源次之，英语资源最少。家庭语言环境管理与父母的代际存在相关关系，即随着家庭代际迭代，提供外语资源和多语资源的管理者越多，同时会考虑到孩子的需求和喜好，但也会受制于宏观因素，如经济、文化和社会语言环境，继承语言和多语资源较少。族内婚姻家庭更倾向于积极创建家庭多语读写环境，喜欢给孩子购买多语的绘本、字母卡片、视频资料等，兼顾继承语言、国家通用语言和英语的三语学习。族内婚姻家庭更喜欢创建国家通用语言读写环境，多采取亲子阅读，加大国家通用语言资源的阅读量等策略，帮助孩子学习国家通用语言。

第二节　家庭语言规划与家庭域外宏观因素的调适作用

一、家庭语言规划与多元一体族群关系的调适

（一）家庭语言规划是铸牢中华民族共同体意识的基础途径

斯波斯基（2011）认为，语言规划关系到家庭内部决定让孩子在成长过程中使用哪种语言，并反映外部压力。家庭语言规划可以了解语言政策如何反映外部压力，是语言规划研究的重要领域。李宇明（2016）认为"当前中国的语言竞争最激烈也是语言矛盾最集中的领域是教育，其次是大众传媒和家庭"[①]。如何在家庭场域，尤其是民族地区，处理好国家通用语教育、民族语言教育和外语教育的关系，成了民族教育工作者和语言教育工作者关心的热点问题。家庭域作为十大语言域中之一，会受到比它层级更高语言域的影响。家庭语言规划是宏观语言规划的反映，是语言规划研究的重要领域，关系到多元一体的族群关系是否和谐发展，也可以反映家庭成员的语言认同和国家认同。

笔者在访谈中发现如下情况。

个案：过去你很难有标准口音，没有标准口音，一群人就没有共同意识，无法团结起来。大家都使用汉字是长期形成的结果，汉语根基很厚，唐朝鲜卑族用汉语，元朝也用汉语，清朝也使用汉语，每一个朝代都会用这一套书写体系。这一整套做法不断地给汉字体系添砖加瓦，慢慢形成

[①] 李宇明 . 语言生活与语言生活研究 [J].语言战略研究，2016，1（3）：15-23.

"中华文化"这个概念。中华文化这个概念是那么多民族共同打造出来的，以汉字形式出现（DX，女，34岁，本科，2019年8月10日访谈）。

受访者认为各民族使用国家通用语，是"长期形成的结果"，各民族人民"不断地给汉字体系添砖加瓦"，从而形成"中华文化"这个概念。中华文化是"那么多民族共同打造出来的，以汉字形式出现"。他对国家通用语的认同反映了他对国家和中华文化认同。他的语言意识会体现在家庭语言管理和家庭语言实践中，从而影响下一代的语言认同、文化认同和国家认同。因此，家庭语言规划反映了当地多元一体的族群关系，是铸牢中华民族共同体意识的基础途径，也是民族团结、社会发展和国家稳定的重要保障。

（二）多元一体族群关系影响家庭语言规划的制定和实施

乌审旗多元一体的族群关系是否和谐直接影响着家庭场域中家长是否会支持子女学习国家通用语，是否决定传承族裔语言，以及是否需要学习一门或一些外语。受访者认为"不学普通话无法在中国土地上生存"，普通话已经成为国家通用语言。只会继承语言如同"一条腿走路，走不远"。受访者在多元一体的族群关系影响下自我调适，开展家庭的国家通用语教育，并根据交际对象、地点和话题，有意识或无意识的进行语言管理，决定国家通用语、继承语和外语何时应该被使用，使用频率的高低，应遵循什么样的语言规范及其学习方法，是否提高学习资源等。因此，家庭语言规划会在多元一体的族群关系影响下进行自我调适。

二、家庭语言规划与转型升级社会经济的调适

（一）家庭语言规划为少数民族劳动力的人力资本赋能增效

在人口流动和信息化两大驱力的推动下，语言对经济的贡献越来越显著。在全球化背景下，语言不仅仅是"民族身份的符号"，更是"一

种商品，一项在劳动力市场具有价值的技能"①。人们一方面追求多语能力的发展，力求占有更多的语言资源；另一方面英语和国家通用语言也随着全球化的趋势日益强势，地方语言和少数群体语言日益受限。乌审旗位于交通不便和经济不发达地区。受历史原因和客观环境的影响，乌审旗的经济常因位置偏远，而与外地的经济联系和合作不够紧密。国家通用语的推广范围和普及程度直接影响民族地区的对外经济合作与发展，同样也会影响本地的投资环境。因语言障碍而引起的地区经济信息不畅、合作不多、发展不快的局面，会因科学的语言规划而改善。语言技能是当地人民群众人力资本的重要构成元素，他们要想在竞争日益激烈的劳动力市场上占有一席之地，就必须掌握国家通用语言，甚至国际通用语言。只有这样才能有效提高他们与其他民族劳动者的交流效率，提升他们在劳动市场的参与度。家庭语言规划有助于提高少数民族国家通用语言的教育质量，发展少数民族劳动者的国家通用语能力和跨文化交际能力，帮助他们掌握多种语言技能，从而有可能获得从事劳动技术含量较高，劳动收入较高的中高端工作岗位的机会。家庭语言规划可以有效地推广国家通用语和国际通用语学习，保护少数民族语言文字的传承，加深民族地区对外部世界的认识，加强民族地区与外部世界的联系，从而加速乌审旗地区的经济发展。因此，乌审旗家庭语言规划有助于少数民族经济的对外合作与发展，并为少数民族劳动者的人力资本赋能增效。

（二）乌审旗转型升级的社会经济给家庭语言规划提供物质基础

乌审旗受益于民族区域自治制度，在改革开放的推动下，在中国共产党的领导下，社会经济快速发展。各民族人民创造物质财富的同时，也分享了社会经济的成果。受益于我国改革开放和经济发展的丰硕成果，乌审旗家庭的收入和财富普遍增加。根据《乌审旗 2021 年国民经济和社

---

① David B. Language and globalization[M]// Hornberger N H. Encyclopedia of Language and Education: 2nd Edition. New York: Springer, 2008: 35.

会发展统计公报》，全旗居民人均可支配收入 39318 元。其中，城镇居民人均可支配收入达到 51284 元，农牧区人均可支配收入达到 23845 元。内蒙古自治区统计局公布的 2020 年内蒙古自治区平均工资的数据为：鄂尔多斯地区城镇非私营单位就业人员年平均工资为 82351 元，私营单位就业人员年平均工资为 48066 元。转型升级的社会经济提高了乌审旗城镇家庭收入，也为语言规划提供了物质基础。在乌审旗家庭语言管理研究中，受访者愿意为了孩子的语言教育而购买绘本等语言教育资料，甚至购买平板电脑、学习机等各种学习设备，提供各种语言资源，甚至有受访者表示为了让孩子享受更好的教育资源，愿意在鄂尔多斯市区买房子。受访者为了让孩子提高国家通用语能力，掌握更多的语言资源，送孩子去"汉授"学校，甚至去自治区外的大学接受国家通用语言教育，送孩子到正蓝旗老家学习标准继承语言，甚至支持孩子出国留学。家庭语言管理需要一定的经济基础，而中华人民共和国成立以来，尤其是改革开放以来，乌审旗高速发展的社会经济奠定了当地家庭语言规划的物质基础。

三、家庭语言规划与变动不居社会文化的调适

（一）家庭语言规划是形成中华民族文化认同的初始场所

黄河文化、边塞文化与河套文化，游牧文化与农耕文化，传统草原文化、红色文化与现代工业文化都在乌审旗交汇交融，形成了独具特色的乌审旗地域和民族文化，共同汇聚成中华文化的洪流，并为中华民族共同体文化注入新的内容。乌审旗家庭浸润在这样的社会文化环境中，传承当地特有地域文化和民族文化，同时也是儿童接触多元文化的窗口，更是形成中华文化认同的重要场域和培养正确文化观的初始场所。

（二）变动不居的社会文化为家庭语言规划提供丰富的文化资源

韩礼德（Halliday, 1978）指出语言具有表达、互动和指涉三种功能。表达功能是指言语和文字让个人和群体能够表达自我、抒发感情、表达

思想。互动功能是指让某个"信息发出者"与"信息接受者"进行互动式交流，旨在影响受众。对会话者进行劝说、提供信息、传达信息或获取信息，参与者面对面根据反馈不断调整，共同建构正在言说的意义。指涉功能让言说者和书写者可以指涉或描述物体、个人、思想或观念。无论是语言使用，还是语言习得，都要涉及三要素：话题、场域和对话者。家庭话语体系的构建绝不仅仅是语言形式的传承，更多的是语言背后文化的传播和传递。家庭语言教育背后的信息传递与表达、文化的传播与传递既是语言的基本功能，也是语言传承的重要内容。家庭语言规划不仅是对语言形式的传承，也是对语言功能的规划。家庭语言教育既可以是显性的教育，如父母或长辈有意识、有目的地传授生活技能、生产知识、风俗习惯、民族语言等，包括言传身教、榜样示范等；也可以是隐形的教育，如家庭文化、家庭氛围、人际关系、家风家训等思想观念、意识形态等潜移默化的影响。家庭语言教育既能帮助孩子们有效地认知世界，熟练掌握本民族语言、增强智慧、提高思维能力，也是传承民族文化的关键所在，对民族成员的教育起到了不可替代的作用。因此，变动不居的社会文化为家庭语言规划提供了丰富的文化资源。

四、家庭语言规划与多言多语社会语言环境的调适

（一）乌审旗家庭语言规划是族裔语言传承的重要场域

家庭作为社会生活的基本单位，承担两个基本功能：一个是人口再生产，即家庭的生育功能；另一个是文化再生产，即家庭的教育功能。人类社会的生存和发展必须以人口的不断繁衍和文化的传承发展为前提条件。家庭天然担负着文化传承和语言传递的功能。家庭语言教育既包括语言的自然代际传递，也有传统文化的继承。学校、家庭、民俗活动是语言传承的"铁三角"[1]，拥有这一"铁三角"，语言的自然传承和理

---

[1] 李宇明.语言竞争试说[J].外语教学与研究，2016，48（2）：212.

性传承两种方式并行发力，语言才是安全的、稳固的、充满发展希望的。失去任何一个，语言就存在着严重的发展隐患和安全隐患。语言是文化的载体，任何文化的传承和保护都离不开语言的基础作用。受历史、地理、人口等因素的影响，乌审旗是民族传统文化保留传承最完整的地区之一。斯波斯基（2011）认为家庭要做出决定是否给后代传承族裔语言，这个决定极大地影响家庭语言转用和语言保持。人们通常把这个决定看成影响家庭语言规划的关键措施。家庭语言规划的成效直接关系到民族传统文化和语言文字的传承和保护。家庭语言规划可以完成族裔语言传承的代际传承，降低一部分当地群众的文化焦虑，可以为学校继承语言教育提供补充，并平衡国家通用语和民族语言之间的张力关系。

（二）国家通用语能力是乌审旗城镇家庭语言规划的重要内容

因为历史、地理、经济、政治等原因，内蒙古自治区东部一直是双语教育的中心，内蒙古自治区东部的群众受汉语言文字影响较大，国家通用语能力较好。而内蒙古自治区的西部地区，尤其是鄂尔多斯地区群众的国家通用语能力与东部地区比还存在一定差距。乌审旗历史上一直以牧业为主，又因为交通不畅，与其他地区交往有限，相对封闭，当地的方言保留了较多古代继承语言的特点。各地汉族移民自清朝末年起大量迁居至此地，多言多语现象普遍。"个体语言能力的提升还主要依靠家长和市场"[①]。家庭是个体语言习得的起点，是语言教育规划的重要场域。科学制定家庭语言规划，妥善处理家庭语域的语言矛盾，才能有效发展当地人民群众，尤其是学前儿童的国家通用语言能力。

（三）家庭语言规划与宏观语言政策相互影响

斯波斯基(2009)认为"每个语言域都要受到更大范围的社会语言生态的影响""任何一个家庭也都不会是一个封闭的社会语言单位"。随着

---

① 文秋芳.对"国家语言能力"的再解读——兼述中国国家语言能力70年的建设与发展 [J].新疆师范大学学报（哲学社会科学版），2019，40（5）：57-67.

国家推广普通话，普通话已经成为我国通用语，可以方便全国各地的人民交流使用。全球化进程加快、大众媒体的普及都使语言出现"马太效应"，即强者越强，弱者越弱。普通话的使用范围不断扩大，功能愈加增强，声望也越高，地位也越重要；相反，民族语言的使用空间被挤压、功能减少、声望减弱。正如受访者 D 所说的"我爷爷、奶奶和爸爸也说让我好好学普通话，不然考不上大学，而且普通话现在大家都说，继承语言只能在我们家这边说，用得少了""工作用不上英语，学英语没用"；G 所说的"高考本来也要考汉语呀，所以我学汉语，我爸妈觉得是好事，能考上大学"；A 所说的"普通话用得多"，都揭示出无论是家长还是孩子，他们在进行语言规划时，都会受到社会环境和语言功能的影响。这也印证了斯波斯基 (2009) 的观点，即"假如儿童能够同样顺畅地使用两门语言，改变他们选择语言的动力不是父母的语言实践和愿望，而是外部的语言环境"。一方面，家庭语言规划对于国家宏观语言政策和教育政策的制定和实施起到重要作用，因为国家宏观语言政策与规划为大众语言生活服务，而民众的家庭语言规划，尤其是多言多语地区的家庭语言规划是制定政策和规划的重要依据。我国幅员辽阔，语言众多，各地区、各民族间语言差异较大，语言政策与规划的制定离不开家庭语域的语言意识形态、语言管理和语言实践的实证调查和个案积累，否则相关政策与规划容易脱离实际，缺乏有效性和针对性。另一方面，国家语言政策的导向、大众媒体的宣传和公共舆论等会影响民众的语言意识形态和客观语言行为，继而改变家庭语言规划，会对家庭成员个体产生具体影响。

第三节　家庭语言规划中语言意识形态的驱动机制

斯波斯基（2011）认为：家庭语言实践是家庭语言信念和语言管理的物质基础。家庭语言实践提供家庭语言使用模式，语言使用模式产生语言能力，语言能力又决定语言行为，人们通过语言行为形成自己对语言的感知，继而形成语言信念；家庭语言意识源于家庭语言实践，并影响家庭语言管理。人们因为语言意识形态而对使用的语言进行选择，继而通过控制语言环境和语言资源数量来影响和指导家庭语言管理；家庭语言管理反映家庭语言意识，改变家庭语言实践。家庭语言管理可以反映管理者的语言意识形态，通过语言管理策略，影响儿童语言习得和语言使用，从而改变家庭语言实践。

一、家庭语言意识推动或阻碍语言管理的代际资本传递

不同婚姻类型家长对国家通用语的态度不同，具体表现为族内婚姻家长充分肯定国家通用语理性价值，族际婚姻家长肯定其情感价值。族内婚姻的受访者对国家通用语的理性价值评价较高，超过了对继承语言和英语的理性价值评价。访谈对象充分肯定了汉语的有用度和影响力："不学好汉语就不能去好学校上学。""现在全国都讲普通话，你出门讲普通话谁都能听懂；讲继承语的话，出了内蒙古自治区，出了乌审旗，有几个能听懂？""手机上都是汉语软件，继承语的软件特别不方便，不会汉语连手机都用不了。"在一部分继承语言发生转用的族内婚姻家庭中，家长也对国家通用语的情感价值予以肯定。笔者在参与观察中发现如下情况。

5岁男孩CML通过观看了一年抖音视频，而"无师自通"地掌握了大量的国家通用语专业领域词汇，并能自如地运用普通话与其他人沟通。值得注意的是，不同于父母带有本地方言口音的"乌审旗话"，他的普通话发音非常标准且大量使用书面词汇、成语和专业词汇，如描述"大和号"沉船事件，会使用"粉身碎骨""轰炸""盘旋""攻击"等词汇。他观看"泰坦尼克号"英文纪录片后，虽从未系统学习过英语，但是也可以熟练地自行拼写出"TITANIC"（图5-3-1）。

图5-3-1　5岁男孩绘制"泰坦尼克号"并自学拼写"TITANIC"

同样，笔者邀请TL带着她两岁三个月的儿子一起去西餐厅就餐，发现：

孩子对普通话的确没有反应，包括在他周围喊"宝宝"，或者拿食物给他吃。只要不是站在孩子正对面，孩子对我们的声音和话语都没有反应。但是餐厅老板对孩子说继承语的时候，即使站在孩子的侧面或背面，孩子也有明显的反应。他们会扭头去看老板，伸手接食物。TL与我交谈的时候，孩子在旁边观看没有任何字幕的英文动画片。当我用英语说"balloon"，孩子会抬起头，并且抓住我手里的紫色气球，准确地喊出"purple"（笔者的田野观察笔记，2019年8月15日）。

TL的儿子从一岁半开始的学习继承语言和英语。每天没有固定的时间，主要是母亲跟孩子说继承语言和英语，看英文动画片和继承语、国家通用语言和英语三语绘本。但三语的绘本非常少，主要是识字类书籍，或者继承语言故事配上一些英语单词，情节简单。她提道："我俩主要用继承语言交谈。我每天学英语的时候，他就在我旁边听。我一直读，他就会读了，一直输入就会有反应。然后他会把书拿来问我，尤其是他会的，他会愿意跟我说。"

根据调查发现，相当一部分乌审旗家长认为国家通用语教育资源和语言环境要优于继承语言和英语。他们认为家庭语言规划应是对宏观教育政策和语言规划的补充和调适，应该"补足短板""发挥长处"。

二、家庭语言意识加速或延缓语言实践的个体语库建设过程

斯波斯基（2016）认为"人们在交流时的语言选择在本质上通常取决于他们对语言域的语言使用恰当性的理解"[1]。人们对语言使用恰当性的理解取决于他们所处语言域的特点。在语言实践中，人们会根据自己的社会身份，寻找恰当的交际对象、适宜的交际场合，选择合适的言语规范。笔者在参与观察中发现，乌审旗家庭成员与家里老人交流时，会尽可能地多说继承语言，避免语码混用；在婚礼、过年的祭火仪式等特殊场合上，当地群众会穿上民族服饰，讲继承语言。即使平时较多使用国家通用语的家庭，为了维系亲密感和归属感，也会转用继承语言。当他们宴请朋友时，如果宾客中有其他民族成员，继承语言单语意识形态的家庭为了交际的效率和对客人的尊重，也会转而使用国家通用语。

三、家庭语言管理和语言实践影响家庭语言意识

（一）家庭语言意识受限于家庭语言管理

在参与观察中，5岁男孩CML的主要抚养人是母亲。他的家庭里全部是同民族成员，没有出现过跨族通婚，家庭语言是继承语言，其父母

---

[1] ［以］博纳德·斯波斯基.语言管理[M].张治国，译.北京：商务印书馆，2016：4.

持继承语言单语意识形态。他 4 岁之前不会说普通话，甚至用普通话呼喊他的名字也没有反应。他从 4 岁开始观看抖音短视频，尤其是纪录片，在一年内已经达到了用普通话进行日常交际的程度。他的父母认为在孩子上小学之前，应当充分学习继承语言，完成族裔语言的代际传承，尤其具备一定的继承语言听说能力，并希望进入小学后系统学习国家通用语言。他们认为乌审旗的社会语言环境有利于儿童自然习得国家通用语言，无须在家庭进行国家通用语言习得规划与实践。他们还认为继承语言能力有助于学习外语，认为继承语言能力在多语习得方面占有语音和语法上的优势。但是他们在进行家庭语言环境管理时，不得不违背以继承语言为主的语言意识，因为目前能购买的语言教育资源多以国家通用语和英语为主，继承语言教育资源相对匮乏。儿童继承语言教育资源的匮乏成了制约家庭语言资源管理的瓶颈，阻碍了继承语言单语制家庭语言意识驱动作用的发挥。在家庭语言实践中，有限的语言资源使继承语言教育实践受到限制。因此，家长多关注儿童在家庭中继承语言听说能力的发展，而少关注继承语言读写能力的发展。但是，CML 仅花了一年的时间，每天观看抖音短视频大约一个半小时，尤其是国家通用语的纪录片，就达到熟练使用普通话进行口语交际，成为双语儿童，而不是继承语言单语儿童。父母的继承语言单语意识形态受到家庭语言管理和家庭语言实践模式的限制，未能形成家庭单语规划。

（二）家庭语言实践影响儿童家庭语言意识的形成和发展

家庭的语言实践可以被认为是一种建构认同的行为，因为"任何语言行为都是认同行为"[①]。诺顿（2000）[②]认为在一个共同体中，语言学习者可以参与和不参与实践活动。所谓参与是指朝向共同体核心位置发展

---

① 高一虹.全球化背景下的英语学习和教育："外语"与"二语"疆界的打破 [J]. 中国外语，2012，9（4）：33.

② Norton B. Identity and language learning: gender, ethnicity and education change[J]. Pearson Education, 2000: 504-505.

的思维和行为取向。非参与的缘由可能来自实践共同体的排斥，也可能来自参与者自身的拒绝。无论儿童是否参与到家庭语言实践中，他们都在不断形成自己对语言的感知，形成自己的语言意识，继而管理自己的语言实践，如是否应该用继承语言，对什么人应该讲继承语言，英语是不是值得花费时间、金钱、精力"投资"等，最终建构出自己的"想象共同体"。族际婚姻家庭语言实践中，常常由于配偶一方的语言能力有限，如不会说继承语言或继承语言能力有限，全家不得不转用普通话，也会出现由于儿童习惯使用普通话，如儿童常年观看国家通用语言的动画片、书籍、短视频等，或者主要抚养人不会讲继承语言、儿童国家通用语言的使用频率较高，儿童继承语言能力较有限等原因而放弃在家庭语域中使用继承语言，继而家长为了迁就儿童的语言选择而转用国家通用语。国家通用语的单语意识形态与家庭语言管理和家庭语言实践互相作用，形成单语制家庭语言规划。

第一代家长在管理家庭视听语言资源时，要求孩子主要观看国家通用语言节目。在访谈中，他们提及"观看普通话电视节目主要是为了学习普通话"。由于当时乌审旗的居住格局还是以大杂居、小聚居为主，当地人民群众如果想学习国家通用语言，除了学校教育，电视节目或广播电台节目是孩子们学习国家通用语言的最佳途径，第二代家庭语言管理者与第一代差别不大，同样要求孩子观看普通话电视节目，但是观看英语节目的比例比第一代家长高。在访谈中，他们提到"观看英语电视节目是为了学习英语"。彼时，英语教育开始在乌审旗普及，电视台会播放一些英语教育的电视节目，适合学习英语的孩子观看，但是调查对象纷纷提及，英语节目的播放时长较短，孩子们兴趣不大，很少有家庭坚持观看。第三代家长出现分歧，其中31～40岁的家长要求孩子观看国家通用语言节目的比例远高于其他语言节目，此时国家通用语言节目无论是种类、内容都更加丰富，观赏性也大大增加，孩子们观看国家通用语言节目不再只是为了学习国家通用语言，而是借助国家通用语言的认知优势，获得科学、时政、文化等资讯，观看电视等节目成为了解外部世界，与外界保持全面联系的一种交际方式，语言资源的丰富性和有效性都得到提高。21～30岁的家长要求孩子观看多语种视听节目，除了观看国家通用语节目与31～40岁的家长目的相同，他们还增加了观看继承语言节目以及双语节目的比例，因为他们希望"观看继承语言节目帮助孩子保持继承语言"，由于普通话在乌审旗得到广泛普及，孩子们使用普通话的频率高于继承语言，一部分家长希望通过家庭视听资源管理，为孩子们的继承语言教育提供补充和调节，但是效果并不好，因为继承语言节目内容较为陈旧，种类单一。孩子们不喜欢观看。此外随着代际的变化，家长越来越关心孩子的兴趣，会根据孩子的喜好和要求安排视听资源，儿童的主动性得以凸显。因此，语言实践也会影响家庭语言管理者的策略，继而改变他们的语言意识，乃至影响家庭语言规划的效果。

综上所述，语言意识对家庭语言规划的建构起驱动作用，但它并不是唯一的决定因素。家庭语言意识、语言管理和语言实践均受到宏观和微观因素的影响，宏观因素来自家庭外部，包含社会政治、社会经济、社会文化、社会语言等因素；微观影响因素通常来自家庭内部，由家庭语言环境、家庭结构类型、家长教育经历和家长语言能力共同构成。

第四节　家庭语言规划的建构路径

2020年全国第四次语言文字会议召开，提出新时期"聚焦重点、全面普及、巩固提高"的普通话推广方针。李宇明（2022）指出，"全面普及"是"量"的要求，即要达到2025年全国普通话普及率达到85%，到

2035 年更全面、更充分的普及，乃至 2050 年以前全国范围内普及的目标。"巩固提高"是"质"的要求，普及之后既要及时巩固，还要提高质量、提升水平。"聚焦"重点是工作方略，要继续"攻坚"，分类指导、精准施策 ①。该方针为科学建构少数家庭语言规划提供了战略方向。

一、家庭语言规划的特征

家庭语言规划包括三方面：家庭语言意识、家庭语言管理和家庭语言实践。结合前面的研究，笔者将家庭语言规划的特征总结为与生俱来的天然性、因时而变的流变性以及外来渗透的建构性。

（一）与生俱来的天然性

家庭语言规划是语言规划起点和终点 ②。婴儿们自出生起到六岁可以进入公众教育系统（学前教育）之前，完全浸润在父母或抚养人建构的家庭语言环境中。这段时间就是语言学家们常提到的"语言习得关键期"。孩子们在这段时间里迅速地完成母语习得过程，在接受学校教育前已经具备一定的母语流利程度，并在余生可以用最少的努力就能说这种语言。王远新（2022）认为天然性意味着没有选择。比如母语认同具有天然性，即儿童自出生以来就会对母语有与生俱来的安全感和归属感，有时甚至是非理性的认同。母语认同的天然性是母语认同的建构性和互动性的基础。结合二者的观点以及田野调查的结论，我们可以发现：家庭语言规划具有天然性。当一个家庭有新生儿降临时，其父母就要开始规划孩子学习的语言，即母语；开始规划何时、何地、何途径以及何种语言需要被儿童所学习。儿童的母语不仅仅是由客观血缘或地缘决定的，还与父母或主要抚养人的语言意识形态和语言管理有关。对儿童而言，

① 李宇明.论普通话的推广方略 [J].中国语文，2022，（4）：494.
② Caldass S J. Language policy in the family[A]. In Bernard Spolsky（ed.）. The Cambridge Handbook of Language Policy[C]. Cambridge：Cambridge University Press，2012.

他们自出生起就在家庭语言规划影响中，因此家庭语言规划具有与生俱来的天然性。

（二）因时而变的流变性

家庭语言规划与语言存在于复杂多变、相互作用、动态变化的社会环境中，改变环境中的任何一个因素都会对其余因素产生影响。许多非语言因素（如政治、人口、社会、宗教、文化、心理、官方系统等）都会促进某些个体或团体干预另一些个人或团体的语言实践、语言意识，从而引发连锁变化，所以斯波斯基（2011）认为语言规划事实上处在各种环境变化的现实世界中。在调研中我们发现，乌审旗家庭规划呈现出明显的代际差异。第一代（51～73岁）家长生活在"大杂居，小聚居"的居住格局，与同族成员相邻而居。他们以继承语言单语的社会语言环境为主，通过如购买生活用品、雇佣其他民族成员为牧场工作等有限的日常生活交际活动自然习得国家通用语。他们当中相当一部分成员只有初等小学教育水平，甚至没上过学，没有读写能力，也没有学过外语。他们对外界信息的获取主要通过政府宣传、大众媒体和公共舆论，在家庭语言规划中由于没有足够的资本而未获得权威地位，以至于经常将家庭语言规划者的身份让渡于政府部门、学校或家庭中有文化资本或社会资本的"有学问""有本事""有见识"的家庭成员。第二代家长（41～50岁）是国家民族教育政策的受益者，他们拥有了前辈无法比拟的系统教育，学校成为他们国家通用语学习和继承语言读写能力获得的主要场域。他们对孩子的教育比第一代要"功利化""工具化"，希望孩子获得更好的教育资源、习得更多的语言资源，从而在就业市场上获得相对优势。他们在家庭中主动承担规划者的角色，愿意与学校和教师配合，为孩子创造更好的教育环境。第三代家长中主体间性最为凸显。31～40岁的家长和第一代、第二代家长的语言意识形态一脉相承，但更注重英语等外语资源的获取。他们可以主动通过互联网、社会媒体等多渠道获得儿童语言教育资源，并在自身的教育经历和教育程度的基础上，进行家庭语言管理，完成家庭资本的代际传递。21～30岁的家长与前几代家长差异较大，由于原有的"大杂居，小聚居"居住格局被互嵌式居住格局取代，大批牧民离开牧场进城生活，大量外地移民涌入乌审旗地区，原有的社会语言环境变得多元且复杂，国家通用语的社会功能日益重要。第三代家长不再仅仅将家庭语言规划作为国家语言规划的反映和实现，更多的是作为宏观语言政策的调适与补充。他们不再依赖学校，更喜欢依靠自身的资本和资源，建构更适合本家庭的家庭语言规划。纵观三代人家庭语言规划的流变，环境中任何一个因素的变化都会引起家庭语言规划整体的变化，因此它是因时而变的，具有流变性。

（三）外来渗透的建构性

大多数家庭的家庭语言规划都是"隐性规划"。大多数父母并未对家庭语言进行战略性的计划或规划，甚至他们的规划行为都是无意识的[①]，而且家庭语言规划并不能由家长完全控制，而是由历史和社会环境预先决定。小部分家庭会对家庭中使用何种语言、孩子学习哪种或哪几种语言以及语言习得策略和语言教育策略做出公开明确的规划。家庭语言规划是一个连续体（continuum），从高度计划、组织协调的少数家庭语言规划到隐性的、自由放任的大多数家庭语言规划。不同家庭在社会言语环境中所实施的语言管理策略，使父母可以面对面地直接影响孩子的语言选择、语言使用和语言习得。随着社会语言文化环境和人口结构的变化，家庭域内和域外的交际对象、交际话题都会发生变化。家庭语言规划者会依据当时当地的语言资源和语言环境，调整自我的语库储存与交际模式，继而影响儿童语库的形成及其交际能力的发展，达到使其适应新的生活环境和社交目的。在适应的过程中，家庭成员在族内和族际互动中建构出新的社会身份。这种社会身份的建构与外界环境的影响

---

① Caldass S J. Language policy in the family[A]. In Bernard Spolsky（ed.）. The Cambridge Handbook of Language Policy[C]. Cambridge：Cambridge University Press，2012.

密不可分。因此，家庭语言规划一致受到外力渗透，不断在环境的外界张力和内部稳定性中寻找平衡，因而具有建构性的特征。

二、"推普"背景下乌审旗城镇家庭语言规划的现实问题

家庭语言规划直接影响家庭内部青少年语言习得和使用，有助于弥补儿童语言习得和语言政策研究之间的空白（Shohamy，2006；Curdt-Christiansen，2008）。乌审旗城镇家庭语言规划研究有助于了解当地多语家庭青少年语言习得使用的过程，以及在该过程中父母语言意识如何形成和发展，如何通过语言管理完成父母家庭资本的代际传递，帮助儿童进行文化资本再生产，从而在家庭语言实践中形成个人的语言库。本研究发现，乌审旗家庭语言规划还存在家庭语言意识薄弱化（语言能力评价片面化、语言功能认知简单化、语言信念模糊化）、家庭语言管理策略单一化、家庭语言实践内容单调化、家庭语言规划"孤岛化"等问题。

（一）家庭语言意识薄弱化

家庭语言意识由语言态度和语言教育态度共同构成。根据笔者的调研分析，乌审旗城镇家庭将国家通用语言看作中国人身份的标志，对国家通用语言的态度积极，愿意学习并使用国家通用语。但他们的语言意识也存在语言能力评价片面化、语言功能认知简单化以及语言信念模糊化等问题。

语言能力评价片面化是指乌审旗多语家庭对国家通用语能力的判断标准过于片面，普遍存在重口语、轻书面语的现象。一方面是因为当地人民群众历史上拥有多种书面语言，20 世纪 80 年代国家才制定继承语书面语的标准，标准书面语的历史相对较短。长期重视口语传承的传统，以及中华人民共和国成立前当地教育规模小、基础薄弱等原因造成了当地多语家庭对继承语言口语能力的重视程度超过书面语能力；另一方面由于全球化和城市化，继承语文字使用日益受限。如前所述，乌审旗部分多语家庭的家长对继承语的传承情况感到忧虑，于是更重视继承语听

说能力，希望孩子能够有效地运用语言进行沟通交流，继而传承该语言。乌审旗多语家庭将这种语言能力的判断标准也应用于国家通用语的评价标准。由于历史原因，乌审旗民族教育在中华人民共和国成立以后才得到迅速发展。受益于民族教育的蓬勃发展，第一代和第二代家庭成员国家通用语能力迅速提高，而第三代家庭成员的国家通用语学习环境和资源优于第一代和第二代，国家通用语能力比前两代家庭成员高，所以他们满足于现有的国家通用语水平，并习惯用普通话听说能力代替国家通用语能力，评价标准较为片面，不能全面地衡量家庭中青少年儿童的国家通用语水平。

　　语言功能认知简单化主要表现为乌审旗多语家庭的家长过多关注国家通用语的交际功能、工具功能和象征功能，忽视其文化功能。道布（2005）[①]指出，语言的社会功能主要体现为交际功能、象征功能、认知功能、文化功能。语言的交际功能体现在语言可以满足人们的交际需求，通过语言表达和交流思想、感情；语言的认知功能体现在人们借助语言来学习和积累知识；语言的文化功能体现在语言是文化的重要载体，用以传承和发展民族文化；语言的象征功能体现在语言作为民族的特征之一，是民族认同的标志。语言重要性的评估标准不能仅着眼于交际功能，认知功能、文化功能、象征功能也不可忽视。笔者在调研中发现，乌审旗多语家庭已经充分认识到国家通用语言的交际功能和工具功能。年轻一代家长学习国家通用语言是为了更好地生活，是生存发展所必需的，国家通用语已经完全嵌入他们的日常生活。他们也充分认识到国家通用语言的象征功能，"中国人就得会说普通话"的语言认同开始形成，国家通用语已经成为"中国人""中华民族"的身份标志。但他们对于国家通用语言的文化功能了解不多，学习国家通用语时过多看重语言结构，如

---

①　道布.语言活力、语言态度与语文政策——少数民族语文问题研究[J].学术探索，2005（6）：95-101.

词汇、语法等，对于其文化功能了解不够深入。

语言信念模糊化体现在一部分多语家庭忽视家长的教育角色，习惯将青少年儿童的教育职能依托给政府和学校。这部分家长不承担儿童语言教育的规划者和教育者的角色，主张顺其自然，认为家长不应该过多干涉儿童的语言习得。他们更支持语言的自然习得、代际传承以及学校系统的语言教育。他们认为家庭语言教育不能与学校语言教育相比，孩子的兴趣爱好和社会语言环境对儿童语言教育影响比家长的影响更大。他们的语言教育态度一方面有利于尊重儿童的身心发展规律，发掘儿童的自身特长，找到儿童的兴趣，但另一方面也导致家庭语言教育的盲目性以及家庭语言教育效率低下，存在浪费家庭语言教育资源等问题。

综上所述，在国家"推普"的战略下，乌审旗多语家庭语言意识存在一定的现实问题。语言能力评价片面化、语言功能认知简单化以及语言信念模糊化导致家庭语言意识不能更好地发挥驱动作用，亟待进一步强化。

（二）家庭语言管理策略单一化

家庭语言管理包括家庭语言教育管理和家庭语言环境管理。如前所述，乌审旗多语家庭进行家庭语言管理时因通婚状况和教育经历不同而呈现出显著性差异。家长对于何时、何地以及如何学习国家通用语言的管理存在随意化和盲目化的倾向。他们多受制于自身的语言能力、教育经历，在对家庭中青少年儿童的国家通用语习得进行规划的过程中，出现如完全脱离家庭生活，只依赖于学校或校外的小主持人班、演讲口才班等兴趣班，给孩子提供各种电子资源，让孩子自行学习等管理行为。这些管理措施虽然取得了一定效果，但是容易被一些教育机构的营销策略误导，也不能规避网络不良语言资源的风险，"朝令夕改"，缺乏一贯性、浪费家庭教育时间，使家庭场域的儿童国家通用语教育盲目化、随意化。过度强调某一种语言管理策略，会造成语言管理策略的单一化，未能提高家庭国家通用语的教育质量。家庭语言管理策略单一化问题有待解决。

（三）家庭语言实践内容单调化

家庭语言实践包括家庭语言内部社交生活和家庭外部社交生活。正如第四章所述，乌审旗多语家庭的儿童有机会参加各种节假日聚会、观看电影、郊游、参观博物馆等文化活动。但是由于城市化的影响，大批农牧民家庭进入城市，还未完全适应城市生活。核心家庭和独生子女家庭的数量增加，儿童缺乏同伴互动，语言成人化。一部分儿童通过观看电视等媒体节目学习国家通用语言，无法区分口语与书面语、网络词汇过度滥用等都造成了儿童学习国家通用语的障碍。乌审旗多语家庭未能给孩子提供丰富的国家通用语交际场景，交际对象过于单一，并未能发挥家庭语言实践的作用，儿童个人语库的形成受到影响。家庭语言实践内容单调化影响了家庭国家通用语教育的发展。

（四）家庭语言规划"孤岛化"

家庭语言规划的"孤岛化"是指一部分家庭语言规划者将家庭语言规划脱离国家的语言政策，无视儿童的身心发展规律和客观社会环境，过度发挥主观能动性，建构不切实际的家庭语言规划。家庭语言规划具有天然性、流变性和建构性的特征。一部分多语家庭，尤其是受教育程度较高的家长，过度地发挥其规划者的主体作用，按照自己的语言意识建构家庭语言规划。儿童自出生起，就浸润在家庭语言环境中，受父母语言规划的影响，但是家庭语言规划的"天然性"并不能改变其"因时而变"和"外力侵入"的流变性和建构性。家长的语言意识固然能起到驱动作用，也要受到家庭语域内外部因素的影响和制约。过度发挥主体作用、脱离实践、随心所欲的家庭语言规划不但无法发挥其积极作用，反而会对儿童的语言学习造成阻碍。家长在发挥规划主体能动性的同时，也要注意家庭语言规划并非语言教育的"孤岛"。家庭、社会、语言、媒体、网络等共同构成了语言教育的生态系统。完整的语言教育系统应由学校教育、家庭教育和社会教育三个子系构成，它们各司其职，各占其位，彼此关联又相互独立，要协调一致才能达到较好的语言教育效果。家庭语言规划存在"孤岛化"现象，割裂了微观与宏观和中观层面语言规划的联系，影响民族地区国家通用语教育质量的提高。

三、家庭语言规划的科学建构路径

家庭语言规划具有"因时而变"的流变性，家庭语言规划因为家长语言意识形态的驱动、家庭域内微观因素和家庭语言域外宏观因素的影响，不断发生变化。一旦家庭语言意识的驱动作用、家庭域内微观影响因素的互动机制以及家庭域外宏观因素的调适机制发生问题，家庭语言规划就无法发挥作用。仅依靠家长有意识或无意识的自我管理，家庭语言规划无法对家庭中青少年儿童的语言习得和语言使用产生积极作用，科学理论的指导势在必行。国家对家庭语言规划提供系统的顶层设计，语言规划者和语言教育者对家庭语言规划提供理论指导，将为提升少数民族群众国家通用语言能力和提高少数民族学生国家通用语教育质量提供方向指引和制度保障，并使复杂多变的家庭语言规划更具有系统性和可操作性。

（一）建构积极的家庭语言意识，帮助儿童形成正确的语言观和文化观

家庭语言规划具有"天然性"，父母从新生儿降临那一刻就要开始规划孩子学习何种语言，以及儿童何时、何地、何途径学习语言，是一种"与生俱来"的规划。婴儿自呱呱落地就已经浸润在家庭语言环境中，父母等主要抚养人的语言意识形态对儿童影响深远。下一代从上一代那里继承语言意识形态并发展自身的意识形态。积极的家庭语言意识有助于儿童形成对语言价值和文化价值的正确评价，提高语言学习的动机。以乌审旗多语家庭为例，持双语、多语以及国家通用语单语意识形态的家长更重视国家通用语言的学习，更愿意为下一代国家通用语教育"投资"。他们不仅重视国家通用语言的工具价值，更重视其文化价值和符

号价值，将国家通用语言文字看成"中国人"的身份符号，将国家通用语言嵌入日常生活，在各种社交场合广泛使用。国家一系列推广普通话和国家通用文字的战略已经取得了积极成果，民族地区取得的巨大成就都让当地各族群众更积极主动地融入社会主义建设，为良好的语言意识形成提供物质基础。各级政府、学校和专家们应该重视对家庭语言意识的引导，指导多语家庭的语言意识从消极模糊化走向积极明确化，发挥他们的主观能动性，帮助儿童形成正确的语言观和文化观。

（二）优化家庭语言管理策略，发挥家长"身份叠加"的特点和资本优势

家庭的语言规划者和管理者通常是父母。他们具有"身份叠加"的特点，即家长的语言教育经历和语言能力直接影响其语言意识形态的形成以及家庭语言管理策略的选择。与学校语言教育和社会语言教育相比，家庭语言教育成本更低，更加因地制宜、灵活长效。多语家庭的家长多数拥有双语习得的经历，包括学校系统学习和家庭自然习得。"身份叠加"的特点使他们既是家庭语言教育资源的生产者，也是语言教育的管理者和语言资源的整合者，从而更具备资本优势。他们更容易发现多语家庭的儿童国家通用语学习的困难与障碍，更容易通过自身的学习经历找到提高国家通用语教育的效果和方法，对多语家庭的儿童国家通用语学习过程更有耐心和信心。以乌审旗为例，随着民族地区国家通用语的普及和推广，第三代家长（21～40岁）拥有良好的国家通用语能力，完全有能力在学龄前完成多语家庭儿童国家通用语言的启蒙教育。此外，随着多语家庭的家长教育程度提高、教育观念改变、语言教育态度增强，他们更愿意积极参与家庭中儿童、青少年的语言习得过程，补充学校语言教育。他们积极有效的家庭语言管理，更有利于对孩子国家通用语能力的培养，以及平衡国家通用语、民族语言以及外语之间的张力关系，从而填补青少年语言习得与语言政策之间的空白。

（三）丰富家庭语言实践的内容，提升个体国家通用语读写能力

由于民族传统文化、语言教育历史基础薄弱等原因，多语家庭更重视国家通用语言的听说能力，忽视其读写能力。一方面前期国家推普战略主要以口语为主，尤其是语音的规范；另一方面当地群众迫切希望能够达到运用国家通用语进行社会交往的目的，所以前期人民群众的普通话能力提高主要体现在口语水平大幅提高。但是随着国家推广国家通用语言方针的变化，"提高质量"将是今后国家语言政策的主要内容，也是国家通用语教育质量提升的内在要求。家庭应鼓励孩子多参加国家通用语言的阅读、写作和诵读活动，丰富家庭语言实践内容。家长不应满足于孩子可以讲"标准的普通话"，还应该重视孩子书面语能力的提升，关注孩子国家通用语言读写能力的发展，给孩子确立得体、规范使用国家通用语言的学习目标。

（四）协调家庭语言规划内外部影响因素，建立语言能力提高的综合工程

全球化背景下，语言冲突与碰撞加剧。家长应该引导儿童铸牢中华民族共同体意识，学好国家通用语言，抓住多语家庭的儿童习得语言关键期，鼓励家长从家庭语言规划做起，将学前儿童的语言习得纳入家庭体系中。家庭语言规划是一个动态过程，其规划者所构建的家庭语言结构既是行动的原因，也是行动的结果。规划者们所做的家庭语言管理行为既是他们行动的结果，也将是下一次语言规划的原因。发挥父母的能动性，创造良好的家庭语言环境决定了语言规划行为的动态性和连续性，确保家庭语言计划的稳定性和适应性。"当家庭域处于封闭状态时，家长就更有能力管理好自己孩子的语言。然而，一旦家庭域开放以后，家长就面临来自儿童同龄人和学校等的外部压力，家庭也就成了语言冲突的角斗场。儿童经常排斥父母所使用的语言，这是社会语言冲突在家庭域

的一种表现"[①]。微观语言规划比宏观语言规划"更依赖于当时当地的语言生态，在实施过程中更需要将各种相关的社会、文化、政治等变量纳入考虑，在具体操作过程中更具有个性化特点，因而最终会产生不同结果"[②]。多语家庭儿童语言能力的提高，单靠一方面的努力是行不通的，应建立家庭、学校、社会和政府的综合工程，才能保证学龄儿童语言能力得到有效的提升。家庭、学校、社会和政府在时空的循环衔接、相互兼容、融会贯通，体现教育过程的全方位、无缝隙、无遗漏。只有使三者协调一致、取长补短、形成叠加效应，方能取得最佳的整体教育效果[③]。政府引导少数民族家庭进行科学的家庭语言规划是非常有必要的，应当将家庭语言规划与社会语言生态、经济、社会、文化、政治等变量都纳入考量范围之内，才能获得科学的家庭语言规划。

---

① Bernard S. Language management [M]. Cambridge：Cambridge University Press，2009：29.

② 高一虹，李玉霞，边永卫 . 从结构观到建构观：语言与认同研究综观 [J]. 语言教学与研究，2008（1）：19.

③ 罗妍，潘信林，仇森 . 发展与转变：我国少数民族双语教育政策的评估及展望 [J]. 中小学理，2020（11）：31-33.

结 论

　　"主体性"和"多样性"是中国语言政策的总原则。"主体性"就是《宪法》中规定的"国家推广全国通用的普通话","多样性"就是《宪法》中规定的"各民族都有使用和发展自己的语言文字的自由"。在中国"主体多样"语言政策的流变中,"主体多样"的分流与合流分界线比较明显。2006年前,主体性语言政策跟多样性语言政策,各自独立、分流发展;2006年后,主体性语言政策跟多样性语言政策,开始合流、统筹发展。

——————周庆生（2019）①

　　党的十八大以来,党中央、国务院颁布和印发了多项关于普及国家通用语言文字、加快民族地区教育发展、铸牢中华民族共同体意识的政策文件,已经形成了在全社会推广和普及国家通用语言文字的完整政策和法规体系。这也客观反映了加快国家通用语言文字教育的现实需求,总结了中华人民共和国成立以来推广国家通用语言文字的经验和教训,凝聚了广大人民群众的社会共识,体现了党和国家新时代民族教育和语言工作的重点任务和战略方向。我们应该全面把握加快推进国家通用语言文字教育的战略意义,既要发挥学校的主阵地作用,也要重视家庭教育的补充作用。家庭语言规划对于国家通用语教育质量提高有着重要的现实意义。

---

① 周庆生.中国语言政策研究七十年[J].新疆师范大学学报（哲学社会科学版）,2019,40（6）:60-71,2.

一、乌审旗城镇家庭语言规划的研究发现

本文以内蒙古自治区鄂尔多斯市乌审旗城镇家庭为研究对象，探讨家庭语言管理者的语言意识如何通过语言管理影响其家庭语言实践，以及与家庭域内的微观因素、家庭域外宏观因素的关系及其运行机制，并得到以下发现。

（一）家庭语言意识、语言管理和语言实践三位一体构成家庭语言规划

乌审旗城镇家庭语言意识由语言态度和语言教育态度共同构成。他们高度评价国家通用语言的价值，将国家通用语言视为中国人身份的象征，积极主动学习并广泛使用该语言，把国家通用语言嵌入日常生活，变成生活必需之语言。乌审旗城镇家庭在长期的语言实践中逐渐形成了三种语言价值取向："语言作为问题""语言作为权利"和"语言作为资源"。不同的语言价值取向构成了家庭语言意识的框架，家长以语言的价值取向为基础，分别形成了模糊的语言意识、继承语为主的语言意识、国家通用语为主的语言意识和双向语言意识。家庭语言意识进一步建构出不同的语言教育者身份，即语言教育的旁观者、族裔语言教育的继承者以及语言资源的投资者。家庭语言意识可以在浅层"表现"或"标记"出家长的语言教育者身份，也可以在深层次通过社会因素与个人主观能动性结合，重构家庭成员的语言价值取向。

父母作为家庭语言规划的主体，具备身份叠加的特点，即具有语言规划的主体和客体、语言学习者和教育者的特点，并在不同语言意识的驱动下，从家庭语言教育主体和家庭语言管理行为两方面开展语言管理。父母教育程度越高，对孩子的语言管理程度越深，对家庭语言环境的控制越强。家长是语言教育资源的生产者、管理者和整合者，在家庭语言管理的过程中完成了家庭经济资本、文化资本和社会资本的代际传递，并通过家庭语言管理的中介效应，让儿童们在耳濡目染中获得身体化文

化资本，完成儿童的文化资本再生产。

乌审旗城镇家庭开展内部交际活动时呈现出语言使用的显著代际差异，表现为第三代家庭成员国家通用语的使用比例高于前两代家庭成员，主体间性凸显。家庭成员在进行家庭内部休闲活动和外部社交活动时，普通话成为主要交际语言且国家通用语言听说能力高于文字读写能力，英语开始出现在家庭内部休闲活动中但比例极低。家庭语言实践呈现语言多元化的特征，即家庭成员既具备多语能力，又可以根据语域做出恰当的语言选择。因此，在儿童的家庭语言实践中，家长希望通过家庭语言实践，帮助孩子建立语言规范并具备恰当使用语言的能力，形成了以个体语库建构为目标导向的家庭语言实践。

家庭语言意识具有驱动作用，与家长的语言教育者身份形成互构关系，推动或阻碍家庭语言管理中的资本代际传递与再生产，加速或减缓家庭语言实践中的个人语库与身份匹配过程。同时，家庭语言意识受限于家庭语言管理，家庭语言实践也会影响家庭语言意识的形成与发展。家庭语言意识、语言管理和语言实践三位一体，共同建构家庭语言规划的话语体系。

（二）家庭语言规划与家庭域内外的影响因素构成互动和调适机制

家庭语言规划与家庭语域内微观因素形成互动，具体表现为家庭语言规划与家长语言能力、教育经历、家庭结构类型以及家庭读写环境互动。与此同时，家庭语言规划与家庭语域外的宏观因素发生调适，具体表现为家庭语言规划与多元一体的族群关系、转型升级的社会经济、变动不居的社会文化以及竞争共生的社会语言环境发生调适。因此，家庭语言规划具有与生俱来的天然性、因时而变的流变性、外来渗透的建构性特征。家庭语言规划的"天然性"体现在家长的主观能动性，自婴儿呱呱坠地，父母就面临语言选择，即选择何种语言为儿童的第一语言，发挥主观能动性规划所学语言的种类、时间和途径。家庭语言规划的"流变性"体现在家庭语言规划与语言都存在于复杂多变、相互作用的、动态变化的社会环境中。改变环境中的任何一个因素都会对其余因素产生相关的因果影响，因此环境中任何一个因素的变化都引起家庭语言规划的整体变化，可以说是因时而变，具有流变性。家庭语言规划的"建构性"表现在家庭语言规划者会依据当时当地的语言资源和语言环境，调整个体语库储存与交际模式，继而影响儿童交际能力和语库的形成，以适应新的生活环境和社交目的。这种适应过程与外界环境的影响密不可分，受到外力渗透，不断在环境的外界张力和内部稳定性中寻找平衡，因而具有建构性特征。

（三）"推普"战略下家庭语言规划的建构离不开科学理论的指导

乌审旗城镇家庭语言规划存在家庭语言意识薄弱化，具体表现为语言能力评价片面化、语言功能认知简单化、语言信念模糊化等问题，同时还存在家庭语言管理策略单一化、家庭语言实践内容单调化、家庭语言规划"孤岛化"等问题。笔者认为仅依靠家长有意识或无意识的自我管理，家庭语言规划无法对家庭中青少年儿童的语言习得和语言使用产生积极作用，科学的理论指导势在必行。国家对家庭语言规划提供系统的顶层设计和政策导向，语言规划者和语言教育者对家庭语言规划提供理论指导和技术支持，将有益于提升人民群众国家通用语言能力和提高青少年儿童国家通用语教育质量，并使复杂多变的家庭语言规划更具有系统性和可操作性。笔者在"推普"国家语言政策指导下，提出家庭语言规划的科学建构路径：建构积极的家庭语言意识，帮助儿童形成正确的语言观和文化观；优化家庭语言管理策略，发挥家长"身份叠加"的特点和资本优势；丰富家庭语言实践的内容，提升个体国家通用语读写能力；协调家庭语言规划内外部影响因素，建立语言能力提高的综合工程。

二、家庭语言规划是推广国家通用语言的实践路径

在过去的六十年里，我国推广国家通用语言文字取得了巨大的成就。

国家通用语的法律、法规逐渐形成体系，以国家语言文字为主的公共领域交际格局已经形成，各族人民群众的普通话水平大幅提高，民族地区的语言脱贫和语言教育发展取得巨大成就。家庭语言规划结合了语言习得研究和语言政策研究的视角，为儿童的多语习得和语言社交提供了重要的环境，是国家通用语言文字普及和提高的实践路径。

（一）家庭语言规划有助于提高对国家通用语功能的认识，凝聚共识

正如前文所述，家庭语言意识是家庭语言规划的起点，对于家庭语言规划起到驱动作用，影响家长的语言管理策略以及对儿童语言教育投资，继而影响儿童语言态度、语言学习动机乃至语言认同。我国的各种语言发展历史水平不一，所发挥的职能也不尽相同。如果家庭语言规划能够提高对国家通用语言文字功能的认识，即坚持和巩固国家通用语言文字的主体地位，对强化多民族国家的统一、铸牢中华民族共同体意识，乃至扩展个人人生半径、更好地融入现代社会都有重要的现实意义，也有利于家长对于国家通用语言教育增加投资，继而对普及和提高国家通用语言产生积极影响。国家通用语言的普及和提高离不开对我国语言国情的深入调查，只有摸清各民族地区普及国家通用语言文字的现状、各民族群众使用国家通用语言能力的现状、推广国家通用语言现阶段存在的问题以及已经取得的经验，才能做好精准施策。家庭成员的国家通用语使用情况是语言国情调查的重要内容。家庭语言规划为国家制定相应的语言政策提供个案和数据支持，也是衡量国家语言政策成效以及吸收经验、吸取教训的重要措施。

（二）家庭语言规划有助于激发学习和使用国家通用语言的内生动力

推广普通话一直是我国的重要语言政策，在过去的六十年中，从1955 年的"重点推行、逐步普及"到 1957 年的"大力提倡、重点推行、逐步普及"，继而发展到 1992 年的"大力推行、积极普及、逐步提高"，

乃至 2020 年的"聚焦重点、全面普及、巩固提高"。从推普方针的变化可以发现，普通话已经从"逐步普及"发展到"积极普及"，再到"全面普及"，目前我国普通话的普及率达到 80.72%。除了三区三州普通话普及相对欠缺的特殊地域，现阶段我国推普的方针已经从"普及"到"提高"。受过一定教育的双语双言人已经成为社会主体，民族地区群众的社会文化素质得到提高，普通话学习和使用的环境良好。新时代我国的推普事业从过去重在普及，逐步发展到重在提高。广大语言教育者和语言政策的制定者、实施者开始将目光转向更高能力目标的国家通用语言文字的普及工作，不仅强调普通话的语言和使用规范，还开始统筹兼顾汉字书面能力的提高。乌审旗城镇家庭语言实践也证明了这一点，多语家庭的家长受传统影响，过多关注国家通用语言的听说能力，将国家通用语能力简单地等同于听说能力，读写能力较弱，不能满足接受高等教育等的需求，仍然存在交际障碍。提升国家通用语的书面语能力将是今后民族地区推普"巩固提高"的新导向。在该导向下，多语家庭的父母将更加关注儿童书面语能力的发展，儿童也将形成对国家通用语能力的全面认知，不再满足于"能听懂""能聊天"，而是不断激发学习和使用国家通用语言文字的内生动力。

（三）家庭语言规划有助于因地制宜、学以致用地开展国家通用语言教育

　　普及和提高国家通用语言的重点对象不再是城镇居民，而是下沉到民族地区、农村和牧区等地。作为微观语言规划，家庭语言规划更能因地制宜、学以致用地开展国家通用语言文字教育。父母可以因地制宜地规划儿童国家通用语言习得。如前所述，族内婚姻家长认为国家通用语言应在儿童学龄期进行启蒙，即入学后（包括幼儿园阶段）开始教育，族际婚姻家长认为 3 岁前为儿童国家通用语言习得的最佳年龄，学龄前儿童应完成国家通用语言的启蒙教育等。家长可以根据儿童的发育情况、性格特征以及经济条件、教育条件等调整普及和提高国家语言文字的具体措施。国家宏观语言政策的落实需要一系列环节的配合和保证，家庭因为其与生俱来的天然性，可以让儿童浸润在国家通用语的自然语言环境中，父母比教师更容易关注儿童自身的个性、习惯、爱好以及学习国家通用语的进展，更容易因地制宜指导儿童的国家通用语言学习和使用，此外也可以让儿童学以致用，提供大量的国家通用语言实践机会，有助于提高民族地区国家通用语言的教育质量。

三、家庭语言规划研究的未来发展趋势

21 世纪以来，我国的语言文字事业面临五大形势，即中华民族共同体意识的牢筑、信息化的快速发展、优秀传统文化的传承、依法治国和人类命运共同体的构建[①]。基于此，家庭语言规划理论作为中国语言规划学的有机组成部分，在这样的国家大形势之下，未来会朝向四个方向发展。

（一）构建和谐的家庭语言生活

我国以国家通用语言文字为主导，多语并存共用的和谐语言生活离不开妥善处理普通话与方言、简体字与繁体字、国家通用语言与民族语言、本土语言与外语之间的关系。家庭是社会的基本单位，社会语言生活由若干个家庭语言生活共同构成，所以社会语言生活的和谐与家庭语言生活紧密相连。没有和谐的家庭语言生活，和谐的社会语言生活也无从谈起。家庭语言生活主要集中在家庭语言选择、使用和习得。21 世纪以来信息化和城镇化进程加快，民族地区家庭类型、人口结构和居住格局都发生了巨大变化，少子化、老龄化、核心家庭和族际婚姻家庭、举家迁移的移民家庭大幅增加。在家庭语域中，多语家庭的家长不得不面临妥善处理国家通用语言和民族语言关系的现实难题，开始自觉或不自

---

① 李宇明.新世纪 20 年的中国语言规划 [J].北华大学学报（社会科学版），2021，22（1）：21-30，150.

觉地进行家庭语言管理，从而影响家庭语言选择、使用和习得。新时代的家庭语言实践远比家庭语言规划理论模式所描述的更复杂、更具有动态性、更容易被影响。以乌审旗多语家庭为例，作为家庭语言规划的主体，家长既有保持继承语言的愿望，将族裔语言视为联系家庭关系的纽带、维持家庭成员亲密感的工具、保持民族身份的象征以及传承民族文化的载体，又希望学会国家通用语言，从而更好地融入社会，获得更多的竞争优势。家长在语言意识的驱动下，自觉或不自觉地采取各种策略进行家庭语言管理，从而影响家庭语言实践。因此，家庭语言规划的有效性直接关系到家庭关系的稳定、儿童的语言习得、家庭语言环境乃至家庭语言生活的和谐，继而影响整个社会语言生活的和谐发展。

（二）提升家庭成员的语言能力

新时代，我国语言教育规划的基本任务为提高国家语言能力和提升个人语言能力。国家语言能力指国家要有能力处理国内外的语言需求，包括应急语言服务、语言景观的构建、国家对外宣传等。个人语言能力是指培养"多言多语"人，培养日常语体、正规语体和典雅语体的能力。国家语言能力的基础是个体语言能力，国家语言能力的提高离不开个体语言能力的提升。同时，国家也应该根据国家语言能力的需要，制定相应的语言教育规划和语言教育政策，保障个体语言能力得以提升。家庭语言规划是语言规划的起点和终点，同时也是儿童发展语言能力的起点。婴儿们自出生起到六岁可以进入公众教育系统之间，完全浸润在父母或抚养人建构的家庭语言坏境中。以乌审旗城镇家庭为例，家庭是儿童最早开始语言习得和发展继承语言能力和国家通用语能力的重要语域。家长作为家庭语言教育资源的生产者、管理者和整合者，通过家庭语言管理的中介效应，将家庭资本代际传递给下一代，产生儿童文化资本并再生产，对儿童语言能力的提高有着至关重要的作用。此外，家长的语言意识形态也会影响儿童的语言态度、语言认同以及语言学习动机，继而间接影响儿童的多语习得，对家庭成员的语言能力产生间接影响。因此，提升家庭成员的语言能力成为家庭语言规划的时代要求。

（三）保护语言资源

中国共产党十九届四中全会提出"健全劳动、资本、土地、知识、技术、管理和数据等生产要素由市场评价贡献，按贡献决定报酬的机制"，充分体现了数据具有生产要素的性质，是对信息化社会的本质认识。语言数据是以语言符号体系为基础构成的各种数据，包括语言学数据、话语数据、语言衍生数据、人工语言数据和语言代码数据，是重要的语言资源。语言资源具有语言保护、语言教育、语言学研究以及语言产品开发等功能。家庭作为继承语言的代际传承之所，拥有丰富的语言资源，是语言数据的集聚和共享的重要语域，也是语言数据生产和市场化的受益者和消费者。以乌审旗城镇家庭为例，家庭语言规划的天然性促使多语家庭成员将继承语言与身份认同相关联，拥有强烈的保护民族语言的愿望，家庭是保护和发展继承语言的天然堡垒。因此，新时代下，我们要研究如何借助家庭语言规划来保护和开发语言资源。

（四）建设信息无障碍社会

信息无障碍社会包含推广国家通用语言文字、服务信息特殊人群、促进人与机器的无障碍交流、方便中外信息沟通。除了促进人与机器无障碍交流，其他三项内容都与家庭语言规划相关。推广国家通用语言文字有助于实现汉语方言区、民族语言地区和特别行政区的信息沟通无障碍。家庭、学校和社会构成了推普的"三驾马车"，彼此促进、协调发展。学校是推普的主阵地，但家庭对于推普的作用往往被忽视。以乌审旗城镇家庭为例，儿童在进入公众教育系统之前，就已经开始完成继承语言和国家通用语言，甚至是外语的启蒙教育。尤其在族际婚姻家庭中，学龄前儿童已经具备一定的双语能力。如果能够科学有效地规划家庭语言习得，抓住儿童语言学习的关键期，就可以为普及和提高儿童的国家通用语能力提供更有效、更便利、成本更低的教育途径。信息特殊人群包括老人、新市民、外国人和语言障碍者，除外国人外，剩下三类人群能否获得语言服务、克服语言障碍直接关系到他们的家庭生活质量。除了政府等职能部门提供的公共语言服务，他们的家庭成员直接担负着为他们提供语言服务、帮助他们克服语言障碍的任务。中外信息的沟通离不开外文教育，家长要面临如何平衡国家通用语言、民族语言和外语的"投资"，以及儿童在何时、何地、以何种方式开展外语习得，是以学校语言教育为主还是对学校外语教育进行补充和调适，都是家庭语言规划亟待解决的问题。因此，建设信息无障碍社会是家庭语言规划的时代要求。

综上所述，家庭语言实践、家庭语言意识和家庭语言管理共同构成家庭语言规划。家庭语言实践是家庭语言意识和家庭语言管理的物质基础；家庭语言意识影响家庭语言管理；家庭语言管理反映家庭语言意识，改变家庭语言实践，三者缺一不可。家庭及早介入、合理规划儿童国家通用语言学习将有效提升其教育质量。国家顶层指导对各族群众提升语言能力的提高起到关键作用，家庭语言规划将有助于普及和推广国家通用语，提高国家通用语的教育质量。完整的语言教育系统应由学校教育、家庭教育和社会教育三个子系构成，它们各司其职，各占其位，彼此关联但又相互独立。三个子系统在时空中循环衔接、相互兼容、融会贯通，才能体现教育过程的全方位、无缝隙、无遗漏。三者协调一致、取长补短、形成叠加效应，方能取得最佳的整体教育效果。因此，我们将学校作为"推普"工作主阵地的同时，也应注意到家庭教育对学校教育的调节和补充作用，科学指导家庭语言规划工作，为早日完成我国新时期国家通用语言文字全面推广的目标作出贡献。

参考文献

[1] Arfifiandhani P, Zein S.Utilizing SLA Findings to Inform Language-in-Education Policy: The Case of Early English Instruction in Indonesia[M]// Siiner M, Hult F M, Kupisch T. Language Policy and Language Acquisition Planning. Cham: Springer, 2018.

[2] Armstrong T C.Naturalism and ideological work: How is family language policy renegotiated as both parents and children learn a threatened minority language?[J].International Journal of Bilingual Education and Bilingualism, 2014, 17（5）: 570–585.

[3] Bernard S.Family language policy-the critical domain[J].Journal of Multilingual and Multicultural Development, 2012, 33（1）: 3–11.

[4] Caldas J, Caldas S.The influence of family, school, and community on bilingual preference: Results from a Louisiana/Quebec case study[J]. Applied Psycholinguistics, 2000, 21（3）: 365–381.

[5] Canagarajah A S.Language shift and the family: questions from the Sri Lankan Tamil diaspora[J].Journal of Sociolinguistics, 2008, 12（2）: 143–176.

[6] Canagarajah S.Changing orientations to heritage language: The practice-based ideology of Sri Lankan Tamil Diaspora Families[J].International Journal of the Sociology of Language , 2019, 2019（255）: 9–44.

[7] Canagarajah S.Translingual practice as spatial repertoires：Expanding the paradigm beyond structuralist orientations[J].Applied Linguistics，2018，39（1）：31–54.

[8] Cooper R L.Language Planning and Social Change[M].New York：Cambridge University Press，1989.

[9] Curdt–Christiansen X L.Engaging language policy from macro–to micro–level：Migration and language in Europe[J].Language and Education，2018，32（5）：391–393.

[10] Curdt–Christiansen X L. Family Language Policy in the Chinese Community in Singapore：A Question of Balance[M]//Li W. Multilingualism in the Chinese Diaspora Worldwide. London：Routledge，2016.

[11] Curdt–Christiansen X L.Family language policy：Sociopolitical reality versus linguistic continuity[J].Language policy，2013，12（1）：1–6.

[12] Curdt–Christiansen X L.Invisible and visible language planning：Ideological factors in the family language policy of Chinese immigrant families in Quebec[J].Language Policy，2009，8（4）：351–375.

[13] Curdt–Christiansen X L.Private Language Management in Singapore：Which Language to Practice and How[M]//Yeung A S，Brown E L，Lee C. Communication and Language：Surmounting Barriers to Cross–Cultural Understanding. Charlotte：Information Age Publishing，2012.

[14] Curdt–Christiansen X L.Family Language Policy[M]//Tollefson J W，Pérez–Milans M. The Oxford Handbook of Language Policy and Planning. Oxford：Oxford University Press，2018.

[15] Fogle L W，King K A.Child agency and language policy in transnational families[J].Issues in Applied Linguistics，2013（19）：1–25.

[16] Gardner R C，Smythe P C.On the development of the attitude/motivation test battery[J]. Canadian Modern Language Review，1981，37（3）：

510–525.

[17] Goodz N S.Interactions Between Parents and Children in Bilingual Families[M]//Genesee F. Educating Second Language Children：The Whole Child，the Whole Curriculum，the Whole Community. New York：Cambridge University Press，1994.

[18] Hornberger H N.Indigenous Literacies in the Americas：Language Planning from the Bottom up[M].Berlin：Mouton de Gruyter，2012.

[19] Giles H，Johnson P. Ethnolinguistic identity theory：A social psychological approach to language maintenance[J].International Journal of the Sociology of Language，2009，1987（68）：69–100.

[20] Zhu H，Li W.Transnational experience，aspiration and family language policy[J].Journal of Multilingual and Multicultural Development，2016，37（7）：655–666.

[21] Phinney J S，Cantu C L，Kurtz D A. Ethnic and American identity as predictors of self–esteem among African American，Latino，and white adolescents[J].Journal of Youth and Adolescence，1997，26（2）：165–185.

[22] Kendall A K，Fogle Y，Logan–Terry A.Family language policy[J]. Language and Linguistics Compass，2008，2（5）：907–922.

[23] King K A，Fogle L W.Family language policy and bilingual parenting[J]. Language Teaching，2013，46（2）：172–194.

[24] Swain M，Wesche M. Linguistic interaction：Case study of a bilingual child [J].Language Sciences，1975（37）：17–22.

[25] Zhou M L. Language Ideology and Order in Rising China[M].Singapore：Springer Verlag，2019.

[26] Mu G M，Dooley K. Coming into an inheritance：Family support and Chinese heritage language learning [J].International Journal of Bilingual

Education and Bilingualism, 2015, 18（4）: 501–515.

[27] Norton B. Language, identity, and the ownership of English[J]. TESOL Quarterly, 1997, 31（3）: 409–429.

[28] Pavlenko A.Stop doing that, Ia Komu Skazala! Language choice and emotions in parent—child communication[J]. Journal of Multilingual and Multicultural Development, 2004, 25（2–3）: 179–203.

[29] Báez P G .Family language policy, transnationalism, and the diaspora community of San Lucas Quiaviní of Oaxaca, Mexico[J].Language Policy, 2013, 12（1）: 27–45.

[30] Phinney J S.The multigroup ethnic identity measure: A new scale for use with diverse group [J].Journal of Adolescent Research, 1992, 7（2）: 156–176.

[31] Revis M. A Bourdieusian perspective on child agency in family language policy[J].International Journal of Bilingual Education and Bilingualism, 2019, 22（1–2）: 177–191.

[32] Baldauf R B. Issues of prestige and image in language–in–education planning in Australia[J].Current Issues in Language Planning, 2004, 5(4): 376–389.

[33] Said F, Zhu H. The Strategic use of Address Terms in Multilingual Interactions During Family Mealtimes[M]//De Fina A, Ikizoglu D, Wegner J. Diversity and Super–Diversity: Sociocultural Linguistic Perspectives. Washington DC: Georgetown University Press, 2017.

[34] Saunders G. Adding a second native language in the home[J].Journal of Multilingual & Multicultural Development, 1980, 1（2）: 113–144.

[35] Schwartz M, Verschik A. Successful family language policy: Parents, children and educators in interaction[J].Dordrecht: Springer Science & Business Media, 2013（7）: 25–52.

[36] Shohamy E. Language Policy：Hidden Agendas and new Approaches[M]. London：Routledge，2006.

[37] Smith-Christmas C. One cas，two cas：Exploring the afffective dimensions of family language policy[J]. Multilingua，2013，37（2）：131-152.

[38] Talmy S. Qualitative interviews in applied linguistics：From research instrument to social practice[J]. Annual Review of Applied Linguistics，2010（30）：128-148.

[39] Li W. Translanguaging as a practical theory of language[J]. Applied Linguistics，2018，39（2）：261.

[40] Wright，S. Language Policy and Language Planning[M].Basingstoke：Palgrave Macmillan，2004.

[41] 白丽娟 . 蒙古族教育制度的演变 [J]. 满族研究，2010（2）：66-72.

[42] 陈章太 . 略论我国新时期的语言变异 [J]. 语言教学与研究，2002（6）：27-36.

[43] 陈章太 . 语言变异与社会及社会心理 [J]. 厦门大学学报（哲学社会科学版），1988（1）：44-50.

[44] 代凤菊，刘承宇 . 近十年国际语言政策与规划研究热点与趋势——基于 Scopus 数据库的可视化分析 [J]. 北京科技大学学报（社会科学版），2020，36（5）：33-42.

[45] 道布 . 中国的语言政策和语言规划 [J]. 民族研究，1998（6）：42-52.

[46] 邓优 . 鄂伦春族家庭教育：构成、困境与突破 [J]. 民族教育，2018（1）：78-83.

[47] 丁信善 . 关于 21 世纪语言生态和语言主题的思考——Crystal "语言革命说"综述 [J]. 外语与外语教学，2006（11）：8-12.

[48] 方小兵 . 从家庭语言规划到社区语言规划 [J]. 云南师范大学学报（哲学社会科学版），2018（6）：17-24.

[49] 高梅 . 语言与民族认同 [J]. 满族研究，2006（4）：47–51.

[50] 高一虹 . 生产性双语现象考察 [J]. 外语教学与研究，1994（1）：59–64.

[51] 高一虹，赵媛，程英，等 . 中国大学本科生英语学习动机类型 [J]. 现代外语，2003（1）：28–38.

[52] 高一虹 . "想像共同体"与语言学习 [J]. 中国外语，2007（5）：47–52.

[53] 李嵬 . 语言与人口：计划生育政策及人口变化对语言和语言学的启示 [J]. 语言战略研究，2016（5）：8–14.

[54] 李嵬，祝华 . 想象：跨国移居家庭传承语维持与转用的关键因素 [J]. 语言战略研究，2017（3）：20–37.

[55] 李英姿 . 家庭语言政策研究的理论和方法 [J]. 语言战略研究，2018（1）：58–64.

[56] 李宇明 . 试论个人语言能力和国家语言能力 [J]. 语言文字应用，2021（3）：2–16.

[57] 梁卫东 . 民国时期鄂尔多斯蒙旗现代教育述略 [J]. 民族教育研究，2011（3）：51–58.

[58] 刘群 . 家庭语言规划和语言关系 [J]. 江西师范大学学报（哲学社会科学版），2017，50（6）：117–121.

[59] 刘群 . 家庭语言规划多元化特征缘由探析 [J]. 长江大学学报（社会科学版），2019，42（5）：98–102.

[60] 盛柳柳，严建雯 . 语言认同和城市归属感研究——基于宁波方言和城市归属感的调研分析 [J]. 现代语文（语言研究版），2015（1）：121–123.

[61] 万明钢，安洁 . 国家通用语言文字教育是中华民族共同体建设的基础 [J]. 西北师大学报（社会科学版），2022，59（4）：52–58.

[62] 汪卫红，张晓兰 . 中国儿童语言培养的家庭语言规划研究：以城市

中产阶级为例 [J]. 语言战略研究，2017，2（6）：25–34.

[63] 王浩宇 . 流动视域下国家通用语言文字教育与中华民族共同体建设 [J]. 统一战线学研究，2021，5（1）：16–23.

[64] 王玲 . 语言规划视角下"家庭语言"及其研究 [J]. 语言战略研究，2017，2（6）：85.

[65] 王玲，支筱诗 . 美国华裔家庭父母语言意识类型及影响因素分析 [J]. 华文教学与研究，2020（3）：28–36.

[66] 王晓梅 . 家庭语言规划应该放在言语社区中研究 [J]. 语言战略研究，2019，4（2）：61.

[67] 文秋芳，苏静，监艳红 . 国家外语能力的理论构建与应用尝试 [J]. 中国外语，2011，8（3）：4–10.

[68] 邬美丽 . 国外语言规划研究述评 [J]. 天津外国语大学学报，2012，19（2）：20–24.

[69] 邬美丽 . 语言态度研究述评 [J]. 满语研究，2005（2）：121–127.

[70] 邬美丽 . 家庭语言使用的代际差异及思考 [J]. 语言文字应用，2008（4）：43–52.

[71] 吴娟娟，唐军 . 英语全球化对语言生态与民族文化的影响及对策研究 [J]. 贵州民族研究，2018，39（10）：212–215.

[72] 武小军，姚兰 . 国家通用语言普及进程中藏族家庭语言管理状况与分析 [J]. 西华大学学报（哲学社会科学版），2022，41（2）：9–15.

[73] 徐大明 . 城市语言管理与城市语言文明建设 [J]. 云南师范大学学报（哲学社会科学版），2020，52（3）：38–46.

[74] 许静荣 . 提高对家庭语言规划认识，处理好家庭与学前教育机构关系 [J]. 语言战略研究，2019，4（2）：62–63.

[75] 姚欣 . 语言认同的本质及其发展进路 [J]. 西安外国语大学学报，2020，28（4）：13–16.

[76] 尹小荣，李国芳 . 国外家庭语言规划研究综述（2000—2016）[J]. 语

言战略研究，2017，2（6）：68–79.

[77] 尹小荣，李国芳 . 锡伯族家庭语言态度的代际差异研究 [J]. 语言战略研究，2019，4（2）：31–41.

[78] 张浩 . 海外语言与身份认同实证研究新发展 [J]. 外语研究，2015（3）：42–46，76.

[79] 张军 . 认同与建构：蒙元时期语文建设的历史考察 [J]. 宁夏社会科学，2008（4）：134–137.

[80] 赵月梅 . 内蒙古自治区蒙汉语言接触现状研究 [J]. 黑龙江民族丛刊，2020（2）：153–161.

[81] 周凤玲 . 内蒙古蒙古族家庭父母语言意识与家庭语言使用调查研究——以内蒙古0—3岁儿童蒙古族家庭为例 [J]. 汉字文化，2018（20）：24–36.

[82] 周庆生 . 语言与认同国内研究综述 [J]. 语言战略研究，2016，1（1）：72–79.

[83] 皮埃尔·布迪厄，华康德 . 实践与反思 [M]. 李康，译 . 北京：中央编译出版社，2004.

[84] 拉波夫 . 拉波夫语言学自选集 [M]. 北京：北京语言文化大学出版社，2001.

[85] 罗伯特·卡普兰，理查德·巴尔道夫 . 太平洋地区的语言规划和语言教育规划 [M]. 梁道华，译 . 北京：外语教学与研究出版社，2014.

[86] 戴维·约翰逊 . 语言政策 [M]. 方小兵，译 . 北京：外语教学与研究出版社，2016.

[87] 马克思恩格斯全集：第 3 卷 [M]. 北京：人民出版社，1960.

[88] 安超 . 拉扯大的孩子：民间养育学的文化家谱 [M]. 北京：社会科学文献出版社，2021.

[89] 陈松岑 . 语言变异研究 [M]. 广州：广东教育出版社，1999.

[90] 戴庆厦 . 中国少数民族语言使用现状及其演变研究 [M]. 北京：民族

出版社，2009.

[91] 方小兵.多语环境下的母语建构与母语社区规划研究 [M].北京：中国社会科学出版社，2017.

[92] 李宇明.中国少数民族语言文字规范化信息化报告 [M].北京：民族出版社，2011.

[93] 李宇明.和谐语言生活 减缓语言冲突 [M].北京：外语教学与研究出版社，2018.

[94] 曼纽尔·卡斯特.认同的力量 [M].北京：社会科学文献出版社，1997.

[95] 苏德.蒙古族传统家庭教育与文化传承 [M].北京：中央民族大学出版社，2014.

[96] 佟乐泉，中国语言文字使用情况调查领导小组办公室.中国语言文字使用情况调查资料 [M].北京：语文出版社，2006.

[97] 王风雷.蒙古族全史（教育卷）[M].呼和浩特：内蒙古大学出版社，2013.

[98] 王浩宇.民族交融视域下的语言使用与身份认同 [J].中南民族大学学报（人文社会科学版），2019，39（4）：16–22.

[99] 家庭语言规划.见：国家语言文字工作委员会组编，语言生活皮书——中国语言政策研究报告（2020）[C].北京：商务印书馆，2020.

[100] 家庭语言政策研究.见：国家语言文字工作委员会组编，语言生活皮书——中国语言政策研究报告（2018）[C].北京：商务印书馆，2019.

[101] 李宇明.中国语言文字事业 70 年——序《中国语言生活状况报告（2019）》.国家语言文字工作委员会组编，语言生活皮书——中国语言政策研究报告（2019）[C].北京：商务印书馆，2019.

[102] 王辉，周玉忠.语言规划与语言政策理论与国别研究（续）[C].北京：中国社会科学出版社，2015.

[103] 杨勇.民族文化与鄂尔多斯学 [A].见：鄂尔多斯市鄂尔多斯学研究

会 .《鄂尔多斯学研究成果丛书》地方学研究 [C]. 北京：商务印书馆，
2012.

[104] 周玉忠，王辉 . 语言规划与语言政策理论与国别研究 [C]. 北京：中国
社会科学出版社，2004.

[105] 阿拉腾宝力格 . 蒙古族家庭语言政策研究 [D]. 呼和浩特：内蒙古大学，
2016.

[106] 白萨 . 中蒙两国蒙古语差异研究 [D]. 哈尔滨：黑龙江大学，2016.

[107] 韩建岗 . 新疆巴州蒙古族语言使用状况研究 [D]. 西安：陕西师范大学，
2016.

[108] 覃涛 . 人口迁移背景下的少数民族地区语言变化研究 [D]. 上海：上海
外国语大学，2019.

[109] 阎莉 . 语言生态学视角下"一带一路"核心区跨境语言规划研究 [D].
重庆：西南大学，2018.

[110] 张红军 . 语言规划视角下英语在我国的使用情况研究 [D]. 长春：吉林
大学，2019.

[111] 鄂尔多斯市地方志编纂委员会 . 鄂尔多斯市教育志 [M]. 呼和浩特：
内蒙古人民出版社，2020.

[112] 郝时远 . 各民族像石榴籽一样紧紧抱在一起 [N]. 人民日报，2019–
03–02（7）.

[113] 蒙古语标准音能力测试大纲（修订本）编写组 . 蒙古语标准音能力
测试大纲（修订本）[M]. 呼和浩特：内蒙古人民出版社，2013.

[114] 姚双喜 . 语言是打开未来之门的钥匙 [N]. 人民日报，2019–09–15（2）.